Heinz Hecking

So geht Leben:

Praktische Schritte aus der Bibel

dialogverlag Münster

Inhalt

Für Christiane, Benedikt, Matthias

VORWORT

Das können Sie von diesem Buch erwarten

Dieses Buch ist eine Handreichung für das Leben und die persönliche Entwicklung. Mein Fundament als Autor ist eine lange Berufs- und Lebenserfahrung mit Menschen.

Der wesentliche Ratgeber dabei ist mir die Bibel, denn damit habe ich gute Erfahrungen gemacht. Ich bin davon überzeugt, dass sie für viele andere Menschen auch eine Hilfe sein kann.

Deshalb möchte ich all denen Mut machen, die sich fragen, ob die Bibel für die heutige Zeit noch lebensnahe Antworten hat.

Und damit möchte ich auch allen Christen mit guten Gründen neue Hoffnung und Zuversicht vermitteln, sofern es daran mangelt.

Dies ist ein Leitfaden für einen erfolgreichen Weg.

So ist das Buch aufgebaut

Ich beginne mit Erlebnissen und Empfindungen, die mich in meiner Kindheit geprägt haben und meine Entwicklungen ins Erwachsenenleben vorbereitet haben.

Es werden drei Kernhaltungen als hochwirksame „Schlüssel" für gelingendes Leben beschrieben. Denken und Handeln
- aus der selbstbewussten Mitte
- mit Selbstverantwortung
- mit konstruktiver, positiver Ausrichtung

Dazu gehören ...
- ... konkrete, erprobte Anstöße für die Umsetzung
- ... die Erfahrungen aus meiner Tätigkeit im Wirtschaftsbetrieb Sparkasse
- ... der biblische Hintergrund

Für eine ganzheitliche Umsetzung nutze ich das Bild der Wanderschaft.

Auf dem Weg zwischen „Sitzen und Ankommen" behandle ich neun Stationen.

Der Aufbau ist immer gleich:
- zwei bis drei kurze, selbsterlebte Bewegungsgeschichten
- hilfreiche Tipps und Anregungen zum Nachdenken und Anwenden
- Hilfen für die Verwendung der drei Schlüssel (siehe oben)
- der biblische Hintergrund

Im Schlusskapitel gebe ich konkrete Anregungen für ein „Ich bin dabei – ich mache mit".
Nach jedem Kapitel werfe ich einen „Zwischenruf" ein. Ich bringe die Ergebnisse auf einen kurzen Nenner, ziehe ein Fazit und gebe Orientierungshilfen für das Lesen.

Ich danke allen, die mich auf meinem Weg zu diesem Buch in verschiedenster Form begleitet haben. Besonders danke ich meiner Schwägerin Monika Hecking. Sie hat mit qualifizierten Anregungen aus ihrer literarischen Erfahrung zur Entstehung dieses Buches beigetragen.

EINFÜHRUNG

Verdunstet die Kirche?

Weiß Gott, um Kirche und Glauben ist es bei uns nicht gerade zum Jubeln.

Einerseits: Die christliche Botschaft ist ein tragfähiges Lebenskonzept. Überzeugte Christen wissen das. Sie versuchen, ihr „Christsein", so gut es geht, in ihrem Alltag zu leben. Bis heute. Aber wie kann ich es meinen Kindern und Enkeln vermitteln? Wie kann ich mich gegen den offensichtlichen Zerfall in der Kirche stemmen? Woher soll ich noch Motivation zum Weitermachen holen? Das sind Fragen, die sich heute viele Christen stellen.

Andererseits: Viele Christen haben sich enttäuscht abgewandt. „Damit kann ich nichts mehr anfangen. Ich, heute, als moderner Mensch? Nein, danke. Das ist für mich überholt. Und die Kirche hat für mich weitgehend versagt."

Aber auch das: Viele sind auf der Suche. Kirche nein, aber die ursprüngliche christliche Botschaft?! Was steckt denn eigentlich dahinter? Mal losgelöst von allem Drumherum: Könnte nicht doch ein Körnchen Wahrheit für mich dabei herausspringen? Wer sagt mir, was wirklich trägt im Leben?

Verdunstet die Volkskirche unter unseren Händen? Wird bald das letzte Halleluja verklungen sein? Der letzte bläst die Kerzen aus! Und was dann? Es ist zum Verzweifeln! Wirklich?

Was ist jetzt zu tun? Worauf kommt es jetzt an?

Nüchtern betrachtet: Die Volkskirche kommt nicht zurück. Christen brauchen für einen Neustart neue Wege, neue Ansätze. Aber welche?

Keine Frage – auch die Menschen unserer Zeit suchen händeringend nach Antworten für ihr Leben. Die Christen müssen „beweisen", dass sie lebensnahe, konkrete Antworten für die Lebensgestaltung haben. Unabhängig von „Heilig, heilig", zunächst unabhängig aller Jenseitserwartungen, konkret am Alltag der Menschen festgemacht, als Lösungshilfe für Leben, für Gefühle, für den Umgang mit mir selbst und anderen Menschen.

Wer kann den Menschen glaubwürdig diese Antworten geben?

Wenn die „Hauptamtlichen" längst nicht mehr allein mit ihrer „Botschaft" ankommen können, wird die Rolle der „normalen Alltagschristen" immer wichtiger. Sie müssen für diese neue Rolle gestärkt werden. Erheblich und nachhaltig. Mit Inhalten und Argumenten. Vor allem aber mit der festen Überzeugung: Meine Grundhaltung ist klug und modern. Fortschrittlich und lebenswert. Sie lohnt sich. Auch für andere.
Überzeugende Weitergabe geht nicht ohne starke Argumente. Die liefere ich in diesem Buch.

Seit mehr als 50 Jahren beschäftige ich mich in Sparkassen mit solchen Fragen:
- Wie kann ich Menschen für etwas begeistern?
- Was motiviert mich und andere?
- Wie gelingt es, im Wettbewerb zu bestehen?
- Wie schaffe ich Vertrauen und Akzeptanz?
- Wie entstehen Bindung und Erfolg?
- Welche Einstellungen sind nützlich?
- Was bringt wirklichen Fortschritt?

Meine Schwerpunkte liegen dabei auf Führung und Strategien, auf Plänen und Konzepten, auf menschlichem Miteinander und Unternehmenskultur, auf Training in Theorie und Praxis.

Hinzu kommen unendliche Erfahrungen aus der Mitarbeit in der Kirche. Aus kleinen und großen Projekten. Aus zwölf Jahren an der Basis im Kirchenvorstand. Aus unzähligen Arbeitswochenenden und Vorträgen. Aus der Mitarbeit bei Brautleutekursen und in der Firmkatechese. Voller Erlebnisse mit Höhen und Tiefen. Immer mit dem ehrlichen Bemühen, den Boden des Evangeliums nicht zu verlassen.

Die Querverbindung

Evangelium hier, Arbeitswelt dort. Wie passt das zusammen? Sparkasse und Geld hier und „Frohe Botschaft" dort? Gegensätzlich oder verknüpfbar? Was hat das eine mit dem anderen zu tun? Welche Gesetzmäßigkeiten greifen hier wie dort? Diesen spannenden Fragen gehe ich seit Jahren mit den Augen eines Nichttheologen nach.

Meine beruflichen Tätigkeiten sind immer ganz nah bei den Menschen, Kunden wie Mitarbeitern. Wie gehen wir miteinander um? Wie gelingt Frieden untereinander und in der Hierarchie? Welches menschliche Verhalten bringt weiter? Wie gelingt wirtschaftlicher Erfolg mit fairen Mitteln?

Die Grundwahrheiten, die Grundwerte der Bibel geben diese Antworten. Ich habe sie übersetzt in den Sparkassenalltag. Dabei habe ich interessante Entdeckungen gemacht. Sie sind für mich Bestätigung, dass christliches Denken und Handeln modern und fortschrittlich ist. Eben alltagstauglich. Damit wird für mich belegbar, dass Christen im wahren Wortsinn „vernünftige" Argumente haben. Das ist gutes Futter für Stärkung und Überzeugungsarbeit, das ist gut geeignet für neuen Anlauf und Motivation. Das macht Mut.

Schauen wir also bei Jesus nach

Bei seinem Verhalten, bei seinen Vorschlägen. Er gibt ein sehr konkretes Versprechen: „Handle so, dann wirst du leben." (Lk 10,28) Was heißt das? Was ist zu tun, damit wir leben? Welche Haltung gibt Halt? Was bringt das gute Gefühl für mich und meine Mitmenschen? Wie komme ich auch selbst zu meinen Rechten? Was liefert mir Orientierung in dieser komplexen Welt? Wer gibt mir Tipps für meinen Lebenslauf?

Antworten darauf sind Antworten für einen Lebensentwurf. Das Evangelium muss das konkret und fühlbar machen. Liturgie, Sakramente und „Geheimnisse feiern" sind für „Fortgeschrittene". Wer alle Menschen mitnehmen will, muss „von vorne anfangen". „An die Ränder gehen" hat hier eine sehr konkrete neue Bedeutung. Zurück zu den Wurzeln – eben radikal.

Leben ist laufen, unterwegs sein. Lebenslauf.

Für meinen Lebensentwurf und meinen Lebenslauf ist das Kernelement der Bewegung unverzichtbar und wertvoll geworden. Bewegung tut gut. Bewegung ist mein Ding. Äußerlich wie innerlich. Beides ist verwoben. Seit vielen Jahren bin ich unterwegs. Bei Sport und Freizeit, zu Fuß und mit dem Rad. Dabei sind wichtige Ideen entstanden und gereift. Daraus stammt die Idee, Kirche und Leben in diesem Buch auf eine „bewegende Art" zusammenzuführen.
Unterwegs sind wir alle. Jeder. Immer. In großen und kleinen Wanderungen, bei großen und kleinen Aufgaben und Herausforderungen, zu großen und kleinen Zielen. Also, machen wir uns auf den Weg. Ich lade Sie ein, mich auf meinem Gedankenweg zu begleiten.

Kommen Sie mit, es lohnt sich.

So war es

„Dieser unausstehliche Matrosenanzug ..."

Frühjahr 1953. Der Tag der ersten Hl. Kommunion ist ein besonderer Tag. In Schule und Kirche werden wir Kinder intensiv eingestimmt: „Der Herr Jesus kommt." Kommunionunterricht, die Abläufe üben, Lieder und Gebete auswendig lernen. So sind alle Vorbereitungen im Gange, auch für die Kleidung. Die Mutter legt fest: „Du bekommst einen Matrosenanzug. Ich möchte etwas Besonderes." Ich möchte das nicht, aber mein Widerstand ist zwecklos. „Was sollen nur die anderen Kinder von mir denken? Ich falle auf. Dieses blöde Beffchen, der große Kragen." Rotz und Wasser heulen hilft nicht. Ich habe keine Chance, die Übermacht der Mutter setzt sich durch. Ich empfinde nur Hilflosigkeit. Was soll ich denn machen? Ich kann mich nur dem Druck beugen. Eine Einsicht für das Besondere des Matrosenanzuges habe ich nie bekommen. Hat er den großen Feiertag verschönert? Für mich nicht.

Der „Matrosenanzug" ist der Ausschnitt eines Bildes

Dieses Bild besteht zu großen Teilen aus „Du musst und sollst ..." und „Wenn du nicht ...". In den Kindertagen war für mich das Umfeld von Bibel und Kirche angst- und druckbesetzt. Dieser Gott, verkörpert durch Jesus, ist ein durch und durch strenger Gott. Er sieht und hört alles. Und wenn du eine Sünde begehst, droht dir Strafe. Und wenn es mehr ist als eine lässliche Sünde, also eine Todsünde, kommst du nicht in den Himmel. Die Hl. Kommunion zu empfangen, ohne nüchtern zu sein, gehörte zu diesen Todsünden. Was bedeutet es denn als Zwölfjähriger, um elf Uhr nüchtern Messe zu dienen? „Hoffentlich wird mir nicht übel", war meine praktische Angst. Im Gottesdienst immer andächtig sein, die Hände falten, nicht falsch zur Seite gucken, nicht schwätzen. Zuhause wurde jeder Fehltritt sofort entsprechend kommentiert.
Sei also auf der Hut. Mach nichts falsch. Sei brav und fügsam, sei bescheiden und zurückhaltend, stelle keine Fragen. Alle vier Wochen beichten. Und Lob? Nicht gestraft zu werden, ist Lob genug. „Strenger Richter aller

Sünder, der du uns so schrecklich drohst." Das Lied aus dem münsterschen Gesangbuch „Laudate" beschreibt es. Das war für mich das gültige Bild. So hatten es Eltern und Erzieher früher selbst erlebt. An uns Kinder haben sie es durchgereicht. Nicht zu milde sein, nur Strenge, Zucht und Ordnung bringt die Kinder auf den richtigen Pfad.

Damit ging gleichzeitig eine streng behütende und übervorsorgliche Haltung in der Erziehung einher. „Pass auf, sei vorsichtig, nimm noch eine Jacke mit."

Die Geschichten aus der Bibel waren mir alle geläufig. Ich habe an alle Wunder geglaubt, ohne irgendetwas zu hinterfragen. „Bei Gott ist kein Ding unmöglich." Mein Vater hat es bis ins hohe Alter so formuliert. Damit kann man alles erklären. Das macht Jesus zum Zauberer, der übers Wasser gehen kann, der Brote vermehrt, der aus Wasser Wein macht. Ohne Wenn und Aber. Er ist ans Kreuz geschlagen worden als Sühne für meine Schuld. Hätte ich nicht wie alle Menschen Fehler begangen, einschließlich der Erbsünde, dann hätte er nicht ans Kreuz gemusst. Du bist schuld! Aber Gott ist ja gnädig, mit Jesu Blut hat er uns wieder freigekauft. Und dann ist er ja auch wieder auferstanden. Am dritten Tage. Mit Ostern ist wieder alles klar. Das Grab ist leer. Gott sei Dank.

Diese Vorstellungen von Kirche und Glauben hatten sich in der Kindheit bei mir eingenistet. Es gab da aber auch noch andere Seiten in diesem Gemälde.

Der arme Schlucker

Regelmäßig samstags nachmittags tauchte er bei uns auf dem Mühlenweg auf: Der „Seifenkerl" verkaufte Seife und mehr. In seinem Fahrradgestell auf drei Rädern war vorne eine Kiste mit einer riesigen Klappe. Darin „Sunlicht und Sunil", Waschlappen und Schmierseife. Der Geruch war entsprechend seifig. Auch wir Kinder bemerkten, der Seifenkerl war nicht „normal", er war „zurückgeblieben", „ein armer Schlucker". Aber keine Spur von Verhöhnung oder unflätigen Ausdrücken, im Gegenteil: Mutter Hecking sagte kernig: „Jetzt setzen Sie sich erstmal, und dann essen Sie ein ordentliches Mettbrot." Für uns Kinder war klar: Die Schwächeren brauchen unsere Hilfe. Nicht nur mit Worten, sondern mit Taten. Unmittelbar

jetzt. So gehört sich das. Das glückliche, etwas schiefe Lachen des Seifen-
kerls war die dicke Belohnung. Die Mutter handelt nicht so, weil die Kinder dabei sind. Nein, es ist die tiefe, klare Haltung: Hier ist Nächstenliebe
gefragt. Das war glaubwürdige Botschaft in reinster Form. Dieser Geist der
tätigen Nächstenliebe war in der Familie gültig.

Aber auch damit ist das Gesamtbild noch nicht vollständig.

„Tue Recht und scheue niemand"

- „Wenn andere in die Bocholter Aa springen, springen wir nicht
  hinterher."
- „Das gehört sich nicht, das macht man nicht."
- „Das ist Gottes Gabe, das werfen wir nicht einfach weg."
- „Was du nicht willst, dass man dir tu, das füg auch keinem anderen
  zu!"
- „Was man verspricht, muss man halten."
- „Menschliches Leben ist immer zu schützen."
- „Tiere empfinden auch Schmerzen."
- „Sei pünktlich, ich will mich auf dich verlassen können."
- „Grüße andere Menschen."
- „Älteren Menschen bietet man seinen Platz an."
- „Das ist zur Ehre Gottes."
- „O mein Christ, lass Gott nur walten."
- „Unrecht Gut gedeiht nicht."
- „Anstrengen lohnt sich, mach was aus dir, sei fleißig."

So oder ähnlich klingt es in meinen Ohren nach. Manchmal bis heute.
Die Aussagen der Eltern waren klar und deutlich: Das ist bei uns gültig.
So sehen wir das. Und mit diesen Haltungen waren sie Vorbild. Für Fleiß
und Ehrlichkeit, für Strebsamkeit und Gradlinigkeit, für Verlässlichkeit
und Pünktlichkeit, für die Bewahrung der Schöpfung, für den Schutz des
menschlichen Lebens, für gelebte Nächstenliebe. Das alles war niemals
störungsfrei oder gar vollkommen. Zusammen mit vier Geschwistern gab
es ein tägliches Rangeln und Durchboxen. Nicht selten auch wörtlich. Entscheidend ist: Diese Werte waren Maßstab. Sie waren das Credo der Eltern
und die Grundlage für meinen Glauben.

Ich bin in einem katholisch geprägten Elternhaus aufgewachsen. Immer und uneingeschränkt begleitet mit den allerbesten Wünschen der Eltern.

Auf dem Mühlenweg und links und rechts davon ...

Katholisches Milieu bedeutete für mich: So denken alle. Alle Verwandten und Bekannten. Auch alle Nachbarn. Wenn nicht, sind sie namentlich bekannt. Katholisch sein ist der Normalfall. Es gilt die saubere Trennung von katholisch und evangelisch. Mit einer klaren Abgrenzung für alle: „In die evangelische Kirche dürft ihr nicht reingehen." Selbstverständlich gibt es die getrennte katholische und evangelische Schule in Bocholt. Es waren die „Evangelischen", nicht die „evangelischen Mitchristen", das Wort Ökumene kam nicht vor. Die Gottesdienste in der Ewaldikirche waren gut besucht. Um sechs Uhr die erste, um elf Uhr die letzte Messe. Um zwölf Uhr die Kinderandacht. Sonntagspflicht ohne Ausnahme und ohne Diskussion. Wehe!

Die selbstverständlich gültigen Regeln galten für alle und wurden von allen so mitgetragen und gelebt. So ist das Leben. Schule, Elternhaus und Kirche waren sich einig: Kinder müssen streng auf Linie gebracht werden. Das wurde nicht böse formuliert – „Wir meinen es alle nur gut mit dir" –, sondern war klar gesetzt. Bei der Vermittlung des Glaubens haben Kirche und Pastor das Sagen. Die Institution gibt alles vor. Ob sonntags in der Landwirtschaft gearbeitet werden darf, verkündet der Pastor „ex kathedra" von der Kanzel. Wir haben die Wahrheit. Wir wissen schon, was gut für dich ist. Als Einzelner hast du nicht viel zu melden. Wenig Selbstverantwortung, dafür umso mehr „Halte dich an die Vorgaben, sonst droht dir ..." Erfüllung von Glauben ist Erfüllung von Vorschriften. Angesagt ist Demut und Bescheidenheit, auf den gnädigen Gott und den hochwürdigsten Herrn Pastor hören. Und auf die Eltern. Dann wird alles gut.

Wie habe ich das alles erlebt?

Mich hat dieses Umfeld zunächst klein gemacht, sehr klein. Ich fühlte mich unfrei, unselbstständig und ängstlich. Mit erheblichen Folgen für den Start ins Leben. Auf dem Gymnasium hat der Druck zu Versagen geführt. Ich musste – verbunden mit viel Demütigung und dem Gefühl des

Verlierers – aus der Quinta zurück in die sechste Klasse der Fildeken-Volksschule. Zum selben Lehrer, zu denselben Schulkameraden. „Da ist er wieder. War wohl nichts mit Gymnasium und Abitur." Das tut weh. Mein Bild war damit zunächst festgezurrt: Leben heißt sich beugen, gehorsam sein, sich anpassen. Darauf stell dich ein. Enge und Ängstlichkeit sind nicht nur vom Wortstamm her Geschwister.

Welches Gottesbild hatte ich?

Meine Vorstellung von Gott, Bibel und Religion war – wen wundert's? – zunächst überwiegend an Vorschriften orientiert. Gottesfurcht ist für mich Furcht vor Gott. Sich vor dem allmächtigen, unbeschreiblich großen Gott möglichst klein machen. Fegefeuer und Weltengericht sind immer präsent. Ein Klima von Anpassung und Gehorsam, von Kontrolle und Druck. Zweifel sind im Zweifel nicht erlaubt. Besser nicht zu viel fragen.

Die alten Bilder haben sich bei mir grundlegend geändert

Wie ist es dazu gekommen? Aus heutiger Sicht ganz entscheidend und für mich eindeutig: Ich habe mich schon früh auf die Suche gemacht. Nicht mit einer klaren Fragestellung. Eher mit der Neugier und dem persönlichen Anspruch: „Ich bin doch nicht blöd." Der „liebe Gott" ist ein „strenger Gott". Du empfindest „Frohe Botschaft" als „Drohbotschaft". Wie passt das zusammen? Den Zwiespalt willst du nicht so stehen lassen. Was ist denn jetzt richtig? Damals habe ich mir diese Frage nicht so präzise gestellt. Es war eine Art von „heilsamer Unruhe", „Fragen und Zweifel müssen doch erlaubt sein." Die Antworten waren noch sehr weit weg.

„Wenn du nicht alles richtig machst, kommst du nicht in den Himmel." Was ist aber Himmel? „Da wirst du mit allen Heiligen Gott loben und preisen." Was soll daran schön sein? Was habe ich davon? Eigentlich will ich gar nicht in den Himmel. Zu dem „lieben Gott" mit seinen Vorschriften? Außerdem ist der Himmel „nachher", und hier und heute bin ich auf der Erde. Das waren alles Elemente von Reflexion und Nachfrage, vermischt mit unausgereiften Gefühlen. Das Suchen war längst in vollem Gange. Meine Fragezeichen wurden mit den Jahren größer.

Später waren sie zunehmend durchsetzt von lebensnahen Anfragen: Ist mein Glaube tragfähig für den Alltag? Was kann ich damit für mein Leben anfangen? Ich will modern sein, ich will keinen verstaubten Glauben, ich will nicht unreflektiert zu allem „Ja und Amen" sagen. Ich will die Zweifel zulassen, ich will auch im Glauben erwachsen werden, ich will die Anteile von Vorschrift und Enge vom Elternhaus lösen. Kann der Glauben Gerüst bleiben, muss ich ihn nur neu aufrollen?

Diese frühen Fragen und das nachhaltige Suchen begleiten mich bis heute. Mit Blick auf die jüngeren Entwicklungen zu Kirche und Glauben habe ich sie eher verstärkt und erweitert. Ich habe für mich eine Menge Antworten gefunden.

So war es

Das ist wichtig	Ist die Bibel „Droh-Botschaft" oder „Frohe Botschaft"? In den Erlebnissen und Empfindungen meiner Kindheit waren Elemente von Last und Pflicht unübersehbar. Andere vorbildliche Haltungen standen ebenso deutlich daneben. Beides hat mich geprägt.
Ich meine	Mit den großen Anteilen von Enge und Strenge in Elternhaus, Kirche und Schule erging es vielen anderen Menschen wie mir.
Die Bibel sagt	„Mein Sohn, höre auf deinen Vater und deine Mutter und folge ihrem Rat!" (Spr 1,8)
So geht es weiter	Ich habe Auswege gesucht und gefunden. Das beschreibe ich im nächsten Kapitel „So ist es – was nun?" Mein eher nüchterner Blick auf die Kirche von heute ist gepaart mit Ideen für Fortschritt und begründeten Hoffnungszeichen.

So ist es – was nun?

Bewegende Jahre

Nun sind volle fünf Jahrzehnte ins Land gegangen. Was hat sich in dieser Zeit bewegt? Bewegen heißt den Standpunkt wechseln, sich auf den Weg machen. Auf welchen Weg? Mit welchem Ziel? Mit welchen Ergebnissen? Was ist unterwegs passiert? Für die Antworten auf diese Fragen gibt es zwei Blickrichtungen. Ich kann auf meine eigene Entwicklungsgeschichte schauen: Was ist mit mir passiert? Was habe ich für mich bei mir bewegt? Die große Sicht auf die Kirche, auch nur auf die deutsche, ist ungleich schwieriger. Ich beschreibe meine Eindrücke und ziehe meine Schlüsse, auch meine Entschlüsse.

Vom Neugierigen zum aktiv Suchenden

Was ist aus dem geworden, was mir Eltern und Kindheit in meinen Rucksack fürs Leben gepackt hatten? Wie war ich für das Leben gerüstet? Was ist aus meinem Suchauftrag geworden?

Mein Rucksack hatte mehrere Abteilungen. Auf der einen Seite die strengen und engen Bilder aus Elternhaus, Schule und Kirche. Das meiste, was ich zu Gott, Jesus und Kirche an Glaubensaussagen mitbekommen hatte, war von dieser „Druck-Färbung" besetzt. Auf der anderen Seite des Rucksackes lagen die mitgegebenen Werte aus praktischer Nächstenliebe. Nicht zu vergessen die starken Impulse wie „Mach was aus dir", „Gib dich nicht mit dem Billigen zufrieden". Diese Ansporne für geistige Bewegung wie Neugierde und Suche, Kreativität und Wachsein, Wollen und Tun waren von Anfang an mit dabei. Bis heute habe ich sie nicht aus dem Rucksack genommen.

Die Demütigung mit dem Zurück auf die Volksschule war ein herber persönlicher Rückschlag, aber kein Untergang. Nach und nach kamen mit dann wieder guten Leistungen auch die guten Gefühle zurück. Ich habe mich gefangen, musste aber Umwege gehen. Die Handelsschule war die

Brücke zur Sparkasse. Das war ein guter Schritt. Er eröffnete mir mit Einsatz und Ehrgeiz als Ersatz für das fehlende Abitur im sparkasseninternen Bildungssystem einen zweiten Weg. Ich habe ihn höchst intensiv genutzt. Zu dem Kern rund ums Geld habe ich qualifiziertes Zusatzwissen für Marketing, Verkauf und Personalentwicklung hinzugepackt.

Schon in den ersten Sparkassenjahren hatten kräftige Entwicklungs-Schritte von der Enge zur Weite, von der Beugung zum aufrechten Gang geführt. Gute Erfolge in der Aus- und Fortbildung gaben mir innere Stärkung. Immer mehr weg von Übervorsicht und Ängstlichkeit, hin zu mehr Sicherheit und Selbstbewusstsein. Meine Schritte auf dem Lebensweg wurden zunehmend stabiler und fester.

Die Nähe zur Kirche

Die Bindung zur Kirche aus den Kindertagen habe ich nie verloren. Ich bin der Kirche treu geblieben, zunächst getragen von Pflicht und Gehorsam. Es war die angelernte strenge enge Bindung. Ein Ausbrechen wäre damals undenkbar gewesen, es war erst gar nicht im Blickfeld. Das in der Jugendzeit noch ausgeprägte katholische Milieu wirkte, wie selbstverständlich blieb ich in der christlichen Jugend aktiv. Die frühen strengen Prägungen wirkten kräftig nach, aber sie vermischten sich zunehmend mit Suchen und Wachwerden.

Das Erwachsenwerden war im doppelten Sinne Übergangszeit. Für den normalen Weg des Reifens allemal. Aber auch für die Einstellung zum Glauben. Die Einstellung „aktiv, suchend, neugierig" habe ich auch auf Kirche übersetzt. In die Phase des jungen Erwachsenen kam wie ein Blitz vom Himmel das Zweite Vatikanische Konzil. Hört, hört! Da passiert was! Aus dem Latein wurde die Muttersprache. Es gab markante Veränderungen in der Liturgie. Da öffneten sich, so wie Johannes der XXIII. gefordert hatte, die Fenster, und es gab Durchzug. Diese Signale waren hoffungsvoll. Die Diskussionen unter den jungen Christen waren entsprechend positiv: Es brechen andere Zeiten an. Ich erinnere mich an einen Vortrag von Dr. Josef Homeyer im Kolpinghaus in Bocholt, damals Schulreferent im Bistum Münster, später Bischof von Hildesheim, der mit seinem Wort und Auftreten eine moderne, offene, vor allem angstfreie Kirche ankündigte.

Dieser Mann hatte mich begeistert. Völlig neue, Mut machende Töne. Auch was von Professor Hans Küng zu hören und zu lesen war, sprach mich direkt an. Wenn das in der Kirche jetzt so weitergeht ... Gott sei Dank!

Sehen, wahrnehmen, erleben, Eindrücke sammeln, dabei gewesen sein. Dazu habe ich viele Gelegenheiten beim Schopf gepackt. Bei der Ableistung des Wehrdienstes in Münster war die internationale Soldatenwallfahrt nach Lourdes eine spannende Erfahrung. Im gleichen Jahr 1967 hatte ich die Chance, mit einer Gruppe Soldaten Fatima zu besuchen. Einprägsame Erlebnisse. Die innere Bindung zur Kirche war da – aber mit dem Bewusstsein, dass Glaube lebenstragend ist, hatte das noch wenig zu tun.

Aufbauphase mit Familiengründung

Die 1970er waren Jahre des Aufbauens: Familiengründung in Dülmen, Kinder bekommen, Kinder genießen, Kinder erziehen. Immer begleitet von Kirche und aktiver Mitarbeit in der Gemeinde. Im Familienkreis der Jungen Gemeinde waren wir bestens aufgehoben. Das war lebendige Kirche, gemeinsames offenes Suchen nach Antworten über Gott und die Welt. Auch der Zugang zu den kirchlichen Bildungseinrichtungen gehörte dazu. Ich erinnere mich gut an ein Wochenende im St. Gudulakloster in Rhede bei Bocholt, bei dem Meditation und Schweigen angesagt waren. Einprägsam. Ohne Frage lieferten diese Jahre elementare Erfahrungen. Anders gesagt, sie waren Prüffelder, ob Glaube trägt, ob der Kindheitsglaube so weitergegeben werden kann. Den ersten großen Unterschied haben wir bei der Kindererziehung unmittelbar umgesetzt: Die Droherfahrung aus der Kindheit durfte sich bei den eigenen Kindern nicht wiederholen!

Mein Zwischenfazit für diese Zeit: Die Gewichte verschieben sich immer mehr. Aus heutiger Sicht sage ich: Die Erkenntnisse waren gereift, aber noch nicht reif. Bei dem Weg von der „Droh-" zur „Frohen" Botschaft war ich in der Halbzeit. Immerhin war die Einsicht gewachsen, dass die „christlichen Wahrheiten" für mich stimmen.

Seit 1978: Bewegung mit Füßen und Beinen

Aus vielen Anregungen, Vorträgen und Büchern verstärkte sich bei mir die Einsicht: Bewegung tut deinem Körper gut. Tu was! Der konkrete Auslöser war der Umzug von Dülmen nach Münster. Ich bewegte mich körperlich sehr wenig zu dieser Zeit. Also habe ich mich in Bewegung gesetzt. Ich mich. Ich wollte nicht stehen bleiben. Das war der Start für regelmäßiges Joggen. Mit dem beruflichen Wechsel nach Menden im Jahre 1980 und der entsprechenden „Bewegung von Haus und Hof" konnte sich in der Waldemei, einem ausgedehnten Wald hinter dem Haus, das Jogging zur vollen Blüte entwickeln. So habe ich jetzt die Erfahrung aus 35 Jahren Jogging, regelmäßig, ausdauernd, mit viel Freude, ohne falschen Ehrgeiz und mit schönen Erlebnissen aus gelegentlichen größeren Laufveranstaltungen, bis hin zu mehrfachem Halbmarathon.

Seit 1981 bin ich bei der jährlichen Fußprozession von Bocholt nach Kevelaer und zurück mitgelaufen. Das ist mehr als dreißigmal Pilgererfahrung aus zwei mal fünfzig Kilometern.

Von 2002 bis 2006 sind zwei Freunde in Etappen vom Sauerland zu Fuß nach Rom gepilgert. In fast der Hälfte der Strecke war ich dabei: im Sauerland bis nach Siegen. Durch die Schweiz über den Gotthard und an der ligurischen Küste von Genua bis nach Rom. Die Schweiz kenne ich „fußläufig" aus Rucksacktouren von Chur bis Saas Fee. Dazu kommen unzählige Bewegungsumdrehungen mit dem Rad. Mein Fahrrad und ich kennen aus Radtouren im Wortsinn Deutschland „kreuz und quer". Es kommen geschätzte 5.000 Kilometer zusammen. Mit dem jüngeren Umzug zurück nach Münster, wo es ebene Landschaften gibt, erhöht sich diese Zahl nahezu täglich.

Ich bin gerne unterwegs. Bewegung ist mein Thema. Bewegung hat mich fit gehalten – körperlich und geistig. Ich bin nicht stehen geblieben. Ich habe beim Bewegen tausend Entdeckungen machen dürfen. Und fast ebenso viele Einsichten gewonnen. Die besten Ideen hatte ich immer in Bewegung. Oft zusammen mit anderen „Mitläufern".

Meine persönlichen Bewegungen auch in der Kirche

Die Freude am Bewegen und „Unterwegs-Sein" hat auch meine Aktivitäten für Kirche und Glauben in Bewegung gesetzt. Mit dem Anspruch als mündiger, aktiver Christ und mit dem Bild von Mitverantwortung war und bin ich dabei. Ich habe in und an der Kirche mitgearbeitet. Mit der Beobachterrolle gebe ich mich nicht zufrieden. Vor Jahren war es die Begleitung von Brautleutekursen. Während zwölf Jahren Kirchenvorstand in Menden war ich sechs Jahre stellvertretender Vorsitzender. Mit dem plötzlichen Tod des Pfarrers wurde die praktische Tätigkeit sehr konkret. Zur Jahrtausendwende haben sich alle christlichen Kirchen in Menden mit einer ökumenischen Initiative zu einem großen christlichen Projekt zusammengetan. „Wir wollen mit den Menschen ins Gespräch kommen. Was bewegt Euch?" Dieses Projekt durfte ich maßgeblich mit vorbereiten und realisieren. Von den vielen Erfahrungen ragen einige besonders heraus: Es gibt riesige Potenziale für Akzeptanz von Kirche und Glauben, wenn wir uns auf neue Wege wagen, die den Menschen lebensnahe Antworten bieten können. Mir haben die Begegnungen mit den Menschen eine Menge Mut vermittelt, mit meinem Suchen nach diesen neuen Wegen nicht nachzulassen. Der Kern der Figurenfolge, die später in diesem Buch als optische Übersetzungshilfe für den Weg vom Sitzen zum Ankommen dient, ist damals entstanden.

In zahlreichen Vorträgen und Arbeitswochenenden habe ich in verschiedensten kirchlichen Einrichtungen zusammen mit vielen Mitchristen nach Wahrheiten für Kirche und Leben gesucht. Das dauert bis in die jüngste Zeit an. Der Trend der Rückmeldungen ist für mich motivierend: „Ja, das sind gute andere, zusätzliche Perspektiven auf Kirche und Glauben."

In all diesen Jahren ist eine Überzeugung gewachsen

Meine Bewegungen im christlichen Umfeld brachten mich bei meinem Forschen weiter. Die konkreten positiven Erfahrungen haben meine „bewegliche Suche" verstärkt. Keineswegs ohne Zweifeln, keineswegs ohne Frust und Ärger über Kirche und Welt, keineswegs mit Vollkommenheit, aber mit der wachsenden Erkenntnis: Die christliche Botschaft trägt. Leben kann gelingen mit dem, was die Bibel empfiehlt.

Die vernünftige Suche ergibt für mich vernünftige Antworten. Trotz mancher Anteile, die nur über Glauben und Hoffen abzudecken sind, ist für mich aus der Frohen Botschaft ein vom Verstand getragenes Sinngebilde entstanden. Schlüssige Antworten sind möglich. Tatsächlich: Leben und Bibel, Beruf und Glauben können ineinanderfließen. Wer sucht, der findet. Ich habe im Laufe der Jahre viele Antworten für mich gefunden.

In meinen späteren Beruf als Unternehmensberater und Personaltrainer für Sparkassen haben sich diese Einsichten erheblich verstärkt. Aus der Parallelsicht: „Training" und „Was sagt das Evangelium dazu?" zeigte sich mancher Aha-Effekt: „Ja, da ist es wieder." Inzwischen steht diese Erkenntnis auf stabilen Füßen. Ein dichtes Netzwerk von Erfahrungen, Praktikerfragen, Wachsen, Üben, Verstärken. Evangelium und Sparkasse. Auch wenn es unwirklich erscheint: Die Fragen und Antworten sind sich sehr ähnlich, nicht selten völlig identisch.

Bewegungen in der katholischen Kirche in Deutschland

Was hat sich im Ganzen verändert? Wie steht die Kirche in Deutschland heute da? Hat sie den Übergang von der Droh- zur Frohbotschaft geschafft? Kritische Stimmen sagen: Diese Kirche ist nicht mehr zu retten. Sie fährt vor die Wand. Alles geht den Bach runter. Die Volkskirche verduftet. Glauben und Evangelium – also Auslaufmodelle? Ohne jede Frage: Die Situation ist erschreckend und dramatisch. Aber pauschal alles kaputtreden: nein! Allerdings: Weitermachen wie bisher? Auch nein! Dazwischen liegt der Weg: ehrlich die Fakten sehen und realistische konstruktive Auswege suchen.

Mein Bild von der katholischen Kirche in Deutschland ist zwiespältig

Meine Erfahrungen in und mit der Kirche aus den fünfzig Jahren nach dem Konzil sind höchst unterschiedlich. Aus der jüngeren Zeit ergibt sich für mich ein eher nüchternes Bild, gleichwohl mit interessanten Anteilen von Hoffnungspotenzial und Weitermachchancen.

Ich sehe ...

> erschreckende Anzeichen von Rückgang und Auflösung. Die Gottesdienstbesuche sind rückläufig, die Kirchenaustritte zehren an der Substanz, Gebäude werden abgerissen. Innere und äußere Mauern drohen immer mehr einzustürzen. Zahlen und Stimmungen, Empfindungen und Beobachtungen zeigen im Ganzen nach unten.

Ich kenne ...

> viele aktive Christen, die enttäuscht und frustriert sind. Obwohl sie tief überzeugt sind, den richtigen Glauben zu leben, aus der Qualität von Bibel und Kirche gute Erfahrungen in ihr Leben hineinzunehmen, leiden sie unter der Verdunstung. Sie sehen persönlich keine Ansatzpunkte für konkretes Gegensteuern, fühlen sich nicht stark genug, dem Strom der Zeit etwas Hoffungsvolles entgegenzuhalten. „Was soll ich allein schon ausrichten? Wir haben schon alles versucht. Wir haben uns die Zähne ausgebissen bei ...", „der Zeitgeist ist gegen uns", „die da oben", „die Kirchengesetze ..." Viele wenden sich mehr oder minder enttäuscht ab. Verzagtheit macht sich breit.

Ich weiß ...

> von vielen aktiven Christen, die sich trotz allem nicht sang- und klanglos verabschieden wollen, die nach Hilfen und Möglichkeiten für Fortschritt und Verbesserung suchen. Die sich fragen: Was können wir in Vereinen und Gemeinde tun, damit nicht alles den Bach runtergeht? Was kann ich persönlich tun, um nicht hilflos dem Niedergang um mich herum tatenlos ausgesetzt zu sein? Wie kann ich meinen Kindern und Enkeln vermitteln, dass Glaube und Kirche das Leben tragen kann? Welche Antworten können sie von wem erwarten?

Ich empfinde ...

> das Auftreten von vielen Christen als ein ohnmächtiges Strampeln nach Verbesserung. Die Bestrebungen, dem Trend etwas entgegenzustellen, wirken auf mich oft mager und kraftlos. Das Vermögen der katholischen Kirche, in unseren Breiten die frohen Botschaften kraftvoll zu den Menschen zu bringen, steht auf mehr als wackligen Füßen. Wie will sie das verstaubte Image polieren, dass Glauben und Kirche nur noch für „ewig Gestrige" ist? Wie will sie den Menschen klar machen, dass sie Antworten für ihre Lebensfragen hat? Ich erlebe Mangelverwaltung statt Offensivstrategie. Ich sehe mehr Menschen auf dem Rückzug in die eigene „Wagenburg", als solche, die ein „Licht in der Finsternis" sind. Auf der Suche nach einer markanten Kehrtwende mit großen Linien von Hoffnung auf Veränderung kann ich bisher nur wenig Licht am Ende des Tunnels erkennen.

Ich sehe ...

> in den Gemeinden die Folgen aus Fusionen und Zusammenlegungen in immer größere Einheiten. Größe fördert Abstand und stellt alle Beteiligten vor große Herausforderungen. Immer mehr Vertrautes muss aufgegeben werden. Für die Amtsträger bedeutet immer mehr „Abwicklung, Management, Tagesgeschäft ..." immer weniger „persönliche menschliche Nähe". Auf immer weniger Schultern wird immer mehr abgeladen. „Der Pastor hat keine Zeit für uns, wir haben immer weniger Gottesdienste." Die tiefsitzende Priesterzentriertheit – „Der Pastor hat gesagt ..." – ist noch längst nicht aus den Köpfen. Wer kümmert sich um „Neukunden"? Wo ist die Zeit für neues Denken, neue Ansätze, neue Ideen? Die negative Spirale wird sich zwangsläufig verstärken. Ist „Schrumpfen" ein akzeptabler Ausweg?

Ich beobachte ...

> in den Gesichtern der Menschen auf der Straße, in Bus und Bahn viel, sehr viel Unzufriedenheit und Leere. Mir kommt es vor, dass innere Hohlheit und mangelnde Ausgeglichenheit zunehmen. Der riesige Durst nach Anerkennung, Glück, Zufriedenheit, Geborgenheit, Liebe – so lese ich in den Augen der Menschen – scheint

immer weniger erfüllbar zu sein. Gleichzeitig erlebe ich beim Zuhören und Diskutieren die zunehmende Suche nach Wahrheit und Vorbild, nach Orientierungslieferanten und Werten. Konkrete, glaubwürdige Wegweiser für eine positive Lebensgestaltung werden dringend gebraucht. Für mich gibt es eine ausgeprägte, aber unsichtbare Sehnsucht nach den wirklichen Antworten. Die Menschen suchen im Grunde das, was Glaube und Kirche längst zu bieten haben.

Von der Einzelmeinung zu mehr objektiver Gesamtsicht ...

Sind das nur meine Eindrücke? Stehe ich mit dieser Einschätzung allein da? Manches deutet darauf hin, dass es viele Christen gibt, die unter dieser Situation leiden. Aktuelle kritische Beleuchtungen zu den Entwicklungen in der Kirche gibt es auch in der entsprechenden Literatur. Auch in systematischen, gut abgesicherten Meinungserhebungen finden sich, nüchtern und unaufgeregt beschrieben, eine Reihe von Fakten, die für eine gute Entwicklung noch viel Potenzial nach oben sehen. Das sind Chancen!

In der aktuellen Literatur lese ich:

> „Die Kirche steht – kurz gesagt – vor ihrer größten Herausforderung seit der Säkularisation, dem Ende der alten feudalen Reichskirche." (Thomas Mitschke-Collande, Schafft sich die katholische Kirche ab?, Kösel-Verlag, München 2012, Seite 20)

> „Das Verhältnis der Öffentlichkeit, aber auch vieler Katholiken zu ihrer Kirche, schwankt zwischen Euphorie und Depression." (Joachim Frank, Wie kurieren wir die Kirche?, DuMont-Buchverlag, Köln 2013, Klappentext)

> „Verlängert man den Trend der vergangenen Jahre aber in die Zukunft, dann wird um 2025 die Mehrheit der Bevölkerung keiner der christlichen Konfessionen mehr angehören." (Thomas Großbölting, Der verlorene Himmel, Vandenhoeck & Ruprecht, Göttingen 2013, Seite 184)

Im Ganzen löst diese Zustandsbeschreibung bei mir sehr gemischte Gefühle aus. Meine Eindrücke von Versäumnissen und Stillstand, von Hilflosigkeit und ängstlicher Rückwärtssicht verwandeln sich bei mir in Trauer und Ärger. Viel, viel mehr aber in Ansporn und Mitverantwortung. Meine feste Überzeugung: nicht stehen bleiben, nicht aufgeben, sondern zupacken und anpacken! Mit dieser Auffassung weiß ich mich mit Papst Franziskus einig. In seiner Person, in seinen Aussagen sehe ich hoffnungsvolle Signale. Beispiel dafür ist das Apostolische Schreiben „Evangelii Gaudium – Freude des Evangeliums" aus dem Jahre 2013. Ich finde darin eine ganze Fülle bewegender Empfehlungen für die katholische Kirche.

Sich in Bewegung setzen!

So ist es – was nun?

Das Kind ist schon sehr tief in den Brunnen gefallen. Das macht eine Umkehrung jeden Tag ein Stück schwieriger. Die negative Spirale wird sich zwangsläufig weiter verstärken. Weil immer weniger Priester, weniger Mitstreiter, weniger Schultern, weniger positive Kontakte zur Kirche, immer weniger Gottesdienstbesuche immer mehr Abstand, immer mehr Entwöhnung, immer mehr „Verduften" schaffen.

Das kann jeden Überzeugten mutlos machen und in die Resignation treiben: „Ich habe verstanden, aber was soll ich als Einzelner schon tun?" Meine persönliche Antwort vorweg: Zunächst ist es wichtig, überhaupt das Gefühl zu entwickeln, dass es Sinn macht, etwas zu tun. Ich habe am 11. September 2001 nach den verheerenden Anschlägen in New York einen Radiokommentar aufgeschnappt, der mich angesprochen hat. „Lass dich nicht vom Bösen besiegen, sondern überwinde es durch das Gute." Das Zitat aus dem Römerbrief von Paulus (Röm 12,21) trifft ziemlich genau meine Haltung. Kapitulieren: nein, aber kluge Antworten finden, konstruktive Schritte gehen.

Was ist zu tun? Worauf kommt es jetzt an?

Was sind denn kluge Antworten? Wo anpacken? Was besser machen? Wo anders denken? Wo Ballast abwerfen? Wie den Kern treffen? Welche Gewichte verschieben? Wie viel Veränderungsmut mitbringen? Welche Hebel sollen wir in Bewegung setzen?

In der Fülle von Möglichkeiten und Ideen für sinnvolle Antworten sehe ich einige besonders herausragende Hebel. Dabei ist es wichtig, dass ich nicht auf die „da oben" warten muss, sondern, dass ich sie durch mich persönlich bedienen kann. Die Hebel können kein Gesamtkonzept ersetzen, aber persönliche Anregungen für motivierendes Mitanpacken sein. Bevor ich diese Gedanken für einen persönlichen Weg im Abschnitt „Ich bin dabei, ich mache mit" vertiefe, möchte ich zunächst in der Bibel nachschauen.

Was sagt Jesus?

Ganz sicher ist: Ohne gute Argumente für meine Einstellungen kann ich nicht überzeugen. Ohne eigene Stärke kann ich andere nicht stärken. Je sicherer ich mir meiner Sache bin, desto glaubwürdiger kann ich anderen „versichern, dass ...".

Hat die Bibel direkt verwertbare Antworten für das Leben? Was sagen die Wurzeln? Was ist dabei das Kernige? Worauf kommt es Jesus an? Welche Empfehlungen gibt er für ein gelungenes Leben? Sind seine Empfehlungen lebensnah? Welche Argumente liefern sie mir für die Weitergabe meiner Überzeugungen? Wie nützlich ist das Neue Testament? Für mich. Persönlich. Heute. Jetzt.

So ist es – was nun?

Das ist wichtig

Ich habe mich bewegt. Meine Bilder von Glauben und Kirche haben sich grundlegend geändert.

Ich meine

Der katholischen Kirche und vielen Christen täte mehr mutiges Aufbrechen gut.

Die Bibel sagt

„Der Wind weht, wo es ihm gefällt. Du hörst ihn nur rauschen, aber du weißt nicht, woher er kommt und wohin er geht." (Joh 3,8) So ist das auch mit dem Geist Gottes.

So geht es weiter

Die für mich unbefriedigende Situation reizt mich zum Handeln mit diesem Buch. Es zeigt Impulse und Wege für Fortschritt und Entwicklung.
Im nächsten Kapitel beschreibe ich zunächst drei nützliche Grundhaltungen für den Weg durchs Leben. Sie sind gedacht als Standardausrüstung für den Rucksack. Ich gebe erste Tipps für die Anwendung. Der biblische Hintergrund ist dabei.
Der eigentliche, praktische Weg folgt in Kapitel 4. Dort bin ich mit dem gefüllten Rucksack „fortschrittlich" unterwegs vom Sitzen zum Ankommen.

Schlüssel für meine Haltung und mein Handeln

Wie kann ich mein Leben leben?

Jeder Mensch sucht einen festen Grund für sein Leben, einen Lebensentwurf. Er soll Antworten für die Grundorientierung im Alltag geben, für die großen und kleinen Aufgaben, für gewöhnliche und ungewöhnliche Lebenslagen, für das einfache Tagesgeschäft wie für komplexe Zusammenhänge, also allgemeingültig sein. Er will Maßstab für Denken und Handeln sein. Er ist wesentlich. Er gibt dem Leben einen eigenen Stil und Charakter – und ist Sinnlieferant. Damit tun sich eine Menge Fragen auf: Wie findet man das Wesentliche für einen Lebensentwurf? Worauf kommt es wirklich an? Sind solche Fragen überhaupt allgemeingültig zu beantworten? Sicher nicht, denn jeder sieht sein Leben mit eigenen Augen, mit seiner eigenen Geschichte, mit seiner eigenen Zielsetzung. Dennoch, es gibt Fragen, die alle Menschen bewegen:

- Wie gehe ich mit mir und anderen Menschen um?
- Was tut mir gut, was ärgert mich?
- Wie bekomme ich ein gutes Gefühl?
- Wie kann ich meine Ziele erreichen?
- Wie komme ich zu meinen Rechten?
- Was ist für mein Leben nützlich?
- Was gibt mir wirklich Halt?

Naheliegend, dass eine kluge Beantwortung dieser Fragen elementar ist. Die Antworten dafür holen wir uns aus unseren Grundeinstellungen. Sie sind quasi die Vorläufer für das Handeln. Unsere Einstellungen, Denkweisen, Geisteshaltungen, Gesinnungen, Grundhaltungen, Überzeugungen, Lebensanschauungen sind das Vorprogramm für unser Tun. Zunächst: Was denke ich? Und dann: Was sage ich jetzt? Was tue ich jetzt? Damit haben Grundeinstellungen eine hohe Hebelwirkung. Sie schaffen eine Ordnung für unser Denken und Handeln. Damit Leben gelingen kann, brauchen wir tragfähige Grundeinstellungen.

Welche Haltung hält?

Welche Empfehlungen finden wir dazu in der Bibel, vor allem im Neuen Testament? Ich habe für mich einen Abgleich gemacht. Biblische Botschaften hier und Tagesfragen aus dem Berufsleben des Personaltrainers dort. Was passt da zusammen?

Meine Erfahrungen stammen aus rund fünfzehn Jahren konkreter Führungsverantwortung und aus weiteren mehr als zwanzig Jahren Beratung und Training in Sparkassen. Arbeit mit Menschen, in Gesprächen, Arbeitstreffen, bei unzähligen Seminaren und bei ihrer Begleitung am Arbeitsplatz. Was filtert sich da an verwertbarem Wissen für den Alltag heraus? Was ist hochwirksam? Was hat größte Hebelwirkung? Was wirkt lange nach? Gleichzeitig: Wo geben auch kritische Praktiker ein überzeugtes „Ja"? Was ist machbar, einfach, prägnant, merkbar? Welche Gesetzmäßigkeiten greifen?

Ich habe drei Schlüsseleinstellungen herausgefunden, die diesen Fragen standhalten. Ich werde sie hier beschreiben. Zunächst so ausführlich, dass ihr Sinn, ihre Wirkungen grundsätzlich verstanden werden können. In den späteren Ausführungen „Vom Sitzen zum Ankommen" stelle ich sie auf den Prüfstand für die Alltagstauglichkeit. Dazu gebe ich Tipps und Anregungen für eine persönliche Anwendung. Es soll dann immer deutlicher werden, welche nützlichen Hilfen sie für das Leben, für den Alltag liefern können. Für Beruf und Privates, ganz unmittelbar und direkt.

Und was sagt Jesus dazu?

Was sagt die Bibel zu alledem? Was empfiehlt Jesus? Wer an die Wurzeln des christlichen Glaubens will, ist in den überlieferten Schriften aus der Bibel gut aufgehoben. Jesus ist die zentrale Figur des Neuen Testaments.

Ich lese ...

> „Lernt bei mir; dann findet euer Leben Erfüllung." (Mt 11,29)
> „Kommt, folgt mir nach." (Mt 4, 19-20)
> „Ihr könnt das auch." (vgl. Joh 14,12)
> „Handle so, dann wirst du leben." (Lk 10,28)

Was hat mir Jesus vorgelebt, damit ich es nachmachen kann? Was empfiehlt er? Welche Haltung im Ganzen? Worauf kommt es an? Was hilft mir für mein Leben? Was kann ich mir merken? Was passiert, wenn ich dem folge, wenn ich das anwende? Was ist für mich nützlich? Was bringt mich wirklich weiter?

Ich habe vor allem im Neuen Testament viele Antworten dazu gefunden, bestens geeignet für Lebenskonzepte und Orientierungshilfen. Und die drei Schlüsseleinstellungen? Welchen Stellenwert nehmen sie in der Bibel ein? Ich habe dazu für mich interessante Entdeckungen gemacht. Meine Fundstellen aus der Bibel habe ich deshalb immer mit aufgeführt.

Drei ausgewählte Einstellungen mit einem hohen Wirkungsgrad

Die drei Schlüssel bzw. Kernthemen werden auf den nächsten Seiten nacheinander beschrieben. Sie sind für sich eigenständig gültig, in vielen Aspekten aber miteinander verwoben.

Schlüssel 1: Denken und Handeln aus der selbstbewussten Mitte
Kap 3.1

Schlüssel 2: Selbstverantwortung
Kap 3.2

Schlüssel 3: Konstruktives Denken und Handeln
Kap 3.3

Schlüssel 1: Denken und Handeln aus der selbstbewussten Mitte

Eine Geschichte aus dem Eheleben: Ich habe etwas auf dem Herzen

Paul und Anna vertragen sich immer. Na ja, fast immer. Beide verstehen sich und bemühen sich um ein gutes, friedliches Miteinander. Trotzdem, bei ihrem „Streitthema" hakt es. Anna denkt: Ich möchte so gern, dass er mehr ..., es wäre doch schön, wenn wir ..., am liebsten hätte ich ... Eigentlich müsste ich mal mit ihm darüber reden. Sie grübelt. Soll ich offen darüber reden? Dann ist der Krach wieder da. Aber ich möchte doch keinen Unfrieden. Am liebsten würde ich ihm mal richtig meine Meinung geigen: „Jetzt ist Schluss. So geht es nicht weiter." Aber was soll ich schon gegen ihn ausrichten? Ich komme nicht gegen ihn an. Ich werde wieder mal den Kürzeren ziehen. Richtig wohl fühle ich mich dabei nicht. Wenn ich ehrlich bin: Es belastet mich sogar. Ich werde ihn ansprechen – oder besser doch nicht? Jetzt warte ich erstmal ab. Vielleicht regelt sich alles von selbst. Aber womöglich denkt er ja auch wie ich. Anna ist hin- und hergerissen.

Abb. **1**

Wir beide!?

Ich möchte Frieden zwischen uns.
Ich habe meine Ziele, Meinungen, Interessen und Wünsche.
Ich habe meine menschliche Würde.
Ich habe ein Recht auf …
Ich möchte keine Verletzungen.
Ich möchte keine Bauchschmerzen.
Ich bin nicht perfekt.
Ich möchte dich zu einem anderen Verhalten bewegen.
Ich möchte mit dir zusammen …
Ich möchte dich so gern davon überzeugen.
Ich möchte, dass du mich verstehst.

Ich bin sicher: **Du auch!**

Wie kommen wir beide zusammen?
Aus welcher Haltung geht das am besten?

Es geht um die Beziehungen

Die Gedanken von Anna sollen beispielhaft für das stehen, was uns Menschen oft vor riesige Herausforderungen stellt: Wie können wir miteinander auskommen? Die Menschen leben als soziale Wesen in Beziehungen zueinander. Im engen und im weiteren Sinne. Menschen begegnen sich. Sie reden. Es gibt etwas zu klären. Jeder hat seine Welt, seine Interessen, seine Ziele, seine Überzeugungen. Längst nicht immer stimmen sie überein. Meine Art, dies oder jenes zu regeln, prägt meine Haltung und damit mein Verhalten. Wie gehe ich mit mir und anderen Menschen um? Da geht es an die Wurzeln, da geht es um Würde, da geht es um Werte. Das sind die Quellen für Erfolg und Akzeptanz, für Zufriedenheit und Fortschritt, aber auch die großen Stolpersteine und Herausforderungen für uns Menschen. Grundsätzlicher geht es nicht mehr. Wie lässt sich dafür ein konstruktives Modell finden? Wie lässt sich da Ordnung schaffen zwischen dem Ich und Du? Nicht nur privat. Der erste Schlüssel sucht darauf Antworten.

Aus meiner Erfahrung

Ermuntert durch die Anforderungen der Praktiker nach verständlichen, praktikablen Lösungen habe ich im Laufe der Jahre ein einfaches, aber gleichwohl höchst wirksames Gedankengerüst entwickelt. Die Kernideen dazu stammen aus der Transaktionsanalyse. Das ist eines der Modelle, die helfen wollen, menschliches Verhalten durchsichtiger zu machen. Eric Berne (amerikanischer Psychiater, 1910-1970) hat es Mitte des vorigen Jahrhunderts entwickelt. Ich habe es im Training vielfach angewandt. Es war hilfreich, mir selbst und vielen Menschen die Augen zu öffnen und das eigene Verhalten aus dem „Ich bin nun mal so" und „Ich wusste ja gar nicht, dass ich so handle ..." in mehr klares Bewusstsein zu lenken.

Daraus ergeben sich nützliche Ansätze für persönliche Lebenshilfe. Ich habe durch Kürzungen wichtige Kernideen so vereinfacht, dass ihr Verstehen und Anwenden erleichtert wird. Der nötige Tiefgang ist dabei nicht verloren gegangen. In „zigtausend" Gesprächen, Begegnungen und vor allem bei Trainings in Sparkassen hat mir mein Modell beste Dienste geleistet.

„Denken und Handeln aus der selbstbewussten Mitte" – ein Erklärungsmodell für Haltung und Verhalten

Menschen können den Kontakt zu ihren Mitmenschen – vereinfacht gesagt – aus drei Grundhaltungen starten. Diese Haltungen kommen buchstäblich mit dem ganzen Körper, mit Hand und Fuß, mit Mimik und Gestik und natürlich mit Worten zum Ausdruck. Mit einem ständigen Kombinieren dieser „Ausdrücke". Mit unterschiedlicher Intensität und Lautstärke. Mit allen Mitteln. Aber im Kern immer mit den gleichen Denkmustern. Es ist eine Art inneres Programm, um sich mitzuteilen, um bei anderen Menschen etwas zu erreichen. Meine Haltung ist der Start für mein Verhalten. Also: Aus welcher Haltung äußere ich mich?

Vorweg gesagt

Ich beleuchte die drei Haltungen aus verschiedenen Richtungen. Dabei ist zu beachten:

> Die Haltungen sollten nicht vorschnell in „richtig oder falsch, gut oder schlecht" eingeteilt werden. In den Grenzen der Gesetze ist in Freiheit alles erlaubt, aber was ist nützlich?

> Die Haltungen wendet jeder Mensch an. Aber wie oft? In Reinkultur oder gelegentlich am Rande? Zwischen „für einen Augenblick" und „als eingeprägte Grundhaltung" gibt es eine riesige Bandbreite.

> Die Haltungen können wechseln. Manchmal in einem Atemzug.

> Die Haltungen wirken von „klitzeklein" bis „zentnerschwer". Die Aus- und Nachwirkungen sind meist entsprechend.

> Die Haltungen und die Hintergründe dafür sind uns meistens nicht bewusst. Ein besseres Verstehen kann Augen öffnen.

> Die Haltungen gehören oft in sehr komplexe Zusammenhänge. Detailfragen rufen nach Fortsetzung und Vertiefung.

> Hier soll es auf Grundhaltungen und ihre Wirkungen ankommen.

Für Haltungen und Verhalten gibt es keine Zauberformeln oder Ideallösungen. Es gibt kein Wundermittel für alles und jedes. Dennoch: Was bringt alle Beteiligten am ehesten weiter? Welche Pfade führen am besten in eine Erfolgsspur? Was bringt nicht nur vordergründig Fortschritt? Was ist nachhaltig hilfreich? Das gilt es zu ergründen.

Vornehmlich geht es hier um Kommunikation. Sie wird später in diesem Buch mit vielen praktischen Beispielen und Anregungen noch ausführlicher behandelt. Dazu gehören auch Hilfestellungen für Konfliktbewältigung. Zunächst konzentriere ich mich hier auf das Wesentliche, das hinter jedem Redeanteil steht: die Haltung.

Abb. **2**

Drei denkbare Grundhaltungen
Welche Haltung nützt?

von oben herab

dominant
mit Druck
autoritär

aus der selbstbewussten Mitte

partnerschaftlich
ausgeglichen
mit Autorität

von unten herauf

ängstlich
hilflos
geknickt

Die Haltung „von oben herab"

- „Ich habe dir schon dreimal gesagt ..."
- „Das sehen Sie ganz falsch."
- „Mach gefälligst deine Hausaufgaben."

Das meine ich damit ...

Diese beispielhaften Aussagen sollen die Haltung „von oben herab" umschreiben. In diesem Moment, in dieser Situation, unter diesen Bedingungen will ich dir mit allen meinen Ausdrucksmitteln – mehr oder minder,
so oder ähnlich – verdeutlichen:
„Wir sind nicht auf einer Stufe. Wir sind nicht gleichwertig. Ich stehe hier
oben. Ich stehe über dir. Ich habe einen höheren Rang. Ich schaue auf dich
herab. Ich habe die Macht und das Wissen. Ich weiß es besser. Ich kann es
besser. Ich habe das Recht dazu oder nehme es mir einfach.

- So versuche ich, meine Ziele bei dir durchzusetzen.
- So will ich dich beeindrucken.
- So möchte ich dich beeinflussen."

Im Kern ist diese Haltung auf „gegensätzlich und ungleich" angelegt: „Ich
hier oben, du da unten." Unsere Sprache hat für diese Blickrichtung viele
Beispiele. Siehe Abb. 3.

Abb. 3

Von oben herab

Die Sprache sagt ...

Hoheit
abfällig
erhaben
abwerten
abkanzeln
hochnäsig
hochmütig
abschätzig
Oberlehrer
erniedrigen
erdrückend
hochwürdig
überheblich
unterwerfen
unterbuttern
unterpflügen
runterputzen
herablassend
niederträchtig
runtermachen
niedermachen
herabwürdigen
niederschmetternd

Beispiele für Denken, Ausdrücke und Erwartungen

Beim Äußern gebe ich mein Inneres nach außen, mit allen Mitteln, mit allem, was ich tue oder nicht tue. Die Abbildung 4 soll die Vielfalt dieser Ausdrücke und die inneren Programme andeuten.

Abb. 4

Von oben herab denke und zeige ich

Ich denke ...

Ich bin höherwertig.
Ich stehe über dir.
Ich habe verstanden, du nicht.
Ich werde dir zeigen, wer der Stärkere ist.
Ich bin der Klügere, Höhere, Bessere ...

Ich zeige ...

meine kalte Schulter,
meine breiten Schultern,
meinen erhobenen Zeigefinger,
meine Zähne,
meine kühle Reserviertheit
und gehe auf Distanz,
meine stolze Brust,
meine hochgezogenen Augenbrauen
und einen finsteren Blick.

Abb. 4

Von oben herab erwarte und sage ich

Ich erwarte von dir ...

Du sollst dich fügen, klein beigeben.
Du sollst mir in blindem Gehorsam folgen.
Du sollst dich meinen Anordnungen unterwerfen.
Du sollst gefälligst meinen Gedanken und
Anweisungen folgen.
Du sollst und du musst ..., und wenn du nicht ..., wehe!

Ich sage ...

„Ich weiß, was gut und richtig für dich ist.
Ich sage dir, was hier Sache ist.
Ich werde dich auf die Knie zwingen.
Das ist so, daran muss man glauben.
Du weißt ja: Wenn ich wollte, könnte ich ...
Wenn du mich nicht hättest, allein raffst du es nicht.
Ich mache jetzt mit dir kurzen Prozess.
Du sollst tun, was ich von dir verlange. Basta.
Warum hast du schon wieder ...?
Ich werde dich schon klein kriegen.
Aus dir wird nie was.
Wenn du erst mal mein Wissen hättest ...
Das ist typisch.
Da müssen Sie schon entschuldigen.
Du bist doch sicher auch meiner Meinung, dass ...
Was bist du doch für ein kleines Licht!"

Auf den Punkt gebracht

Damit muss ich rechnen:

- Du lässt mich abblitzen.
- Du lehnst mich ab, ich habe bei dir verloren.
- Du wehrst dich, du widersetzt dich.
- Du lässt dich nicht unterkriegen.
- Du fühlst dich verletzt.
- Du bestrafst mich mit Abkehr und Sperre.
- Du kaufst nicht bei mir.

Wenn ich mich abheben will, muss gleichzeitig jemand bereit sein, sich zu beugen. Nur so kann unsere „Schieflage" wirksam werden. Wer möchte sich schon freiwillig beugen? Das kratzt an der Würde, das verletzt mein Selbstwertgefühl. „Das lasse ich mir nicht bieten." Wenn ich kann.

„Von oben herab" erscheint in vielerlei Gestalten und Ausprägungen

- „Das ist mir so rausgerutscht" oder „mit aller Gewalt"
- Eine nachdrückliche Erwartung oder ein bedrohliches Erzwingen
- „Ich sage nichts" oder „mit lautem Getöse"
- Mit leichtem Druck bis zum Erdrücken
- Unüberlegt und unreflektiert oder mit voller Absicht
- Feine Ironie oder Zynismus und Sarkasmus
- Vom strengen Blick bis zur körperlichen Gewalt
- Besserwissend bis arrogant
- Offen und direkt oder versteckt und hinter dem Rücken
- Abweisend bis auflaufen lassen
- ... und vielen, vielen Zwischentönen.

Im Kern bleibt die Haltung gleich: „Ich hier oben, du da unten".

Bei näherem Hinsehen

> **„So habe ich das nicht gemeint!"**
> „Ich wollte dir eigentlich nur klar machen ... Ich stehe mit dem Rücken an der Wand. Ich weiß mir nicht mehr zu helfen. Ich habe schon alles versucht. Ich bin jetzt so gereizt. Du hast mich provoziert. Manchmal weiß ich mir einfach keinen anderen Rat. Ich habe mich dann einfach nicht mehr im Griff." Das „von oben herab" kommt nicht unbedingt aus einer Bösartigkeit. Was könnte sich dahinter verstecken? Ein denkbarer Grund: Notwehr aus Unsicherheit! Ich weiß nichts Besseres. Ich habe es nie gelernt, mit guten Mitteln meine Ziele durchzusetzen. Ich bin mir nicht sicher.
> **„Von oben herab" kann aus der Not geboren sein.**

> **„Ich meine es doch nur gut."**
> Mit wem? Gut oder gut gemeint? „Wenn du mich nicht hättest. Ich mach das schon für dich. Guck, wie gut ich bin. Ich will dir doch nur helfen." Zu viel der Fürsorge mindert die Chance für Selbstverantwortung. Folge für den Untenstehenden: „Ich werde von deiner Liebe erdrückt. Ich bekomme keine Luft mehr. Tete mir nicht zu nahe, traue mir zu, dass ich auf eigenen Füßen stehen kann."
> **„Von oben herab" kann um die Ecke kommen.**

> **„Ich muss meinem Ärger Luft machen."**
> Jetzt ist das Fass übergelaufen. Aufgestauter Ärger und Wut wollen an die Luft. Bei unüberlegten Ausbrüchen geht es um Kleinmachen und Niederdrücken, um Sieger und Verlierer. Folge für den Untenstehenden: „Abprallen lassen können" oder „Geht unter die Haut"? Je tiefer der Schlag, desto größer die Verletzungsgefahr. Es gibt „kleine Hautabschürfungen" und „tiefe Schnitte". Es gibt „blaue Flecken" und „unübersehbare Narben".
> **„Von oben herab" kann verletzen.**

> **„Der Ton macht die Musik."**
> „Sie sind aber sehr empfindlich!" „Er weiß, dass ich das nicht so meine." „Rau, aber herzlich." Ich muss den richtigen Ton treffen. Ich weiß, bei wem ich das so sagen kann. Wirklich? Missverständnisse, falsche Interpretationen, „in den falschen Hals bekommen" weisen

darauf hin. „Wie meinst du das?", kann eine schwierige Frage sein. Was kann ich dir zumuten? Was erträgst du in dieser Situation? Wie kommt das bei dir an? Soll ich dich mit Samthandschuhen anfassen?

„Von oben herab" hat viele Tonlagen.

> **„Ich muss jetzt streng und konsequent sein"**
> „Ich muss jetzt hart bleiben. Es tut mir selbst weh. An dieser Stelle darf ich keinen Schritt zurückgehen." Eltern und Erzieher stehen in besonderer Verantwortung. Genau wie die Berufe, die für die Einhaltung von Recht und Ordnung eingesetzt sind.
> In Schranken weisen müssen, Rahmen abstecken, konsequent sein ... ist nicht von vornherein „schief gelagert".
> **„Von oben herab" meint nicht reflektierte Strenge und bedachte erzieherische Konsequenz.**

> **„Wir dürfen jetzt keine Zeit verlieren."**
> Das Kleinkind vor dem fahrenden Auto retten, den Griff auf die heiße Herdplatte verhindern: Wenn unmittelbare Gefahr im Anmarsch ist, fehlt die Zeit für „ein klärendes Wort". Diktat und Anweisung, gegen den eigenen Willen zupacken, das kann „not-wendig" sein.
> **„Von oben herab" meint nicht die Kommandos aus unmittelbarer Not und Gefahr.**

Mein Fazit zur Haltung „von oben herab"

Jeder hat seine Erfahrungen „mit Druck". Da gibt es für viele Menschen vieles zu berichten. „Äußerlich kann ich mich nicht wehren. Aber innerlich habe ich längst gekündigt." „Irgendwann kommt die Gelegenheit, wo ich mich auf meine Art wehren kann." „Meine Geschichte liegt lange zurück. Aber ich vergesse das nie. Seit dem ..."

„Damals hatte ich keine andere Wahl, was sollte ich denn schon gegen ihn tun?"

So oder ähnlich kommt in persönlichen Gesprächen manche Altlast zu Wort. Und: „Heute lasse ich mir das nicht mehr bieten."

Eine wesentliche Erfahrung aus meinem Beruf und darüber hinaus: Verletzungen aus erlebtem „von oben herab" haben eine hohe Langzeitwirkung. Manchmal sind sie eingebrannt und unauslöschlich. Ich denke, dass auch die weitaus milderen Formen von Verletzungen in ihrer Nachhaltigkeit unterschätzt werden. „Das merk ich mir" ist eine einfache Speicherform, die bei allen Menschen greift. Die unmittelbare Wirkung konnte ich indes „tausendmal" beobachten.

„Von oben herab" ist keine nachhaltig taugliche Haltung für gute menschliche Beziehungen. Es ist eine Schieflage. Über kurz oder lang rutschen beide ab. „Ich gewinne, du verlierst", diese Rechnung geht dauerhaft nicht auf. Verlierer produzieren zu wollen, zahlt sich nicht aus! Sie fördert Unselbstständigkeit und Abhängigkeit. „Klein halten" und „klein bleiben" liegen eng beieinander. Viele Menschen, die sich dem Druck beugen mussten, sind in der angepassten Rolle geblieben.

Macht verlangt Ohnmacht. Ohnmacht macht machtlos. Wie kann ich machtlos mächtige Taten vollbringen? Wer seine Ziele erreichen möchte: Vorsicht mit Macht!

Die Haltung „von unten herauf"

- „Keiner versteht mich."
- „Hat denn keiner Mitleid mit mir?"
- „Ich fühle mich dir nicht gewachsen."

Das meine ich damit ...

Diese beispielhaften Aussagen sollen die Haltung „von unten herauf" umschreiben. In diesem Moment, in dieser Situation, unter diesen Bedingungen will ich dir mit allen meinen Ausdrucksmitteln – mehr oder minder,
so oder ähnlich – verdeutlichen:
„Wir sind nicht auf einer Ebene. Wir sind nicht auf einer Wertigkeitsstufe.
Ich stehe auf der Skala tiefer als du. Ich sehe mich hier unten und dich da
oben. Ich stehe unter dir. Ich hoffe, dass du gnädig mit mir umgehst. Ich
habe Angst. Mir geht es nicht gut. Ich fühle mich unterlegen.
- So versuche ich, meine Ziele bei dir durchzusetzen.
- So will ich von dir Zuwendung erlangen.
- So möchte ich von dir Beachtung und Aufmerksamkeit.
- So hoffe ich auf deine gnädige Behandlung."

Im Kern ist diese Haltung auf „gegensätzlich und ungleich" angelegt: „Ich
hier unten, du da oben". Unsere Sprache hat für diese Blickrichtung viele
Beispiele. Siehe Abbildung 5.

Die Abbildung 6 ab Seite 52 soll die Vielfalt dieser Äußerungen und die
inneren Programme andeuten.

Abb. **5**

Von unten herauf

Die Sprache sagt ...

den unteren Weg gehen
auf den Knien rutschen
sich unterlegen fühlen
heruntergekommen
unter aller Würde
niedergeschlagen
sich klein machen
sich unterwerfen
unten durch sein
so klein mit Hut
untergewichtet
klein beigeben
unterbewertet
heraufschauen
untertan sein
aus der Tiefe
unterwürfig
sich beugen
sich ducken
bedrückt
gedrückt
kriechen
geknickt
kleinlaut
betreten

Abb. 6

Von unten herauf denke und zeige ich

Ich denke ...

Ich bin minderwertig.
Ich trau mich nicht.
Ich stehe unter dir.
Ich bin der Schwächere, Tiefere, Schlechtere.
Ich bin dir nicht gewachsen.

Ich zeige ...

Ich bin ein begossener Pudel.
Ich bin verkrampft und kleinlaut.
Ich lasse meine Schultern hängen.
Ich senke den Blick.
Ich mag dich nicht anschauen .
Ich bin wehleidig und schmollend.
Ich beuge mich.
Ich gehe in die Knie.

Abb. **6**

Von unten herauf erwarte und sage ich

Ich erwarte von dir ...

den nächsten Nackenschlag,
dass du gnädig mit mir bist,
dass du Mitleid mit mir hast,
Nachsicht und viel Zuwendung.

Ich sage ...

„Ich kann doch auch nichts dafür.
Entschuldigung, äh, dürfte ich vielleicht, aber nur
wenn es keine Umstände macht.
Was soll ich denn schon machen. Mir bleibt doch
keine andere Wahl.
Ich halte mich lieber zurück.
Ich raff das nicht allein, ohne dich bin ich nichts.
Schade. Was soll ich denn schon tun?
Ich bin nun mal ein Verlierertyp, da kann man nichts machen.
Immer auf die Kleinen. Der nächste Schlag kommt bestimmt.
Ich bin lieber vorsichtig, man weiß ja nie.
Im Zweifel gehe ich den Weg des geringsten Widerstands.
Ja, die anderen, aber ich doch nicht.
Ich habe keine andere Wahl.
Ich bin mit dem Rücken an der Wand.
Ich weiß mir nicht mehr zu helfen.
Ich habe schon alles versucht.
Ich weiß ja auch nicht ...
Ich habe wie immer den Kürzeren gezogen,
ich wusste es vorher schon.
Ich werde mich lieber anpassen und nachgeben."

Auf den Punkt gebracht

Damit muss ich rechnen:

- Du nimmst mich nicht für voll.
- Du traust mir nichts zu.
- Du nimmst mich nicht ernst.
- Du glaubst nicht, dass ich für dich Lösungen parat habe.
- Du glaubst nicht, dass wir Partner werden können.
- Du nutzt mich aus: Wölfe brauchen Lämmer.

Antworten meiner Mitmenschen: Du traust dir selbst nicht über den Weg, wie soll ich dir vertrauen? Wie soll ich dich als vollwertigen Gesprächspartner einstufen, wenn du dich selbst nicht für voll nimmst? Wie soll ich dich akzeptieren, wenn du selbst nicht an dich glaubst? Wie soll ich erwarten, dass wir zusammen unsere Herausforderungen meistern können?

„Von unten herauf" erscheint in vielerlei Gestalten und Ausprägungen

- Klein beigeben bis zur ausgeprägten Verliererhaltung
- Einen Schritt zurücktreten bis zur umfassenden Selbstaufgabe
- Leicht eingeknickt bis „total am Boden"
- Sich zurückfallen lassen bis Aussitzen und Rückzug
- Von „erschreckt zusammenzucken" bis Flucht und Kapitulation
- Hintanstellen und „in die letzte Bank setzen"
- Von „lieber nicht" bis „Ich bin der absolute Verlierer"
- … und vielen, vielen Zwischentönen.

Im Kern bleibt die Haltung gleich: „Ich hier unten, du da oben."

Bei näherem Hinsehen

> **„Ihr habt alle gut reden!"**
> Ich habe leider keine andere Wahl. Ich habe es doch nie anders erlebt. Ich weiß nichts Besseres. Ich bin nun mal auf der Verliererseite gelandet. Am liebsten würde ich ja auch ..., aber ich kann doch nicht. Das wird ja doch wieder schiefgehen. Ich sehe da keinen Ausweg. Ich fühl mich einfach nur hilflos. Ich bin in meiner Opferrolle gefangen.
> **„Von unten herauf" braucht den Glauben an mögliche Veränderungen.**

> **„Da kann ich mir so schön leidtun."**
> Darin bin ich geübt. Manchmal fühle ich mich richtig wohl in dieser Rolle. Das war als Kind schon so. „Das arme Mädchen. Der Junge kann doch nichts dafür ..." Das ist halt meine Möglichkeit, mit dieser bösen Welt klarzukommen. Manchmal jammere ich zusammen mit meiner Freundin. Die sagt dasselbe wie ich. Dann träumen wir zusammen von unseren unerfüllten Sehnsüchten.
> **„Von unten herauf" kann dauerhaft keine guten Gefühle erzeugen.**

> **„Lieber nicht."**
> Ich glaube, ich gehöre zu den Verlierern. An diese neue Sache soll ich mich heranwagen? Das wird niemals gutgehen. Was kann da alles passieren? Das haben wir doch immer so gemacht. Ich glaube, ich lasse alles so, wie es ist. Wenn ich das Thema offen anspreche, dann geht unsere Sache bestimmt in die Brüche. Ich möchte lieber meine Ruhe. Obwohl ...
> **„Von unten herauf" bremst die Kräfte.**

> **„Ich bin doch ganz pfiffig."**
> Jetzt komme ich auf die Mitleidstour. Mit meinem Jammern bekomme ich die gewünschte Aufmerksamkeit. Ich besorge mir die Zuwendung durch Mitleid. Dann finde ich endlich Beachtung. Genug Mitleidige finde ich immer. Ich weiß schon, wie ich das anstellen muss. Manche kann ich regelrecht erpressen.
> **„Von unten herauf" kann aus der Trickkiste stammen.**

> **„Bitte keine falsche Bescheidenheit!"**
Manchmal liegt nur ein schmaler Grat zwischen dienender Hingabe und fehlgeleiteter Opferrolle. Wo sind die Grenzen? Vorsicht, nicht jedes Opfer ist ein gutes Opfer! Nicht „jede letzte Bank" ist ein Zeichen für freiwillige Demut. Im Zweifel mich immer zurücknehmen? Ich darf mich selbst nicht unter Wert, unter Würde verkaufen. Was ist die „richtige" Bescheidenheit? „Richtiges" Dienen liefert dazu gute Vorlagen. Nachsicht und Barmherzigkeit, Nächstenliebe und Mitleid sind keine „Kellerkinder".
„Von unten herauf" ist eine falsche Bescheidenheit.

> **„Eigentlich brauche ich nur einen Tritt."**
„Du bist verwöhnt. Zieh dich selbst aus dem Schlamassel. Du kannst es." Der Unterschied zwischen wirklichem Leid und vorgeschobener Mitleidigkeit kann gering sein. Sitze ich wirklich so tief, wie ich mich momentan fühle? Aus dem Keller kann ich letztlich nur selbst aufsteigen. Fester Wille und Geduld gehören dazu. Andere können mir dabei helfen. Manchmal durch einen kleinen Schubs.
Ein Aufstieg „von unten" ist immer möglich.

Mein Fazit zur Haltung „Von unten herauf"

Jeder hat seine Erfahrungen mit dem „unteren Weg". Viele Menschen können davon ein Lied singen. Gelegentlich klingt das so: „Das haben wir schon so oft versucht. Der ändert sich nie. Da haben wir keine Chance. Was sollen wir denn schon machen? Uns bleibt doch keine andere Wahl."

Meine Beobachtungen sagen: Es gibt zu oft ein „Das kann ich nicht. Das habe ich noch nie gemacht." Dabei gibt es gute Wege, Vertrauen und Sicherheit „nachzureichen". Sehr oft habe ich erlebt, dass es reicht, die Augen zu öffnen und über die erste Hürde von Unsicherheit hinwegzuhelfen. Da öffnen sich Schleusen! Die Zauberformeln sind Vertrauen, Zuversicht und Sicherheit vermitteln, Prozesse in Gang bringen und Hoffnungswege legen. Den Anfang tun.

Der untere Weg ist ein Holzweg. Sich zu unterwerfen, verfehlt meist die erhoffte Wirkung. Von Fortschritt und Erfolg, von Zufriedenheit und gutem Gefühl kann nicht die Rede sein. Es ist nicht anders als bei der Haltung „von oben nach unten": Es ist eine Schieflage. Die Vorzeichen sind umgekehrt, das Ergebnis ist gleich: Letztlich verlieren beide. Der untere Weg entspricht nicht der eigentlichen Wertigkeit des Menschen. Ungleichgewicht ist ungerecht. Billiges Verliererdasein ist keine Lösung. „Der Keller" ist nicht der Platz für die Menschen.

Die Gefühle sind immer dabei

„Oben und unten" sind zu oft untauglich. Was „hält" also besser? Die noch offene dritte Haltung soll dazu auf den Prüfstand. Auch hier mischen die Gefühle mit. Jeder weiß es: Wir werden überwiegend von unseren Gefühlen gesteuert. Der Verstand ist nur scheinbar vorherrschend. Bei der ständigen Suche nach dem persönlichen Glück sind die Gefühle immer dabei. In großen, kleinen und kleinsten Dingen mündet die Erfolgssuche immer wieder in der fast nie bewusst gestellten Kernfrage: „Was habe ich davon?"

Bedürfnisse sind Mangelerscheinungen. Ich habe Durst und möchte etwas trinken. Ich bin müde und suche ein Bett. Ich brauche ein Dach über dem Kopf und suche ein Zuhause. Bei genauem Hinsehen geht es um weit mehr als um die körperlichen Bedürfnisse wie Essen, Trinken, Schlafen. Wir essen auch mit den Augen! Für die Wärme spielt die Farbe des Pullovers keine Rolle! Der lederbezogene Schaltknüppel macht das Auto nicht schneller! „Was denken andere von mir, wenn ..." Das alles ist Gefühlsleben in reinster Form. Der Mensch ist ständig auf einer gewaltigen Suche nach seelischer Erfüllung, immer im Begriff, sein Selbstwertgefühl auf- und auszubauen und zu verteidigen. Es gilt für jeden von uns, lediglich die Abstufungen und Erscheinungsformen dieser Bestrebungen wechseln.

Es ist gerade so, als wenn wir Menschen von früh bis spät ein Töpfchen mit uns umhertragen und ständig auf der Lauer liegen, seelische Erfolgserlebnisse darin zu sammeln. Komplimente gehen runter wie Öl. Seelische Streicheleinheiten sind herzlich willkommen. Menschliche Wertschätzung steht auf der Dauerwunschliste ganz oben an. Wir möchten Lob, Anerkennung und Bestätigung für unser Selbstwertgefühl. Kurz: Wir suchen das gute Gefühl. Es ist quasi der Gesamthaushalt unserer täglichen Zufriedenheit. Von innen heraus – weitaus mehr unbewusst als bewusst – ist unser ganzes Bestreben auf das Füllen dieses Töpfchens ausgerichtet. Und das Ergebnis? Wir fallen todmüde ins Bett, und das Gefühl sagt uns: „Das war ein guter Tag." Oder: „Nichts geschafft, alles ist danebengegangen." Es ist da oder nicht da, das gute Gefühl. Und am nächsten Morgen? Bestenfalls ein Bodensatz ist im Töpfchen geblieben. Über Nacht ist es wieder ausgelaufen. Unser Streben nach Ausbau und Verteidigung des Selbstwertgefühls startet in ein neues Rennen. Wir werden wieder darauf achten, dass uns niemand zu nahe tritt, nicht beleidigt, an unserer Ehre kratzt. Wir werden ganz automatisch die Nähe zu Menschen suchen, von denen wir seelischen Erfolg erwarten dürfen und jenen aus dem Wege gehen, die das Gegenteil bewirken. Ausgesprochen oder unausgesprochen wird unser „Ich" bei allem Tun oder Lassen im Mittelpunkt stehen.

Wie lässt sich das Töpfchen am besten füllen? Aus dem Verhalten „von oben herab"? Beide Beteiligte gehen leer aus! Der Überhebliche, weil sein Wollen keine, zumindest keine nachhaltige, ehrliche Zustimmung findet. Wie oft geht es um Akzeptanz und Bestätigung um jeden Preis? Der Volksmund drückt es deutlich aus: „Wer angibt, hat´s nötig!" Auch der „Empfänger" kann kein Plus verbuchen. Bei ihm wurde eher Anerkennung entnommen. „Runtermachen" entwürdigt. Und umgekehrt: „von unten nach oben"? Auch hier gilt: Beide sind Verlierer. Wie erlebe ich Menschen „aus dem Keller"? Kann ich sie „für voll nehmen"? Der Unterwürfige bekommt meist nicht die erhoffte Wertschätzung. Der „Empfänger" erhält bestenfalls Scheinerfolge, wenn er die Schwäche des anderen als Stärke für sich wertet. Beide Schieflagen liefern keine gut verwertbaren Qualitäten für das Töpfchen! „Höhenunterschiede" bringen uns nicht weiter.

Die Gedanken rund um das Töpfchen sollen auf einen höchst wichtigen menschlichen Wert verweisen: die Würde. Die Sehnsucht danach ist tief in uns verwurzelt. Alles dreht sich um die Würde. Sie steht im Mittelpunkt. Bewusst und noch mehr unbewusst. Immer. Schauen wir auch unter diesen Vorzeichen auf das noch fehlende dritte Verhaltensmuster: die selbstbewusste Mitte.

Die Haltung „selbstbewusste Mitte"

- „Lasst uns zusammen nach einer Lösung suchen."
- „Ich habe Verständnis für deine Situation."
- „Was bringt uns beide weiter?"

Das meine ich damit ...

Diese beispielhaften Aussagen sollen die Haltung „aus der selbstbewussten Mitte" umschreiben. In diesem Moment, in dieser Situation, unter diesen Bedingungen will ich dir mit allen meinen Ausdrucksmitteln – mehr oder minder, so oder ähnlich – verdeutlichen:
„Du bist ein Mensch. Ich auch. Deshalb sind wir gleich-„wertig". Wir beide – ich und du – stehen auf einer Stufe. Ich bin wichtig. Du auch. Ich bin wertvoll. Du auch. Oder umgekehrt: Du hast deine Würde. Ich auch. Du hast deine Meinung. Ich auch. So geht es unendlich weiter. Wir stehen nebeneinander, weil wir beide Menschen sind. Das reicht aus, dass ich nichts Besseres bin, aber auch nichts Minderes. Du bist mit mir Mensch, Mitmensch.

- So versuche ich, meine Ziele zu erreichen.
- So versuche ich, dich zu beeinflussen.
- So möchte ich, dass wir zusammen beide Seiten sehen.
- So möchte ich, dass wir uns „mitteilen".
- So möchte ich, dass wir beide gewinnen.
- **Lass uns miteinander. Wir. Beide.**

Im Kern ist diese Haltung auf „gleichberechtigt und ausgewogen" angelegt: „Wir sind auf einer Stufe."
Unsere Sprache hat für diese Blickrichtung viele Beispiele. Siehe Abb. 7.

Die selbstbewusste Mitte ...

- ... „würdigt" jeden Menschen.
- ... sieht den Grundwert „Mensch an sich".
- ... nimmt die Würde in die Mitte.

- … erkennt den Partner uneingeschränkt als gleichwertigen Menschen an.
- … versteht die Selbstliebe als Voraussetzung für Nächstenliebe.
- … versteht den Respekt zum Menschen als eine Form von Liebe.
- … unterstellt ein positives Menschenbild.
- … zieht eine konsequente Trennlinie zwischen der menschlichen Würde in seiner absoluten Form und allen Äußerlichkeiten. Allen.
- … zielt auf „ich und du", „jung und alt", „gesund und krank", „arm und reich", „In- und Ausländer", „Frauen und Männer", „geboren und ungeboren", „klug" und „weniger klug", und, und …

Aus der selbstbewussten Mitte

Die Sprache sagt …

ebnen
gradlinig
aufrichtig
ebenbürtig
gleichwertig
geradeheraus
auf einer Höhe
auf Augenhöhe
gleichberechtigt
aufrechter Gang
gleichgewichtig
geradestehen
ausgeglichen
geradeaus
vermitteln
Mittelweg

Abb. 8

Aus der selbstbewussten Mitte
denke und zeige ich

Ich denke ...

Wir beide sind Menschen.
Ich stehe neben dir.
Ich fühle mich dir gewachsen.
Partnerschaft ist der beste Weg.
Wir haben beide Anspruch auf Würde.
Was bringt uns beide weiter?
Was bedeutet in dieser Situation „gerecht" und „richtig"?
Für beide?

Ich zeige ...

Ich bin offen, entspannt, gelöst und frei.
Ich habe dich im Blick.
Ich wende mich dir zu.
Ich würdige dich eines Blickes.
Ich schaue dich an. Wir schauen uns an.
Ich begegne dir auf Augenhöhe.
Ich habe offene Hände und eine ausgestreckte Hand.

Abb. **8**

Aus der selbstbewussten Mitte erwarte und sage ich

Ich erwarte von dir ...

dass du dich auch auf mich einlässt,
dass wir beide die Wir-Sicht realisieren,
dass du dich um die Doppelsicht bemühst:
nicht ich *oder* du, sondern wir,
dass du auch meine Sicht verstehst,
dass wir uns auf der Mitte begegnen.

Ich sage ...

„So sehe ich das. Und du?"
„Schön, dass du da bist."
„Gut, lass uns darüber sprechen."
„Wie finden wir da am besten eine Lösung?"
„Ich freue mich, wenn uns das beide voranbringt."
„Ich meine, ich möchte ... Was sagst du dazu?"

Abb. 9

Aus der Mitte in die Mitte

- *Ich liebe mich. Ich liebe dich.*
- *Ich habe Verständnis für mich und für dich.*
- *Du bist mir nicht egal. Es ist gut, dass es dich gibt.*
- *Ich habe keine Vorurteile. Ich respektiere deine Andersartigkeit.*
- *Ich möchte, dass es uns gut geht, dir und mir.*
- *Ich zeige Verständnis für dich. Ich kümmere mich um dich.*
- *Ich freue mich mit dir, ich leide mit dir.*
- *Du bist mir wichtig. Ich spreche dich mit deinem Namen an.*
- *Ich traue dir. Ich traue mir. Ich traue uns.*
- *Ich sorge für ein gutes Klima. Ich möchte Frieden zwischen uns.*
- *Ich hole dich ab. Ich komme dir entgegen. Ich nehme dich mit.*
- *Wir gehen nebeneinander und miteinander.*
- *Ich möchte ebnen, glätten, ausgleichen. Ich suche Lösungen für beide.*
- *Ich respektiere dich als Menschen. Dein Verhalten vielleicht nicht.*
- *Ich nehme dich ernst. Ich nehme mich ernst.*
- *Ich meine dich. Ich spreche dich persönlich an.*
- *Ich höre dir zu. Ich lasse dich ausreden.*
- *Ich möchte ein gutes Gefühl. Für uns beide.*
- *Ich möchte den Erfolg. Für uns beide.*
- *Ich meide und vermeide „oben und unten". Für beide.*
- *Ich sehe deine Rechte. Meine auch. Ich möchte faire Lösungen.*
- *Ich sehe meine Ziele, Wünsche, Bedürfnisse. Deine auch.*
- *Ich nehme die Gegensätze heraus. Ich bin auf Ausgleich bedacht.*
- *Ich bin dialogfähig. Lass uns miteinander reden. Ich konzentriere mich auf dich.*
- *Ich möchte inneren Frieden. Für dich. Für mich.*
- *Ich respektiere deine Sicht. Aber ich gebe mich nicht auf.*
- *Ich versetze mich in deine Lage. Aber ich sage nicht zu allem Ja und Amen.*
- *Ich kann verzeihen und mich zurücknehmen.*

Abb. 9

- *Ich halte Spielregeln ein. Ich bleibe fair.*
- *Ich halte Gesetze. Ich halte Gesetztes. Ich bin treu.*
- *Ich bin bereit, mich zu binden. Du kannst dich auf mich verlassen.*
- *Ich kann konsequent sein, hier muss ich hart bleiben, weil ...*
- *Ich teile mit dir. Auch die Mitte.*
- *Ich gehe auf dich ein. Du interessierst mich.*
- *Ich habe Verständnis für deine Sicht. Ich suche Gemeinsames.*

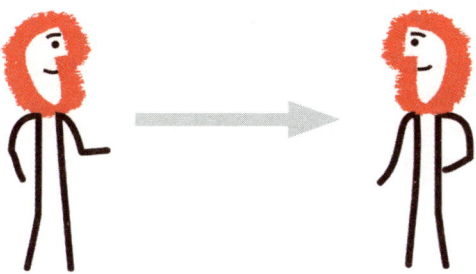

Ich stehe auf festen Füßen in der Mitte.

- *Ich bin so stark, dass ich mich schwach zeigen kann.*
- *Ich sehe, du brauchst mich jetzt mehr, ich nehme mich zurück.*
- *Ich gehe einen Schritt mehr: Ich stärke dich. Ich helfe dir auf.*
- *Ich gehe einen Schritt mehr: Ich helfe dir vom hohen Ross herunter.*
- *Ich schütze dich vor ...*
- *Ich bin für die Unverletzlichkeit deiner Würde mitverantwortlich.*

Die menschliche Würde gilt für beide: „So gut es geht!"

Auf den Punkt gebracht

Damit darf ich rechnen:

- Du gibst mir das Vertrauen zurück. Unser Vertrauen wächst.
- Du genießt mit mir die gute Luft. Wir können beide frei atmen.
- Deine Bereitschaft für gemeinsame Lösungen wächst.
- Du bist bereit für meine Argumente und Vorschläge.
- Ich finde bei dir Akzeptanz.
- Wir gehen jetzt öfter gemeinsam.
- Die Tür für unser nächstes Gespräch ist offen.
- Du kaufst mir das ab.
- Du wirst mir ohne Bauchschmerzen zuhören.
- Wir haben eine Plattform für unsere Sachfragen.
- Wir beide gewinnen. Es kommt etwas zurück.
- Die Stimmung hellt auf. Wir sind entspannt und locker.
- Die Mitte füllt unser beider Töpfchen.
- Sicherheit schafft Sicherheit. Freude strahlt aus und strahlt zurück.
- Du nimmst „das gute Gefühl" gern an.

Bei näherem Hinsehen

> **Aus der starken Mitte: Dienen und Demut**
> „Mach einen schönen Diener!" Eine Verbeugung, ein Kleinmachen, ein Knicks? Was bedeutet Dienen? Dienen bedarf der Demut. Die ursprüngliche Wortbedeutung hilft zu verstehen: Demut kommt von Dien-Mut. Der Dienende braucht Mut zum Dienen, der „gute Diener" braucht Qualitäten. Er braucht den Mut, sich für den anderen zu erniedrigen, sich vor den Wünschen des Nächsten zu verbeugen, sich für eine logische Sekunde scheinbar aufzugeben. Aber Dienen ist nicht Buckeln und Schleimen, nicht Süßholz-Raspeln und Kniefälle-Üben. Es gehört nicht in die Opferrolle des Dauerklagenden, der ja „ach so viel für die anderen tun muss". Gutes Dienen ist ein Zeichen von innerer Stärke, von Gelassenheit und Souveränität, von Nächstenliebe und Menschenwürde. Der gute Diener gibt sich keineswegs selbst auf. Nein, gutes Dienen ist ein Teil von „Mitte". Damit gewinnt auch der Absender. Nicht nur an persönlicher Akzeptanz, sondern

auch an Arbeitsfreude, Berufserfüllung und Erfüllung von Berufung. Ist die Haltung berechnend oder ist eine ehrlich erkennbare Hilfestellung spürbar? Gibt es ehrliches Interesse ohne Hintergedanken? Meine ich dich persönlich? Die gute Wirkung von Dienen greift nur, wenn das Dienen wahrhaft „wohlgesinnt" ist und so glaubwürdig beim Empfänger ankommen kann.

Dienen ist Stärke. Unsere Welt braucht eine gute „Be-Dienung".

> „Dazu habe ich nicht die Kraft!"

„Das hört sich alles gut an. Aber das überfordert mich. Das ist zu viel für mich. Da komme ich nicht mehr mit. Immer alles abwägen, das geht nicht. Ich habe dafür keine Zeit."

So wie Rom kann auch die „selbstbewusste Mitte" nicht an einem Tag aufgebaut werden. „Mitte" meint „Mitte suchen", das ehrliche Streben in die richtige Richtung. „Selbstbewusste Mitte" bleibt eine ewige Lebensaufgabe. Sie ist *die* Herausforderung schlechthin. Der Umgang mit Unvollkommenheit ist ein Teil von Mitte. Zielkonflikte meistern, Fehler und Schwächen bei sich und anderen einbeziehen, das alles geht nicht „mit links". Es ist richtig: „Mitte" ist kein Kinderspiel. „Mitte leben" ist Dauerlauf.

Bei näherem Hinsehen gilt:

Die Mitte setzt Kräfte frei. Der Weg dahin auch.

> „Ich muss auch an mich selbst denken."

„Ich habe mit mir selbst genug zu tun. Wie soll ich es jedem recht machen? Ich habe nicht für alles Lösungen. Soll ich die Welt allein retten?"

Wo sind die Grenzen? Wo hört die Selbstliebe auf, wo fängt Egoismus an? Wo endet Selbstverantwortung und wo beginnt die Mitverantwortung? Wo soll bequemes Zurücklehnen im eigenen Sofa aufhören, wo ist „Compassion", Mitleid, Mitleiden und Mitverantwortung gefordert? Die Ich-Verantwortung steht in Dauerspannung mit der Du-Verantwortung. Alles geht nicht. Was geht denn? Waches Hinschauen, die eigenen Möglichkeiten und Grenzen wahrnehmen und ausleuchten. Den Leidensdruck spüren und aushalten, das Machbare tun, das ist schon weit mehr als Wegschauen und „Hauptsache ich". Es ist schon viel verdient, wenn ich das Du in mein Denken überhaupt hineinnehme. Der ausgeprägte Wille, tragbare Lösungen für beide zu finden, ist schon „Mitte". „Oben und unten" bewusst zu meiden, ist schon „Mitte". Die Grenzen kann nur ich ziehen. Die Würde des Menschen ist der Maßstab.

Ich meine es ernst: „Ich tu, was ich kann."

Abb. **10**

Die Mitte hält am besten

Ich **Du**

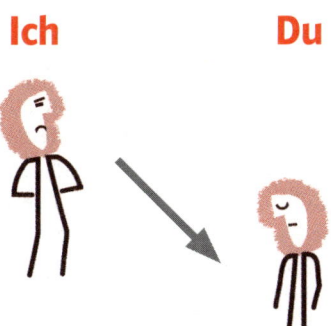

„Von oben herab"
macht einsam,
erzeugt Distanz

In der „Mitte"
gewinnen beide,
gute Voraussetzung für
Nähe und Partnerschaft

„Von unten herauf"
verhindert persönliche
Entwicklung,
erzeugt Distanz

Meine Erfahrungen mit der „selbstbewussten Mitte" in den Sparkassen

Erfahrungen aus der eigenen Führungspraxis

> Das Thema „selbstbewusste Mitte" begleitet mich seit Jahrzehnten. Ich hatte aktive Führungsverantwortung von 1977 bis 1991. Zunächst als Abteilungsleiter bei der Stadtsparkasse Münster, später als Sparkassendirektor bei der Sparkasse Menden. Im Wettbewerb bestehen, anspruchsvolle Ziele erreichen, Tagesgeschehen bewältigen. Was zählt da? Was zahlt sich aus? Wie gelingt Führung mit Menschlichkeit? Die persönlichen Einstellungen wirken: Das christliche Grundbild ist fest verankert. So war der respektvolle Umgang mit allen Menschen eine „feste Größe". Behandle Menschen wie Menschen – Kunden und Mitarbeiter.

> Die Erkenntnis, dass diese christliche Haltung trägt, ist bei mir in dieser Zeit erheblich gewachsen. Die Beweise, dass „frohe Botschaft" stimmt, häufen sich. Es gibt unzählige Möglichkeiten, auf Ausgleich und „Doppelgewinn" zu setzen. Es gab „tausend Begegnungen", in denen sich gegenseitiger Respekt bewährte. Ergebnis und Lohn zeigen sich oft erst später. Aus diesen Rückmeldungen hole ich die Belege für die Richtigkeit dieser Verhaltensweise. Es stimmt eben nicht, dass nur die Ellbogen zählen. Es ist falsch, dass man in schwierigen Situationen nur den Kürzeren ziehen muss. Für das Arbeitsfeld „Personalentwicklung" habe ich mich speziell fortgebildet. Für mein eigenes Verhalten und für die Weitergabe in hausinternen Seminaren und Schulungen. So musste ich beweisen, ob Theorie und Praxis zusammenlaufen können. Diese Testfelder sind für mich bis heute wertvoller Fundus. Es geht! Soziale Kompetenz zeigt Wirkung. Die „selbstbewusste Mitte" ist mittendrin. In dieser Zeit habe ich Unternehmens-Grundsätze und Leitbilder mitentwickelt, geschult und umgesetzt. Wenn sie nicht nur Papier bleiben sollen, müssen sie lebendig werden. Schon die Entstehungs- und Begleitprozesse sind spannend und anspruchsvoll – und sie wirken. Selbstverständlich gilt auch für mich: Unvollkommenheit ist ein Teil von Mitte. Auch ich lerne ständig dazu.

Ich habe mich selbstständig gemacht

> Die Erfahrungen und Ergebnisse haben mich ermutigt und die Entscheidung gestützt, das Wissen als Freiberufler in anderen Sparkassen zu verwerten. Ich habe mich selbstständig gemacht. Für meine Tätigkeit als Unternehmensberater und Trainer brauche ich Akzeptanz und Vertrauen. Ich bin darauf angewiesen, nachhaltige Qualität abzuliefern. Mit erprobten Erfahrungen im Gepäck, mit festen Überzeugungen, mit einer menschlichen Philosophie, die gebraucht wird. Ideen realisieren, Prozesse begleiten, Richtungen abstecken, Strategien entwickeln, Konzepte erarbeiten. Die Menschen sind immer dabei, die soziale Kompetenz ist immer ein zentrales Thema. Der Mensch steht immer im Mittelpunkt. Je mehr, je besser. Da sehe ich meine Aufgabe: Menschen stärken und sicherer machen. Erfolgreicher machen. Mutiger machen. Freude am Tun ausbauen. Bei etlichen Sparkassen habe ich die Formulierung von Leitbildern und Unternehmensgrundsätzen moderiert. Beim Finden der Texte ist durchgängig auffällig: Die Menschlichkeit steht immer und überall obenan. Alle rufen danach! Es bleibt wie immer der hohe Anspruch, vom Wort zur Tat zu kommen. Die Inhalte der „selbstbewussten Mitte" helfen dabei, aus Worthülsen Ansätze für konkrete Übersetzungen zu finden.

Meine Erfahrungen aus den Seminaren für Mitarbeiter und Führungskräfte

> Mehr soziale Kompetenz ist für alle nützlich. Über Training kann man dazulernen, bewusst machen, Impulse setzen. Für den Umgang mit Kunden und untereinander, im Team, bei Konflikten. Das habe ich trainiert in überschaubar großen Seminaren, mit allen Mitarbeiterinnen und Mitarbeitern, meistens zusammen mit den Führungskräften. Die Inhalte von „oben, unten und Mitte" gehören zu meiner Standardausrüstung. Grob gerechnet 500-mal habe ich sie bei den Praktikern behandelt und ihren kritischen Diskussionen ausgesetzt. Das sind wertvolle Prüfsteine für die Praxistauglichkeit. Nahezu einstimmig habe ich gehört: „Ja, das greift. Damit kann ich was anfangen. Es ist hilfreich, die unmittelbaren Wirkungen zu be-

obachten. Das merk´ ich mir." Eine junge Auszubildende: „So etwas kenne ich noch gar nicht. Darüber habe ich mir noch nie in meinem Leben Gedanken gemacht". Bei der Abschlussrunde am zweiten Tag aus anderem Mund: „Das Thema Mitte hat mich beeindruckt. Das ist einleuchtend. Das hilft mir weiter." Eine junge Dame sagt am zweiten Tag zu Beginn: „Ich habe es gestern Abend direkt bei meinem Bruder ausprobiert. Unglaublich, das geht ja wirklich. Sie haben mich restlos überzeugt."

> Rollenspiele sind die Brücke zwischen Theorie und Praxis. In kleinen Gruppen erfolgen Übungen mit und ohne Kamera. Da wird genau hingesehen. Da gibt es Erlebnisse und entsprechende Berichte der Beteiligten. Und gerade dann, wenn am konkreten Fall, z.B. beim Konflikttraining, die drei Haltungsebenen alternativ nebeneinander stehen, wird deutlich, wie für Kopf und Bauch das Hinwirken auf die „Mitte" erhellend ist. Ich habe dazu serienweise bei den Teilnehmern „Aha-Effekte" erlebt. Vielen war vorher überhaupt nicht klar, dass es für Konflikte konstruktive Lösungen geben kann. Auch manche gestandene Praktiker haben sich das noch niemals bewusst gemacht. Da gelingt es, mit einfachen Instrumenten eine neue Sicht aufzubauen. Es ist spannend, dass auch in der Laborsituation der Übungen die Gefühle unmittelbar wirken. Negativ: „Es ging mir nicht gut. Ich hatte ein komisches Gefühl." Positiv: „Es hat mir gut getan ..." Sie erleben, wie der Start der Gespräche höchste Wirkung auf den weiteren Verlauf hat. Und wie die „selbstbewusste Mitte" das Gesprächsklima spürbar verbessert. Ich habe mit der „Mitte" schon viele Augen geöffnet.

> Ich habe beobachtet, dass sehr vielen Menschen überhaupt nicht bewusst ist, wie sie sich verhalten. Und wie sie bei der Veränderung ihres Verhaltens persönliche Fortschritte erzielen. Die Idee der Verdichtung auf die drei Verhaltensebenen „oben, unten und Mitte" ist aus diesen Erfahrungen erwachsen.

Meine Erfahrungen beim Training für den Umgang mit Kunden

> In den Sparkassen geht es um Geld. Das bedeutet Beratung und Service, verhandeln und Verträge schließen, Leistung und Gegenleistung. Mittendrin die Menschen, diesseits und jenseits des Tisches. Niemand möchte über diesen Tisch gezogen werden. Meine feste Überzeugung: Kundenbindung und Vertrauen stammen allesamt aus einer fairen Partnerschaft zwischen Geben und Nehmen. Und münden darin. Das ist gelebte „Mitte". Niemand möchte als Kunde „von oben herab" behandelt werden. Ebenso: Einen Kundenbetreuer zu erleben, der „von unten herauf" sich selbst nicht so richtig traut: Wie soll ich ihm meine Ziele, meine Wünsche, mein Geld anvertrauen?

> Hier ist gutes „Dienen und Be-Dienen" gefragt. Es geht um das ausgeprägte, ehrliche, nachhaltige Bemühen des Kundenbetreuers, die Wünsche des Kunden zu erfüllen. Auch die nicht ausgesprochenen, auch die nicht unmittelbar erkennbaren. Auch die unbequemen, auch die kleinen unscheinbaren, die außergewöhnlichen. Dienen drückt damit ein Empfinden, eine innere Haltung, eine Wertung für den Empfänger aus: „Ich möchte, dass es dir gut geht. Ich will dir einen Teil deiner Sorgen nehmen. Das mach ich nicht vordergründig, weil ich an dir etwas verdienen will, oder weil mich andere getrieben haben, nett und freundlich zu dir zu sein. Nein, ich habe in erster Linie ein ehrliches, grundlegendes Bestreben, für dich da zu sein. So gut es geht. Ich bin dabei nicht berechnend und kalkuliere nicht vorab ein „Wenn-Dann". Gutes Dienen ist die Grundlage für Vertrauen! Natürlich wird mit dem richtigen Dienen auch der Boden gelegt für wirtschaftliche Erfolge. Denn der so „bediente" Kunde fühlt sich wohl, er fühlt sich ernst genommen, er honoriert die Bindung als Verbindung. Dienen schafft Bindung, schafft Vertrauen.
> Auf dieser Grundlage habe ich trainiert. Nur so. Mit Erfolg.

Meine Erfahrungen beim praktischen Anwenden am Arbeitsplatz

> Übung macht den Meister. Die Umsetzung von der Theorie wird unterstützt durch „Live-Übungen" am Arbeitsplatz. Es werden reale Besprechungen von mir begleitet– selbstverständlich sehr vertrauensvoll –, z.B. bei einem Gespräch zwischen Führungskraft und Mitarbeiter. Wie gelingt ein gutes, wirksames Führungsgespräch? Was ist zu beachten, dass das Gespräch „Sinn macht" und dass alle Beteiligten mit einem guten Gefühl aufstehen? Auch hier ist das Thema „selbstbewusste Mitte" im doppelten Sinne immer „mittendrin".

> Der Geschäftsstellenleiter sagt: „Ich habe jetzt keine Angst mehr vor dem Mitarbeitergespräch." Der Mitarbeiter bestätigt: „Ich fühle mich mit meinem Anliegen ernst genommen. Das hat mir gut getan." Oder: „Ich fühle mich sicherer. Eigentlich ist das schon immer meine Linie. So weiß ich, dass ich in der richtigen Spur bin. Das stärkt mich. Das ist hilfreiches Denkwerkzeug." Oder: „Das einfache Bild von der Mitte habe ich im Kopf. Es hilft mir, die Lage besser zu verstehen und bringt mich so auf Lösungswege."

Mein Fazit zur „selbstbewussten Mitte"

Ja, es gibt Alternativen zu „Auge um Auge" und „sich alles gefallen lassen müssen". Der Ansatz der „selbstbewussten Mitte" führt zu kreativen, fairen Lösungen. „Mitte" wird als eingängig empfunden. Sie baut Brücken bei Konflikten, zeigt Auswege aus Sackgassen, ermöglicht Versöhnung und Reparatur, eröffnet neue Horizonte von verfahrenen Situationen, verbessert Gefühle, erspart Kraft und Kosten. Das alles habe ich konkret erfahren. Außer in den Sparkassen auch aus verschiedensten Perspektiven im Leben. Im Laufe der Jahre immer deutlicher. Alles spricht dafür: „Mitte" ist geeignet als Orientierungsmuster und wirksame Hilfe für Verhalten. Damit ist sie ein nützlicher persönlicher Hebel.

Auch wenn unsere Realität oft, sehr oft, zu oft anders aussieht: „Mitte" ist fürwahr ein Generalschlüssel. Zu schön, um wahr zu sein? Realitätsfern? Welche bergeversetzenden Auswirkungen wären zu erwarten, wenn „die Mitte" mehr in die Mitte des menschlichen Verhaltens käme? In die Beziehungen, in die Familien, in die Schulen, in die Werkstätten und Büros, in die Politik, in das Zusammenleben der Völker ...? Welche „Erlösung"! Welche „Not-wendigkeit"!

Zurück ins Heute: Es ist mehr als die halbe Miete ...

- Wenn Menschen erkennen, dass die „Mitte" ein gangbarer Weg ist,
- Wenn sich Menschen ernsthaft bemühen, gemeinsam voranzukommen,
- Wenn sie das Denkmuster der Mitte ihren Handlungen unterlegen,
- Wenn das Bewusstsein für die Wirkungen meines Verhaltens auf dich und mich wächst,
- Wenn die Gedanken in die richtige Richtung gehen,
- Wenn Alternativen zum Siegen und Verlieren gesucht werden,
- Wenn sich Menschen von der Einseitigkeit des „nur Ich" oder „nur Du" lösen,
- Wenn Menschen den ehrlichen Versuch zur „Mitte" machen,

... dann ist das weit mehr als „die halbe Miete". Dann ist das persönlicher Entwicklungsfortschritt. Lohnt es sich also, trotz aller Widerstände die Mitte anzustreben? Dazu gibt es eine kurze, einfache und „tiefe" Antwort: **„Ich tue, was ich kann."** Wirklich. Intensiv. Mit allen Kräften.

Diese Haltung trägt

Sie verdient breite Ausstrahlung. Es ist eine zentrale Aussage und ein besonderes Anliegen dieses Buches, die „Mitte" alltagstauglicher zu machen. Sie bleibt auch in den folgenden Kapiteln „mittendrin" und wird an vielen Stellen vertieft und praktisch dargelegt. Bereits der nächste Schlüssel „Selbstverantwortung" ist dafür ein hilfreicher Baustein. Erste Anstöße finden sich in Abb. 11.

Abb. 11

Ich steige von meinem hohen Ross herab

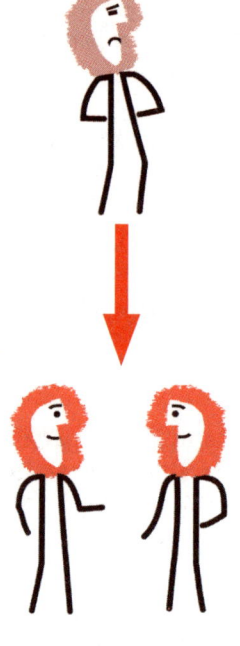

Ich erkenne
Ich überhebe mich über andere.
Hier komme ich nicht weiter. Das passt
nicht zu mir. Ich bin nicht mehr wert
als andere.
Ich gewinne, wenn ich
in die Mitte komme.

... und treffe eine Entscheidung:
Ich steige herab. Ich suche die Mitte.
Ich komme auf den Boden zurück.

Ich gehe in die Mitte
Ich verlasse mein bisheriges Denk-
und Handlungsmuster.
Ich stelle mich neu auf.
Ich höre auf mit Druck, Beschimpfung,
Drohung ...
Ich gehe auf dich und euch zu.
Ich suche Versöhnung.

Ich vermeide den unteren Weg
Ich wechsle nicht in billiges
Nachgeben.
Ich laufe nicht davon.

Abb. **11**

Ich steige aus dem Keller herauf

Ich erkenne
Hier gehöre ich nicht hin. Hier komme
ich nicht weiter. Das passt nicht zu mir.
Ich bin mehr wert als ich denke.
Ich gewinne, wenn ich
in die Mitte komme.

... und treffe eine Entscheidung:
Ich steige auf. Ich suche die Mitte.

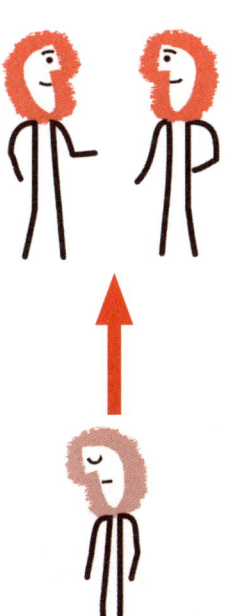

Ich gehe in die Mitte
Ich nehme mich selbst an. Dazu muss
ich nicht perfekt sein. Ich setze ein
Stoppschild bei negativen Gedanken.
Ich unternehme etwas.
Ich bin mir selbst ein guter Freund.
Ich habe Geduld mit mir.

Ich vermeide das hohe Ross
Ich überspiele Schwäche nicht durch
Überheblichkeit.
Ich gehe nicht von einem Extrem
in das andere.
Ich hebe mich, ich überhebe mich nicht.

Was sagt die Bibel dazu?

- Welches Handlungsmuster empfiehlt uns Jesus?
- Was ist in der Bibel nachzulesen?
- Ich habe Zitate gefunden, die die menschliche Würde und die Haltungsebenen ansprechen.

Gen 1, 27

„So schuf Gott die Menschen nach seinem Bild, als Gottes Ebenbild schuf er sie."

Mk 12, 29-31

„Der Herr ist unser Gott, der Herr und sonst keiner. Darum liebt ihn von ganzem Herzen und mit ganzem Willen, mit ganzem Verstand und mit aller Kraft. Das zweite ist: ‚Liebe deinen Mitmenschen wie dich selbst!' Es gibt kein Gebot, das wichtiger ist als diese beiden."

Gal 2, 6

„Bei Gott gibt es keine Rangunterschiede."

Ich lese daraus ...

> Der Mensch ist nicht gottgleich, aber nach seinem Ebenbild geschaffen. Jeder Mensch ist ein gewolltes, geliebtes, „geschöpftes Eigengewächs Gottes". Dieses Geschöpf hat Würde. Jedes. Jedes die gleiche. Jesus hat das verkündet und gelebt. Er möchte kein „oben" und kein „unten". Zum einen: Er hat keine Gewalt ausgeübt. Er hat die Menschen nicht unter Druck gesetzt. Er hat nicht gedroht. Er war nicht dominant oder überheblich. Zum anderen: Auch das Gegenteil, den Weg der Unterwerfung, des Aufgebens, des billigen Beugens, hat er nicht empfohlen oder gelebt. Das Opfer um des Opfers willen war nicht in seinem Sinne. Er ist nicht den Weg des geringsten Widerstandes, den unterwürfigen Weg gegangen. Jesus

war nicht angepasst oder klein beigebend. Er ist nicht geflüchtet. Dieser Linie ist er treu geblieben „bis zum bitteren Ende".

> Jesus hat immer und überall die Würde hochgehalten. Für alle Beteiligten des Geschehens. Er hat immer darauf hingearbeitet, die Menschen immer zu dieser Haltung eingeladen. Er wollte auf Augenhöhe mit ihnen sein. Dazu hat er die Schwachen aufgewertet, damit sie in die würdevolle Mitte kommen können. Und dazu „wirft er vom Thron", nicht zum Verderben, sondern um in die Mitte zu kommen.

> Ich lese aus dem Muster von „Würde für jeden" das Muster für „selbstbewusste Mitte". Ich erkenne in diesen durchgängigen Aussagen konkrete Handlungsempfehlungen und Maßstäbe, Wertvorstellungen und Grundüberzeugungen. Für eine kluge Ordnung im zwischenmenschlichen Miteinander. Ich sehe in der „selbstbewussten Mitte" einen maßgeblichen Anteil seiner „Frohen Botschaft". Das empfiehlt Jesus jedem, immer wieder. Da möchte er Vorbild sein. Dafür wünscht er sich Nachfolge.

Was habe ich davon für mein Töpfchen? Die richtig verstandene Nächstenliebe mit dem Vorlauf von Selbstliebe ist die beste Art, der grundgelegten Dauersuche des Menschen nach Wertschätzung gerecht zu werden. Sie ist die beste Möglichkeit, alle Töpfchen zu füllen. Die „Frohe Botschaft" hat das, was die Menschen brauchen. Der Glaube an die Frohe Botschaft und den Weg Jesu Christi ist die Lösung. Manche sagen „Erlösung".

Abb. 12

Bibelzitate

Was sagt die Bibel zur Mitte?

Ps 146,8

„Die Blinden macht er sehend,
die Verzweifelten richtet er
auf."

Hes 2, 1-2

„Du Mensch, steh auf! Ich habe
dir etwas zu sagen."
Da kam Geist in mich und stell-
te mich auf die Füße.

2 Kor 12,10

„Denn gerade wenn ich
schwach bin, dann bin ich
stark."

2 Tim 1,7

„Denn Gott hat uns nicht einen
Geist der Feigheit gegeben,
sondern den Geist der Kraft
und der Liebe und der Besonnenheit."

Lk 1,52

„Jetzt stürzt er die Mächtigen
vom Thron und richtet die
Unterdrückten auf."

Mt 23,11

„Wer unter euch am größten
ist, soll euer Diener sein."

Mt 12,20

„Das geknickte Schilfrohr zer-
bricht er nicht, den glimmen-
den Docht löscht er nicht aus."

3 Mos 26,13

„Ich bin der Herr, euer Gott,
der euch aus Ägypten geführt
hat, wo ihr Sklaven gewesen
seid. Ich habe euer Sklavenjoch
zerbrochen und euch wieder
aufrecht gehen lassen."

Jak 5,15

„Der Herr wird die betreffende
Person wieder aufrichten."

Gal 5,1

„Christus hat uns befreit;
er will, dass wir jetzt auch frei
bleiben. Steht also fest und
lasst euch nicht wieder ins
Sklavenjoch einspannen!"

Mt 11,29

„Ich quäle euch nicht und sehe
auf niemand herab.
Stellt euch unter meine Leitung
und lernt bei mir; dann findet
euer Leben Erfüllung."

Zwischenruf

Schlüssel 1: Denken und Handeln aus der selbstbewussten Mitte

Das ist wichtig	„Selbstbewusste Mitte" bedeutet, im Umgang mit den Menschen „den oberen und den unteren Weg" zu meiden. Ein Denken und Handeln aus der Mitte sorgt für gegenseitige Wertschätzung. Es ist aufbauend und zielführend. Die Mitte ist ein wirksamer Hebel für persönlichen Fortschritt. Meine Erfahrungen belegen das. Diese Mitte anzustreben, ist eine Daueraufgabe.
Ich meine	„Mitte" als wirksame Grundhaltung für gutes menschliches Miteinander ist bei vielen zu wenig im Bewusstsein.
Die Bibel sagt	Die Empfehlung aus dem Neuen Testament: „Liebe deinen Mitmenschen wie dich selbst!" (Mk 12,31) ist weitgehend bekannt. Wohlgemerkt: „wie dich selbst". Eigenliebe ist eine Voraussetzung für Nächstenliebe! Die Bibel empfiehlt die „Mitte". Sie ist wichtiger Anteil für „Frohe Botschaft".
So geht es weiter	Die Schlüssel 2 und 3 verstärken das Bild der „Mitte". Auf dem Weg vom „Sitzen zum Ankommen" werden sie mit praktischen Beispielen untermauert.

Schlüssel 2:

Selbstverantwortung

Ich fühle mich wie eine Marionette

„Alle wollen was von mir! Meine Frau, mein Mann, meine Familie, mein Chef, mein Hund, der Verein, der Staat, die Gesellschaft. Ich fühle mich manchmal wie eine Marionette, die an ihren Fäden hängt und zappelt. Ich reagiere doch nur! ‚Das Leben selbst in die Hand nehmen‘, das ist doch lächerlich. Die haben alle gut reden. Was kann ich denn schon selbst tun?"

In meinen Seminaren haben die Teilnehmer oft eine kleine Übung gemacht: Jeder schreibt in einem vorgezeichneten Bild von der Marionette für sich auf, an welchen Fäden er hängt und wie er mit seinen Fäden umgeht. Da kommt einiges zusammen. Ein spannender Einstieg für das Thema Selbstverantwortung.

Ohne Frage – vieles und viele ziehen an mir. Bin ich deswegen hilflos und abhängig? In dem Maße, wie an mir gezogen wird, werde ich gelebt. Deshalb sofort die Frage: „Welche Fäden kann ich abschneiden? Was macht mich „un-abhängiger"? Aber will ich sie überhaupt alle abschneiden? Natürlich nicht. Da gibt es zunächst die Bindungen, die mich – wie bei der Ski-Bindung – absichern. Diese Fäden tragen und halten mich. Andere kann ich nicht abschneiden. Oder doch? Worauf läuft das Marionettenspiel hinaus? Die Kunst, dem Marionettendenken zu entfliehen, besteht zunächst im Bewerten der Fäden. Was hält und bindet mich positiv? Was kann ich dagegen lockern oder lösen? Was nach der Prüfung nicht abzuschneiden ist, kann ich nur akzeptieren. Ich kann mich darauf einstellen. Typische Beispiele sind Alter und Wetter. Beides ist um keinen Millimeter veränderbar. Bei dem was übrig bleibt bin ich gefordert, meinerseits an den Fäden zu ziehen. Durch Anpacken, Entscheiden, Sortieren, Prioritäten-Setzen ..., ich werde aktiv. Genau damit habe ich aber die Fäden selbst in der Hand. Ich selbst. Das ist ein wesentlicher Teil der Selbstverantwortung, um die es hier geht.

Selbstverantwortung ist nach der „selbstbewussten Mitte" die zweite Schlüsseleinstellung.

Abb. **13**

Was zieht an mir?

Was meint eigentlich Selbstverantwortung?

Wenn ich etwas für meine Gesundheit tun möchte, hilft es mir nicht, wenn andere Sport treiben oder sich gesund ernähren oder ausreichend schlafen.

Selbstverantwortung ist ein unbequemes Thema. Wer möchte sich schon mit sich selbst beschäftigen? Nichts ist schwieriger, als die Verantwortung für sich selbst zu übernehmen. Das hat nämlich Folgen. Wie gehe ich mit meinem Körper, mit meiner Bewegung, mit meiner Ernährung, mit meinem Schlafhaushalt um? Wie denke und handle ich? Was tue ich und was nicht? In Freiheit kann ich tun und lassen, was ich will. Das zeigt aber jeweils Auswirkungen, das hat Konsequenzen, dafür muss ich einen Preis zahlen, dafür muss ich geradestehen. Und davor scheue ich mich. Da ist es doch viel einfacher, die Schuld, die Verantwortung bei den anderen, bei meinem Chef, bei meiner Kindheit, beim Schicksal, beim lieben Gott abzuladen. Das beruhigt das Gewissen. Das schafft vorübergehend ein besseres Gefühl. Aber wirklich helfen tut es nicht.

Selbstverantwortung heißt, sein Leben selbst in die Hand zu nehmen. Dazu gehört eine gute Portion Selbstbewusstsein. Wörtlich: „sich seiner selbst bewusst sein!" Es lohnt sich, „**Selbst-Bewusstsein**" in diesem doppelten Sinne zu buchstabieren:

„Ich bin von meinem Wert und von meinen Fähigkeiten überzeugt." und:

„Ich bin mir **bewusst**, dass der Schlüssel für meine Zufriedenheit und für meinen Erfolg vor allem bei mir **selbst** liegt."

Ich bin für mich zuständig. Ich für mich. Für mein Denken und Handeln. Je mehr ich erkenne, dass dabei alles, wirklich alles, bei mir selbst beginnt, desto eher erkenne ich auch den Sinn, in mein Selbst zu investieren. Unsere Sprache führt uns häufig sehr nahe an unser Selbst heran. Viele Wörter beginnen so. Das vorangestellte „Selbst" verweist auf die Nähe zum eigenen Ich. Dahinter versteckt sich immer die gleiche Botschaft: Es liegt zuerst in meiner Verantwortung, es liegt an mir!

- Ich suche ein gutes Selbstwertgefühl.
- Ich freue mich über ein hohes Selbstvertrauen.
- Ich schätze gute Zeiten der Selbstbesinnung.

- Ich stabilisiere mich durch meine Selbstannahme.
- Ich erfreue mich an Selbstsicherheit.
- Ich lerne aus einer Selbsterfahrung.
- Ich bin stolz auf die gelungene Selbstüberwindung.
- Ich bemühe mich um Selbstbeherrschung.
- Ich hoffe auf Selbsterkenntnis.
- Ich begrüße meine Selbstständigkeit.
- Ich denke im Kühnsten an eine Selbstverwirklichung.

Aber gelegentlich gilt auch ...

- Ich verzweifle an der geforderten Selbstdisziplin.
- Ich vergesse die notwendige Selbstkritik.
- Ich schädige mich mit Selbstbetrug.
- Ich unterliege einer gehörigen Selbsttäuschung.
- Ich verlaufe mich in Selbsterniedrigung.
- Ich verkrieche mich in Selbstmitleid.
- Ich verliere mich in Selbstverliebtheit und Selbstgefälligkeit.
- Ich verpasse die Grenzen zwischen Selbstliebe und Selbstsucht.
- Ich schieße Selbsttore.

Und selbstverständlich ...

- Welche Ironie ist die beste? Die mit dem Selbst.
- Welche Erfolge sind die größten? Die selbstgemachten.
- Welchen Kuchen mag ich am liebsten? Den selbstgebackenen.

Was ragt vom „Selbst" besonders heraus?

Es ist selbstredend: Selbst das Selbst ist in aller Munde. Zu Recht, manche Aspekte rund um das Selbst haben einen sehr hohen Wirkungsgrad. Einige davon behandle ich hier: Selbststeuerung, Selbstmotivation und Selbstvertrauen. Der kritische Stolperstein Selbstdisziplin kommt später noch zu Wort.

Ich steuere mich selbst

> „Auto" heißt selbst. Autofahren heißt Selbstfahren. Ich möchte selbst durchs Leben fahren. Eigenständig. Wohin ich will. Unabhängig sein. Aber ich habe keinen Führerschein. Ich sitze immer nur hinten, ich muss mich fahren lassen. Andere bestimmen, wo es lang geht. Ich möchte aber selbst fahren. Die Richtung bestimmen. Anhalten, wo ich will. Also, ich muss meinen Führerschein machen. Kann ich mir das zutrauen? Ja, ich investiere Geld und Zeit. Ich unterziehe mich den Prüfungen. Und dann? Ich habe den Schein und kann losfahren. Ja, aber vorsichtig! Zunächst bin ich Anfänger im Selbstfahren. Ich bin noch gefangen vom Schalten und Schultergucken. Alles ist noch ungewohnt. Links und rechts vom Wege nehme ich nicht viel wahr. Jetzt erst mal auf das Wichtigste konzentrieren. Von Unabhängigkeit noch keine Spur. Aber die wächst mit der Routine, mit der Übung, mit der Zeit.
Inzwischen bin ich fortgeschrittener Selbstfahrer. Ich steuere mein Auto von A nach B. Ich kontrolliere es nicht andauernd, bestenfalls gelegentlich Reifendruck und Ölstand. Aber ich will mein Selbst, pardon mein Auto, ständig unter Kontrolle haben. Ich fahre nicht aufs Geratewohl, sondern überlege mir ein Ziel, ich werde mir einen guten Weg dahin ausdenken, einen sicheren, schnellen, nicht unbedingt den kürzesten. Ich nutze abwechselnd Autobahnen, Schnellstraßen und Nebenwege. Ich bin auf Baustellen eingerichtet, ich achte auf Wind und Wetter, ich rechne mit Unvorhergesehenem. Und dennoch: Das Fahren macht mir Spaß. Ich sitze konzentriert, aber gelassen, lässig und unverkrampft hinter dem Lenkrad. Ich habe mein Auto im Griff. Dabei besorge ich mir Hilfen über die Verkehrslage aus dem Radio. Ein „Navi"' habe ich auch. Als geübter Autofahrer mache ich manches gleichzeitig, ohnehin vieles unbewusst. Über das eigentliche Schalten und Walten brauche ich nicht mehr nachzudenken. Ich bin hellwach, weil ich mir ein Einschlafen auch für Sekunden nicht erlauben darf und schaue konzentriert auf alles, was vor mir liegt. Nicht nur drei, sondern dreihundert Meter schaue ich nach vorn. Ich bremse und beschleunige der Situation entsprechend. Und so werde ich sicher und wohlbehalten mein Ziel erreichen. „Auto-Fahren" macht Spaß und bringt mich weiter. Ich bin Selbstfahrer.

Ich motiviere mich selbst

> Motivation heißt Beweggrund, Antrieb. Was treibt den Menschen an, welchen Grund hat er, sich zu bewegen? Und vor allem: Muss der Antrieb ein Antreiben von außen sein? Genau genommen ist Motivation immer Selbstmotivation. Andere können mir Bedingungen schaffen, mich ermuntern, mich zu bewegen, aber sie öffnen damit letztlich nur die Schleuse, den Durchlauf. Der Ursprung des Flusses, die Quelle von Strom und Strömung liegt bei mir. Und: Diese Quelle ist angeboren. Wir Menschen müssen nicht motiviert werden, wir sind es! Kein Mensch muss lernen, kreativ zu sein, zu forschen, zu entdecken. Die Kleinstkinder zeigen uns, was ihnen angeboren ist. Sie wollen von Anfang an greifen und begreifen, sind neugierig und wollen „selbst". Nein, wenn wir nicht fröhlich zupacken können, dann ist uns halt „das Lachen vergangen". Es war aber da! Angeboren! Wenn es gelingt, die Blockaden, Hemmnisse und Hürden für Nicht-mehr-Lachen wegzuräumen, wird das ursprüngliche Lachen wieder zum Vorschein kommen. So gesehen heißt Selbstmotivation: Antriebsschranken einreißen, Motivation zulassen, Durchfluss schaffen, Stauungen auflösen, Bewegung ermöglichen.

Ich verlasse die Tribüne

> „Unglaublich, diese Pfeife! Unmöglich, so eine Krücke! Grottenschlecht, dieser Anfänger!" Da gibt es noch andere Kraftausdrücke! Selbstredend: Im Fußballstadion gehört Rufen und Anfeuern, Meckern und Motzen dazu. Das ist das Spiel. Trotzdem, die Zahl der Stammtische und Tribünen, wo von oben die Lösungen nach unten in die Arena gerufen werden, ist groß. Tribüne kommt von „Tribunal", der Hochsitz der Feldherren, die erhöhte Bühne. Es wird von oben herab Gericht gehalten über „die anderen". Die Rollen sind klar verteilt. Ich kann die Rolle wechseln. Ich kann mich stellen! Ich lasse mich aufstellen! Ich spiele mit. Mit dem, was ich am besten kann. Egal ob Stürmer oder Verteidiger. Das Team braucht beide und mehr. Ich entscheide, ob ich passiver Zuschauer oder aktiver Mitspieler sein will. Welchen Ball will ich aufgreifen? Wann will ich ihn anstoßen? Eine aktive Rolle bringt gute Gefühle. Sie bringt Bewegung in mein

Leben. Sie gibt dem Leben einen Sinn. Mitspielen macht Spaß. Ein Dreh vom Passiven zum Aktiven kann Wunder wirken. Ein gesundes Anpack-Bewusstsein ist Energiespender für das eigene Selbstwertgefühl. Das ungute Gefühl der Ohnmacht wird abgelöst, wenn ich aufstehe und mit anpacke. Hilflosigkeit wandelt sich, wenn ich alles tue, was ich tun kann.

Das bekannte „Gelassenheitsgebet", das dem württembergischen Pfarrer Oetinger (1702-1782) zugeschrieben wird, lässt sich sehr wohl auch aus der Perspektive der Selbstverantwortung betrachten: „Gott gebe mir die Gelassenheit, Dinge hinzunehmen, die ich nicht ändern kann, den Mut, Dinge zu ändern, die ich ändern kann, und die Weisheit, das eine vom anderen zu unterscheiden." Die Fäden dazu liegen in meiner Hand. Je mehr Selbst, desto weniger Marionette. Je mehr selbst-aktiv und selbst-bewusst, desto bunter und spannender werden Beruf und Leben. Es liegt an mir selbst.

Ich traue mir das zu

> Ich traue mir zu, für mich zuständig zu sein. Ich brauche den Glauben, dass ich die Verantwortung für mich auch meistern kann. Sonst wird sie zur lästigen Pflicht. Viel besser klingt: Es macht mir Spaß, mein Leben selbst in die Hand zu nehmen. Wenn ich das Gefühl habe, in Freiheit die Kontrolle über mich zu haben, dann brauche ich vor der Selbstverantwortung nicht davonzulaufen. Sie entspricht meiner menschlichen Würde. Je mehr Selbstvertrauen, desto weniger brauche ich Antreiber und Köder wie Drohungen, Bestechungen und Versprechungen.
Selbstverantwortung und Selbstvertrauen gehören wie siamesische Zwillinge zusammen. Die Selbstverantwortung stärkt mein Selbstvertrauen. Umgekehrt genauso. So bin ich im positiven Kreislauf. Je sicherer ich mich fühle, desto eher kann ich Selbstverantwortung übernehmen. Dafür habe ich einen Dauerauftrag angelegt: mich und andere sicherer machen! Selbst-Hilfe und Selbst-Läufer brauchen da keine leeren Schlagworte zu bleiben. Ja, selbst „höchste Töne" sind erlaubt: Ein ausgeprägtes Selbst ist der Markstein für Reife und Persönlichkeitswachstum. Es vermehrt Lebensglück, führt

Abb. **14**

Wie kann ich aktiv werden?

- *Ich nutze meine guten Erfahrungen, die ich gemacht habe, für ...*
- *Es tut mir gut, wenn ich von mir aus ...*
- *Ich habe ein gutes Gefühl, wenn ich – ohne auf andere zu warten – ...*
- *Es bringt mich regelmäßig weiter, wenn ich ...*
- *Ich werde mit ... darüber sprechen.*
- *Ich kümmere mich um ...*
- *Ich hole mir einen Buchtipp bei ...*
- *Ich gehe auf die Suche nach ...*
- *Ich werde prüfen ...*
- *Ich hole mir Hilfe / Informationen über ... bei ...*
- *Ich werde ..., ich kann ...*

Das sind meine drei ersten Schritte:

1 _____

2 _____

3 _____

zu mehr Selbst-Verwirklichung, Selbst-Wertgefühl und Lebensqualität. Allerdings: Selbstverantwortung ist Lebenskunst. Niemand ist dabei perfekt. Jeder bleibt immer unterwegs. Ich selbst mache mich auf die Suche. Ich selbst werde mich dafür belohnen.

Die Selbstverantwortung konkret machen

Woran kann ich Selbstverantwortung festmachen? Wie kann sie hand- und fußfest werden? Ein wirksamer Schritt ist eine ehrliche Selbstreflexion. Den Blick „nach innen" trotz aller Unbequemlichkeit zulassen. Die Ideen aus Abbildungen 14 und 15 bieten eine solche Möglichkeit. Von der Oberfläche abtauchen. Sich dafür die Zeit gönnen. Zulassen, wirken lassen, den „inneren Antworten" zuhören. Mit vielleicht interessanten Aussichten auf Fortschritt und Verbesserung. Fest steht: Selbsterkenntnis ist die Voraussetzung für persönliche Entwicklungslinien. Beim späteren Weg vom Sitzen zum Ankommen gibt es ein reiches Angebot für persönliche Entdeckungen.

Ich bewege mich in der Mitte

> Für Selbstverantwortung brauche ich Anhaltspunkte und Maßstäbe. Ein guter Spielraum dafür ist der Schlüssel „selbstbewusste Mitte" aus dem vorigen Kapitel. Damit lassen sich die Gedanken rund um die Selbstverantwortung wunderbar zuordnen:
Ich sehe mich in der Mitte. Das ist meine Schaltstelle. Von da aus operiere ich. Von dort starte ich mein Denken und Handeln. Das ist mein Standpunkt. Das ist mein Halt. Aus dieser Haltung sende ich ab. So gehe ich auf meine Mitmenschen zu. Dieses Bild „aus der Mitte in die Mitte" male ich mir in meinen Lieblingsfarben bunt aus. Da wird meine Selbstverantwortung praktisch. Wenn ich mit beiden Beinen einen festen Standpunkt in der Mitte gefunden habe, stehe ich stabil. Da sinkt die Gefahr, dass ich umfalle. Da kann mich so schnell nichts umhauen. Dahin kann ich immer zurück, wenn ich mich verlaufen habe. Von da kann ich anderen helfen sich aufzurichten. Von da kann ich anderen helfen, vom hohen Ross zu steigen, ohne in den Keller zu sinken. Und wenn ich mich nicht in der Mitte sehe? Ein erster Schritt ist die Suche nach der Mitte. Diese Suche ist bereits Selbstverantwortung pur!

Abb. 15

Ich stärke mein Selbstvertrauen
und meine Selbstverantwortung ...

Ich übernehme die Verantwortung für mich.
Ich bin dafür verantwortlich, wie ich mich bewege.
Ich suche nach Lösungen, bei mir fange ich an.
Ich stelle Fragen.
Ich sage nicht zu allem Ja und Amen.
Ich treffe Entscheidungen.
Ich bin bereit, Risiken einzugehen.
Ich lasse mich auf Neues ein.
Ich bin mir selbst der beste Freund.
Ich traue mich.
Ich bin gern für mich zuständig.
Ich stelle mich.
Ich weiß, was mich aufbaut.
Ich kenne meine Energieräuber und -quellen.
Ich kann mich von innen motivieren.
Ich warte nicht auf Glück und Wunder.
Ich sitze nicht auf der Tribüne, ich spiele selbst.
Ich weiß, dass Unsicherheiten in bestimmten Situationen
normal sind.
Ich weiß, dass Fehler erlaubt sind.
Ich habe den Mut zur Lücke.
Ich lerne, mit meiner Angst umzugehen.
Ich treffe selbstverantwortliche Entscheidungen.
Ich denke über Ziele und Wege nach.
Ich werte mich niemals selbst ab.
Ich probiere aus, anstatt nur zu diskutieren.
Ich nehme meine eigenen Empfindungen und
Bedürfnisse ernst.
Ich habe als Maßstab für meine Werte mein Gewissen.

Es zeigt sich, dass der Schlüssel „selbstbewusste Mitte" zusammen mit dem der „Selbstverantwortung" Schlüsselerlebnisse erzeugen kann. Der dritte Schlüssel vom positiven, konstruktiven Denken wird das verstärken.

Meine Erfahrungen mit der Selbstverantwortung in den Sparkassen

Meine Erfahrungen bei der grundsätzlichen Zusammenarbeit

> Alles spricht für Selbstverantwortung. In Unternehmenszielen und Leitbildern findet sich das gut erkennbar wieder. Dabei gilt wie immer: Worte und Sätze entwickeln ist die eine Seite. Aus den Worten erlebbare Taten zu erzeugen, ist der eigentliche Anspruch. Da sind geduldige Prozesse in Gang zu bringen und wach zu halten. Die Selbstverantwortung ist mittendrin. Für mich gibt es mindestens eine durchgängige Erfahrung: Bei allen Beteiligten findet sich so etwas wie eine verdeckte Sehnsucht nach diesen Werten. Deshalb werden diese Themen begrüßt. Ich balanciere dabei zwischen dem ermutigenden Ansporn: „Das bringt uns weiter, das geht" und dem Flachhalten der Erwartung, dass spätestens übermorgen die Welt heil ist. Zumal diese Erwartungen – da liegt ja meist der Knackpunkt von Selbstverantwortung schlechthin – gern „bei den anderen" festgemacht wird. Ich helfe beim Durchbrechen der Hoffnungsmauern. Ich weiß gesichert, dass ich eine Reihe von positiven Rissen in Mauerwerken erzeugt habe.

Meine Erfahrungen aus den Seminaren

> Für die meisten Teilnehmer ist es ungewohnt, dass die Selbstverantwortung so auf den Punkt gebracht wird. Im geschützten, vertrauensvollen Klima eines Seminars bieten sich gute Chancen, locker an das Thema heranzugehen. Alle Übungen und Diskussionen führen bei den Teilnehmern sehr schnell an die Fragen: „Wie mache ich das? Wie ist das bei mir?" Wenn dabei erkannt wird, anderen geht es wie mir, entspannen sich die Gesichter. „Jeder hat so sein Päckchen, ich bin hier nicht der Einzige, der sich angestoßen fühlt",

das ermutigt, über sein Verhalten zu reflektieren und nicht vor dem Unbequemen davonzulaufen. Im regen Austausch der Gruppe finden sich immer Antworten und Ideen. Das alles ist heilsam und wirksam. So ist es mir regelmäßig gelungen, dem Begriff Selbstverantwortung den dramatischen Anstrich zu nehmen und zu ermutigen: „Fang bei dir selbst an, es geht, so kannst du es machen, das bewirkt bei dir ..." Wenn sich das gute Gefühl verstärkt: „Ja, ich kann das auch", habe ich mein Ziel erreicht.

> Zu großen Teilen hatte ich Seminare, an denen ausschließlich Führungskräfte der Sparkassen teilnahmen. Es liegt nahe, dass Themen der Persönlichkeitsentwicklung hohe Ansprüche an Führung stellen. Selbstverantwortung ragt da in besonderer Weise heraus. So habe ich mein Verständnis von wirksamer Führung oft gebündelt: „Ich bin für mich selbst verantwortlich. Meine Führungskraft begleitet mich." Menschen begleiten und unterstützen, auf eigenen Füßen zu stehen und zu gehen. Und die Selbstverantwortung, wo nötig, auch einzufordern. Dazu braucht die Führungskraft zunächst selbst einen festen Standpunkt. Führungsleitlinien und geeigneter Führungsstil wollen dabei helfen. Ich sehe mich als Brückenbauer zwischen Worthülse und konkreter Anwendung. Nützliche Werkzeuge dafür habe ich immer dabei. Damit geht Führen leichter von der Hand. Und selbstsicherer.

Meine Erfahrungen beim praktischen Üben am Arbeitsplatz

> Aus dem Üben und Besprechen von realen Gesprächen nehme ich eine eindeutige Bestätigung mit: Menschen wollen allein laufen, sie wollen die Verantwortung für sich selbst übernehmen. Der Weg dafür muss allerdings öfter geebnet werden. Das ist ein hoher Anspruch an Führen. Ohne Selbstvertrauen geht das nicht. „Ich weiß ja wohl, aber so etwas kann ich nicht!", diese geistige Hürde einer falschen Selbsteinschätzung bremst zu oft. Ich konnte vielen Führungskräften mehr Selbstvertrauen einflößen, indem ich mit ihnen in vertrauensvollen Gesprächen, Übungen und praktischen Rückmeldungen ein stärkendes Bild von ihnen selbst entwickelt und untermauert habe: „Ich weiß, dass Sie das können." Ist die Hürde über-

sprungen, konnte ich es regelmäßig mit den Händen greifen: Über mehr Selbstvertrauen reift mehr Selbstverantwortung. Aus diesen positiven Erlebnissen und Aha-Effekten wächst bei den Führungskräften das Vermögen, die eigenen Mitarbeiterinnen und Mitarbeiter in ihrer Selbstverantwortung zu stärken.

Auch Eltern und Erzieher haben Führungsaufgaben. Auch sie begleiten anvertraute Menschen zu dem Ziel: Selbstvertrauen und Selbstverantwortung. Letztlich hat jeder Mensch die Führungsaufgabe, sich selbst zu Selbstvertrauen und Selbstverantwortung zu leiten.

Was sagt das Neue Testament zur Selbstverantwortung?

Die Heilung am Teich Bethesda
(Joh 5,3-9)
„Eine große Anzahl von Kranken lag ständig in den Hallen: Blinde, Gelähmte und Menschen mit erstorbenen Gliedern. Unter ihnen war auch ein Mann, der seit achtunddreißig Jahren krank war. Jesus sah ihn dort liegen. Er erkannte, dass der Mann schon lange unter seiner Krankheit litt und fragte ihn: „Willst du gesund werden?" Der Kranke antwortete: „Herr, ich habe keinen, der mir in den Teich hilft, wenn das Wasser sich bewegt. Wenn ich es allein versuche, ist immer schon jemand vor mir da." Jesus sagte zu ihm: „Steh auf, nimm deine Matte und geh!" Im selben Augenblick wurde der Mann gesund. Er nahm seine Matte und konnte wieder gehen."

Ich lese daraus ...

> Jammern ist keine Lösung. Zunächst bin ich für mich selbst zuständig. Nimm dein Leben selbst in die Hand, mach was draus. Ich kenne keine, Bibelstelle, bei der Jesus sagt: „Ich mach das schon für dich. Bleib nur sitzen!" Aber öfter: „Pack es selber an. Rede nicht nur. Tu was." Dabei ermutigt er: „Ich traue dir das zu. Du kannst das." Die Belohnung für das eigene Aufstehen folgt auf dem Fuße: „... und konnte wieder gehen".

Abb. 16

Bibelzitate

„Könnt ihr denn nicht von selbst erkennen, worauf es jetzt ankommt?" *(Lk 12, 57)*

Mt 25,21

Aus dem Gleichnis vom anvertrauten Geld (Gleichnis von den Talenten): „,Sehr gut', sagte sein Herr, ‚du bist ein tüchtiger und treuer Diener. Du hast dich in kleinen Dingen als zuverlässig erwiesen, darum werde ich dir auch Größeres anvertrauen. Komm zum Freudenfest deines Herrn!'"

1 Tim 4,16

„Achte auf dein Leben und auf deine Lehre; überprüfe sie beide ständig. Dann wirst du dich selbst retten und die, die dir zuhören."

1 Thess 5,21

„Prüft aber alles, und nehmt nur an, was gut ist."

Lk 14,28

„Wenn jemand von euch ein Haus bauen will, setzt er sich doch auch zuerst hin und überschlägt die Kosten. Er muss ja sehen, ob sein Geld dafür reicht."

5 Mos 30,19

„Ich habe euch heute Segen und Fluch, Leben und Tod vor Augen gestellt. Wählt das Leben, damit ihr am Leben bleibt."

Jak 1,22

„Es genügt aber nicht, dieses Wort nur anzuhören. Ihr müsst es in die Tat umsetzen, sonst betrügt ihr euch selbst!"

Gal 6,7

„Macht euch nichts vor! Gott lässt keinen Spott mit sich treiben. Jeder Mensch wird ernten, was er gesät hat."

Spr 17,24

„Ein kluger Mensch denkt stets daran, noch mehr Einsicht zu gewinnen; der Dummkopf ist mit seinen Gedanken überall und nirgends."

Koh 7,18

„Halte dich an die gesunde Mitte. Wenn du Gott ernst nimmst, findest du immer den rechten Weg."

Schlüssel 2: Selbstverantwortung

Das ist wichtig

„Selbstverantwortung" bedeutet, die Verantwortung für sein Denken und Handeln selbst zu übernehmen. So gut es geht, fange ich bei mir selbst an: „Ich bin für mich zuständig." Praktische Beispiele belegen, dass sich Selbstverantwortung lohnt.

Ich meine

Für viele Menschen klingt Selbstverantwortung nach Überforderung. Sich selbst und andere stärken, fördert Selbstvertrauen – für mehr Selbstverantwortung.

Die Bibel sagt

Die Bibel ermuntert zur Selbstverantwortung: „Steh auf, nimm deine Matte und geh!" (Joh 5,8)

So geht es weiter

Die Schlüssel 1 und 3 untermauern die Selbstverantwortung. Auf dem Weg „vom Sitzen zum Ankommen" folgen weitere praktische Anwendungshilfen.

Schlüssel 3:

Konstruktives Denken und Handeln

So wie ich denke, so bin ich

„Sagen Sie all Ihren Teilnehmern und Gesprächspartnern immer wieder, wie wichtig es ist, mit seinen Gedanken richtig umzugehen." Das war die Empfehlung von Professor Dr. Ernest Pollok. Er lehrte Psychologie an der Fachhochschule Dortmund – University of Applied Sciences and Arts. Er musste es wissen. 1992, kurz nachdem ich mich als Unternehmensberater und Personaltrainer selbstständig gemacht hatte, trafen wir uns beim Joggen im Wald. Wir liefen Runde um Runde und diskutierten Runde um Runde, worauf es ankommt, die Kraft der Gedanken klug zu nutzen. Ich habe mir seinen Tipp zu Herzen genommen und das Thema „studiert". Im Laufe der Jahre sind wir manches Mal zusammen im Wald gelaufen. Immer mit interessanten Anreicherungen zu diesem für mich vielfach nützlichen Wissen. Ich habe das Thema bei den Sparkassen häufig behandelt und zusammen mit den Praktikern auf den Prüfstand für die Alltagstauglichkeit gestellt. Ich kann viel Positives darüber berichten. Es ist gut verwendbar und nicht selten „not-wendig".

Der dritte Schlüssel für den Rucksack ist das konstruktive, positive Denken und Handeln.

Wir sind auf dem Weg zwischen Genua und Rom

Immer an der ligurischen Küste entlang. Manchmal gibt es kleine Wasserläufe und Bäche. Ein Steg, eine kleine Brücke, da ist das Wasser kein Hindernis. Aber manchmal sind die Flüsse größer. Der Ombrone ist ein Fluss, der rund dreißig Meter breit ist, wenn er ins Mittelmeer mündet. Und er hat hier keine Brücke. Für uns Pilger ein unüberwindliches Hindernis. Es gibt am anderen Ufer einen Fährmann, aber der will nicht: „E non possibile", „Es ist jetzt nicht möglich." Er ist beschäftigt mit einer Schülergruppe. Es geht per Rufen hin und her. Er macht nur Touren und keinen Fährbetrieb. Telefonisch anmelden und morgen wiederkommen! Was nun? Aufgeben ist für uns kein Thema. Also weiter verhandeln. Zunächst mühsam. Als wir uns als „verrückte" Pilger nach Rom zu erkennen geben, wendet sich plötzlich sein Entscheidungsblatt. Er fährt uns rüber!

Welche Gedanken gehen bei einem „Ab hier geht es nicht mehr weiter" durch meinen Kopf? Hier soll es auf dieses unerwartete Hindernis ankommen. Was passiert da innerlich? Mit welchen Folgen? Zum besseren Verstehen dieser Gedankenbilder hier eine ausgedachte Variante:

Die Geschichte von der zerbrochenen Brücke

Ich bin auf dem Weg zu meinem Ziel. Ich sehe es in der Ferne leuchten. Frohen Mutes bin ich unterwegs. Bei diesem Schritttempo werde ich noch heute Abend ankommen. Noch diese beiden Wegbiegungen, noch kurz über den Fluss, und dann ist es nicht mehr weit. Wenig später: Ich stehe vor der Brücke. Sie ist kaputt. Schluss, aus, jetzt bin ich verloren. Über diesen Fluss komme ich nie. Aus der Traum. Das war's. Aufgabe, Resignation.

Was ist passiert? Das Hindernis, keineswegs eingebildet, sondern hautnah vor Augen, ist zur Blockade geworden. Die negativen Impulse an das Unbewusste haben dem Wanderer den Auftrag gegeben: „Gib auf, du bist verloren." Die entsprechenden Rückmeldungen an das Bewusste waren postwendend da. Alle Gedanken blieben auf der Verliererseite. Das Bild von der Aufgabe ist perfekt.

Dass es auch anders geht, zeigt unser Erlebnis am Ombrone: „Oh, das sieht nicht gut aus. Wir wollen mal sehen, wie wir trotzdem rüberkommen. Irgendeine Lösung werden wir schon finden. Gibt es ein Boot? Wen können wir fragen?" Das alles sind Aufträge nach „innen", die sagen: „Suche konstruktive Lösungen." Und dann kommen die Ideen. Aber nur dann.

Unser Wanderer hat sich für das Suchen einer weiteren Brücke entschieden. Viel schneller als zunächst vermutet, gleich um die nächste Flussbiegung, hat er sie gefunden. Auf dem kleinen Umweg hat er viel Neues entdeckt. Sein Ziel hat er längst erreicht. Neue, gute Erfahrungen hat er außerdem im Gepäck.

Ich habe die Geschichte mit der zerbrochenen Brücke oft im Seminar auf Zuruf durchgespielt. „Was fällt Ihnen ungefiltert an Möglichkeiten ein, trotzdem rüberzukommen?" Zunächst wenig, dann immer mehr sprudelt aus den Teilnehmern heraus. Man könnte dieses und jenes tun. Der

Auftrag „Nicht aufgeben!" an das Unbewusste löst die Ideen aus. Im umgekehrten Fall resigniert das Unbewusste aufgrund meiner Anweisung: „Jetzt bist du verloren! Es geht nicht mehr!"

Worum geht es beim konstruktiven Denken?

„Du musst nur positiv denken", diese gut gemeinte Aufforderung klingt nicht für jeden gut. Überhaupt, das Thema „positives Denken" an sich kommt manchem Zeitgenossen wie ein ausgelutschtes Modewort vor. Als ob man mit der Art seines Denkens schon die Welt verändern könnte! Gleichwohl: Niemand lacht, wenn der Tennisstar erklärt: „Ich habe das Spiel im Kopf verloren" oder wenn manche Spitzensportler ihre mentale Vorbereitung auf den Wettkampf als das wichtigste Training bezeichnen. Die Konzentration der Hochspringerin vor dem Anlauf kann tatsächlich und im übertragenen Sinne die Wirkung des Denkens beschreiben: Erst springt der Geist über die Messlatte, dann folgt der Körper! Ganz ohne Frage: Für die Wettkämpfe im Leben hat die mentale Einstellung erheblichen Einfluss auf Sieg oder Niederlage. Es lohnt sich also, näher hinzuschauen: Was ist nützlich? Welche Kernelemente des positiven Denkens sollte man kennen? Wo sind die Fußangeln? Welche Missverständnisse müssen ausgeräumt werden?

Positives oder konstruktives Denken?

Der Unterschied zwischen „blauäugiger Schönfärberei" und konstruktivem, positivem Denken ist himmelweit. Nicht verklärtes Idealdenken hilft weiter, sondern eine positive, konstruktive Art, mit seinen Gedanken umzugehen. Wesentlicher Bestandteil des richtig verstandenen positiven Denkens ist der von Praktikern mit Recht geforderte Realitätsbezug. Die Tatsachen müssen einbezogen werden! Also: Konstruktives Denken soll hier verstanden werden als eine geeignete Art und Weise, mit seinen Gedanken umzugehen, sie für seine Ziele nutzbar zu machen. Dabei geht es nicht um Manipulation, um Gedankenakrobatik oder gar „Gehirnwäsche". Vielmehr um die Beachtung von mentalen Gesetzmäßigkeiten, die hilfreich sein können.

Das Positive in Auftrag geben

Zum grundsätzlichen Verstehen: „Wenn ich mir vorstelle, ich esse ein Stück meiner Lieblingsschokolade, läuft mir das Wasser im Mund zusammen." „Wenn ich an meinen letzten Urlaub an der Nordsee denke, spüre ich schon wieder Wind, Wellen und Salzluft in meiner Nase." Diese beiden einfachen Beispiele beschreiben ein Kernelement der Denkabläufe: Die Vorstellung löst im Körper Gefühle aus, genauer: die zu dieser Vorstellung gehörigen Gefühle. Vorstellung schafft Wirklichkeit. Was kluge Menschen schon lange vor unserer Zeit wussten – siehe auch Zitate in Abb. 17 – können die Gehirnforscher mit dem Computer längst beweisen: Das Gehirn, der Körper kann nicht unterscheiden zwischen Einbildung und Tatsächlichkeit. Die „Straßen im Gehirn" werden von reiner Einbildung wie von tatsächlichen Abläufen gleichermaßen befahren. Die Vorstellung von Schokolade löst Speichelfluss aus, das intensive Denken an die Nordsee ruft das Programm „Salzgeruch" ab.

„Vorstellung, Bilder, Image" sind im Sprachgebrauch von Kommunikations- und Marketingverantwortlichen längst geläufige Begriffe. Festgemacht am konstruktiven Denken, lohnt es sich, näher hinzuschauen: Vorstellung ist *meine* Wirklichkeit, nicht unbedingt *die* Wirklichkeit. Deshalb die für die persönliche Entscheidungsfindung so überaus wichtige Kernaussage: Meine Vorstellung kann, muss aber nicht mit der Wirklichkeit übereinstimmen. Gleichwohl wird gehandelt nach dieser möglicherweise falschen Vorstellung. Sie ist der Auslöser für das Handeln. **Die „Vorstellungs-Macht" von Image ist riesengroß.**

Die Vorstellungen entstehen bzw. werden beeinflusst durch Suggestionen. Die Aussagen „Das schaffst du", „Ich traue dir das zu" als äußerer Einfluss von Eltern und Erziehern sind ebenso suggestiv wie „Lass die Finger davon", „Daraus wird doch nichts", „Das kannst du nicht." Bei häufiger Wiederholung nisten sie sich im Kopf ein und lösen die entsprechende Wirkung aus. Für unser Thema von enormer Gewichtung ist außer den äußeren Einflüssen die Wirkung aus den inneren Monologen, aus dem Selbst-Gespräch. Neben den Suggestionen wirken nämlich die Autosuggestionen. So tauchen im Gespräch im „stillen Kämmerlein" mit mir selbst möglicherweise die gleichen Sprüche auf: „Das kannst du nicht" oder aber „Ich traue dir das zu." Die Ein- und Auswirkungen dieser Suggestionen und Autosuggestionen haben große Bedeutung für das Denken. Anders gesagt: Um die

Abb. **17**

Zitate

Schenke dem Menschen einen Glauben, und du wirst seine Kraft verzehnfachen. *(Le Bon)*

Mark Aurel
„Das Glück Deines Lebens hängt von der Beschaffenheit Deiner Gedanken ab."

Alfred Delp
„Die Verwirklichung vieler Dinge hängt von dem Vertrauen ab, mit dem wir sie erwarten, erhoffen, erbeten."

Christoph Wilhelm Hufeland
„Wenn es eingebildete Kranke gibt, muss es auch eingebildete Gesunde geben."

Antoine Saint-Exupéry
„Willst du ein Schiff bauen, rufe nicht die Menschen zusammen, um Holz zu sammeln, Aufgaben zu verteilen und die Arbeit einzuteilen, sondern lehre sie die Sehnsucht nach dem großen, weiten Meer."

Eine chinesische Weisheit
„Achte auf Deine Gedanken. Sie sind der Anfang Deiner Taten!"

Ergebnisse des Denkens, der Impulse, der Suggestionen vorhersagen zu können, muss man den Weg von der Ursache zur Wirkung kennen. In Abb. 18 ist dieser Zusammenhang aufgezeigt.

Unser Bewusstsein ist die Kommandozentrale des Körpers. Der offene Kanal der Gedanken hat mit fünf Prozent nur einen relativ kleinen Anteil an den gesamten Entscheidungsprozessen des Körpers, satte 95% werden vom Unbewussten gesteuert. Herz, Lunge, Nieren, Verdauung, das gesamte vegetative Nervensystem. Als große Kraftzentrale ist das Unbewusste alles überragend, trifft aber keine eigenen Entscheidungen. Der Kapitän auf der Brücke des Bewusstseins steuert und beeinflusst mit Suggestionen, Impulsen, mit Denken diese wunderbare Maschinerie. Er ist die Zentrale. Der Gedanke, Impuls (Station 1) gelangt – ohne besonderen Auftrag – automatisch auch ins Unbewusste. Dort wird dieser Gedanke „verwertet" (Station 2). „Was habe ich zu diesem Denkauftrag bei mir abgelegt? Was habe ich dazu gelernt? Wie kann ich das umsetzen? Was ist an Wissen, Erfahrung dazu schon in meinem Speicher abgelegt?" Und das Unbewusste sagt: „Ich weiß, zu Schokolade gehört Speichelfluss", „Zu Nordsee gehört Salzluft", zu Lachen gehört ..., zu „Das kannst du nicht" gehört .... So reagiert der Körper entsprechend (Station 3).

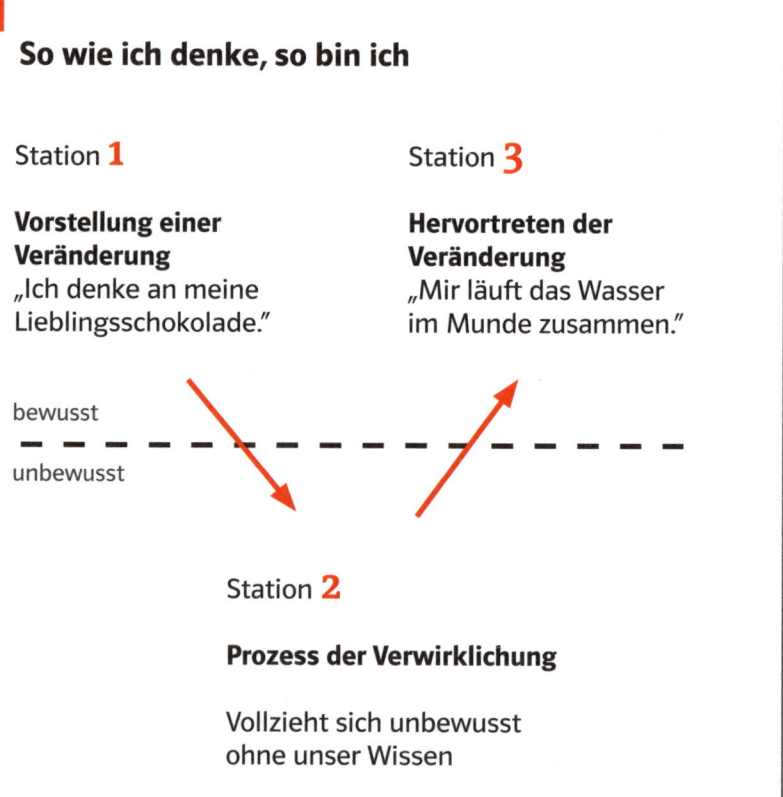

Abb. 18

So wie ich denke, so bin ich

Station **1**

Vorstellung einer Veränderung
„Ich denke an meine Lieblingsschokolade."

Station **3**

Hervortreten der Veränderung
„Mir läuft das Wasser im Munde zusammen."

bewusst

unbewusst

Station **2**

Prozess der Verwirklichung

Vollzieht sich unbewusst ohne unser Wissen

Zwischenfazit

Die Qualität der suggestiven Impulse hat also Auftragscharakter und bewirkt einen Sog nach Umsetzung. Damit ist die Qualität des „eingegebenen" Bewusstseins von höchster Bedeutung für das Verhalten: Sind die Impulse positiv oder negativ? Dabei sind die Vorzeichen „positiv oder negativ" persönliche, subjektive Wertungen. Nicht das Ereignis, nicht der Gegenstand, nicht die Situation ist positiv oder negativ, sondern die Verwertung des Erlebten, des Gesehenen. Ich nehme es wahr mit meinen fünf Sinnen und mache mir daraus ein Bild, ich verwerte meine Eindrücke positiv oder negativ. In diesem Sinne gibt es nicht „das Positive" und „das Negative", sondern in der persönlichen Wertung, in der Vorstellung entsteht dieses entsprechend gefärbte Bild. Wir Menschen machen uns unser Bild. Das berühmte Beispiel des Wasserglases macht es klar: Im Glas ist eine objektiv messbare Wassermenge. Ob das Glas noch halbvoll oder schon halbleer ist, das ist die gemeinte persönliche Wertung. Das zweite Beispiel ist genauso bekannt: Nicht das Wetter ist gut oder schlecht, sondern die Einstellung aus dem persönlichen Gebrauchsnutzen. Entscheidend ist, was der Kapitän des Bewusstseins will, entscheidend sind der Blickwinkel, die Sichtweise, die Betrachtungsweise, die Gesamtschau.

Nicht das morgige Gespräch mit dem Chef *ist* schwierig, sondern die Angst davor „wertet" und „verwertet" es in der Vorstellung als schwierig. Das Unbewusste verwertet diesen Auftrag als „Bauchschmerzen". Ebenso ganz alltägliche Beispiele: Der kleine Sturz oder das überraschende Missgeschick, beide lassen immer zwei verschiedene Reaktionen zu: „Ich kann nicht mehr ..." oder „Es geht schon wieder ...". Wohlgemerkt: Die jeweiligen Plus- oder Minusvorzeichen dieser Wertungen lösen über den Weg des Unbewussten Wirkungen im Körper aus. Verkürzt gesagt: **Über positive Wertungen erzeuge ich gute Gefühle, negative lösen das Gegenteil aus.**

Wichtige Gedankengesetze sind in Abb. 19 auf den Punkt gebracht. Sie wollen beweisen und untermauern, wie nützlich es sein kann, dass Thema „positives, konstruktives Denken" in den Alltag einzubeziehen.

Abb. 19

Vier Gedankengesetze (nach Couè / Lambert)

1 Jede bildhafte Vorstellung, die uns erfüllt, wird Wirklichkeit, sofern unser Körper die Umsetzung aus eigener Kraft leisten kann.

Beispiel:
Der Gedanke bei Schnee und Eis: „Sicher werde ich gleich fallen ..." wird innerhalb von Sekunden „eingelöst". Oder: Die Fähigkeit zum Schwimmen hat man in dem Moment, wo man *glaubt*, schwimmen zu können.

2 Wenn Wille und Vorstellungskraft im Gegensatz zueinander stehen, siegt immer die Vorstellungskraft.

Beispiel:
Abendliches Einschlafen vor frühem Aufstehen zum Urlaubsstart. „Ich will einschlafen, aber ich komme nicht nur Ruhe." Ergebnis: Unruhe.

3 Wenn jemand nicht an den Erfolg glaubt, wird er umso weniger Erfolg haben, je mehr er sich anstrengt.

Beispiel:
Im Theater husten müssen, beim Zahnarzt nicht schlucken wollen ...

4 Häufige Wiederholung von Zielen, Wünschen und Suggestionen werden vom Unbewussten als Wahrheit angenommen.

Beispiel:
„Ich habe mir in den Kopf gesetzt ..." Oder: Automatisches „Eintrichtern" von Werbebotschaften.

Worauf kommt es an? Was kann ich tun?

Es drängt sich die Frage auf: Kann ich mir mit einer geschickten positiven Einstellung also das Positive „herbeidenken"? Etwa so: Ich verwerte jede Nachricht positiv und lebe dann in Glück und Zufriedenheit störungsfrei auf „Wolke 7". Die Grenze des positiven Denkens ist die Realität. Anders gesagt: Das Denken ist ein Teil von gesetzmäßigen Abläufen von Geist, Körper und Seele. Aber sie stehen auch neben oder zusammen mit anderen Gesetzmäßigkeiten dieser Welt. Gesetzmäßigkeiten sind gesetzt, sie werden durch die eine oder andere Denkweise nicht aufgehoben! Dazu ein Beispiel.

Heute mache ich meinen Führerschein

Am Tag der Prüfung. Um sieben Uhr liege ich im Bett. „Ich bin nun mal kein Prüfungsmensch. Immer, wenn es darauf ankommt ..., so wie ich mich kenne. Ich glaube, heute ist nicht mein Tag." Das ist nicht die Realität, sondern eine Anhäufung negativer Autosuggestionen. Das Unbewusste hört diese „Aufträge" sehr wohl: Unruhe und Nervosität sind angesagt ... und werden eingelöst. Die positive Einstellung verwendet andere Bilder. „Das wird schon gutgehen. Konzentriere dich, dann wird es klappen. Der Fahrlehrer hat auch gesagt ... Andere kochen auch nur mit Wasser. Ich freue mich schon auf die erste Autofahrt ..."
So oder so: Zunächst muss für den Erfolg der reale Grund gelegt werden. Der Fahrlehrer: „Sie sind so weit. Ich melde Sie für die Prüfung an." Ohne Fahrstunden und theoretischen Unterricht bei der Prüfung nur positiv denken zu wollen, wäre töricht und dumm. Die Basis muss stimmen. Aber sie ist nicht alles. Vor und bei der Prüfung kommen die Vorstellungen zur Wirkung. Sie erhöhen oder verschlechtern meine Chancen.
Einen Lottogewinn oder verletzungsfreien Sprung aus dem Fenster positiv herbeizudenken, ist absolut unwirksam. Jeder Ansatz dazu scheitert an den jeweiligen Gesetzmäßigkeiten. Die Wahrscheinlichkeitsrechnung kann durch positives Denken ebenso wenig aufgehoben werden wie die Anziehungskraft der Erde.
Konstruktives Denken verschiebt keine Realitäten. Im Gegenteil: Es sucht geradezu die Realität. Es bleibt eine Daueraufgabe, die Abgrenzung zwischen der Wirklichkeit und der Vorstellung von Wirklichkeit zu finden. Es lohnt sich, über seine Vorstellungen nachzudenken.

Für den persönlichen Erfolg gehören drei wichtige Kernelemente zusammen. In der Abbildung 20 sind diese Elemente auf den Punkt gebracht.

- eine solide Grundlage
- ein ausgeprägter Wille
- eine positive Vorstellungskraft

Abb. 20

Drei wichtige Elemente für mein Erfolgshaus

Erfolgssäule A
Mein ausgeprägter Wille:

ICH WILL DAS.
Ich will das wirklich.
Ich habe ein realistisches Ziel.
Ich habe den Ehrgeiz, dieses Ziel zu erreichen.
Ich habe genügend „Biss", Ausdauer, Hartnäckigkeit.

Erfolgssäule B
Meine positive Vorstellungskraft:

ICH KANN DAS.
Ich glaube an den Erfolg.
Ich traue mir den Erfolg zu.
Ich erwarte den Erfolg.
Ich denke in Siegen.
Ich denke in Lösungen statt in Problemen.
Ich habe positive Vorstellungen.
Ich strahle Überzeugung aus.

Das Erfolgs-Fundament

Die Grundvoraussetzungen sind gegeben:
Ich habe eine solide Grundlage.

Ich bin sachlich gut vorbereitet.
Ich habe zum Thema ausreichende Kenntnisse.
Meine Einschätzung ist realistisch.

Abb. **21**

Konstruktiv denken erleichtert das Leben

Kritische, negative Grundhaltung	Konstruktive, zuversichtliche Grundhaltung
„Lass die Finger davon", „Daraus wird doch nichts", „Das kann ich nicht."	„Das schaff ich", „Ich traue mir das zu", „Auf jeden Fall ist es einen Versuch wert."
„Eigentlich brauche ich gar nicht mit ihm zu sprechen. Der wird sicher wieder Nein sagen."	„Mal sehen, was ich aus dem Gespräch machen kann."
„Wenn ich ihn schon ´reinkommen sehe, weiß ich woran ich bin."	„Ich werde herausfinden, weshalb er heute so unzufrieden dreinschaut."
„Der hat sich noch nie für Kirche und Bibel interessiert. Der kommt ganz sicher für ... nicht in Frage."	„Ich werde ihn nach seinen Interessen und Zielen befragen, dann weiß ich, ob ..."
„Morgen habe ich das Gespräch mit ... über ... Er wird sicher wieder nur meckern."	„Ich bin gut vorbereitet. Ich werde in Ruhe alles auf den Tisch bringen. Mal sehen, was er zu meinem Vorschlag sagt."
„Immer, wenn es darauf ankommt, versage ich", „So wie ich mich kenne, geht das schief", „Ich glaube, heute ist nicht mein Tag."	„Das wird schon gut gehen. Konzentriere dich, dann wird es klappen. Es ist ja schließlich nicht das erste Mal ..." „Ich schaffe das, das wird gut gehen ..."

Abb. **21**

Kritische, negative Grundhaltung	Konstruktive, zuversichtliche Grundhaltung
„Ich kann nicht offen auf Menschen zugehen."	„Ich werde mich herantasten. Bei einfachen Gelegenheiten werde ich beginnen. Mit zunehmenden Erfahrungen werde ich immer sicherer werden."
„Diese Ziele kann ich niemals erreichen. Das schaffe ich nie."	„Diese Herausforderung nehme ich an. Mal sehen, was ich daraus machen kann. Auf jeden Fall werde ich erstmal starten, dann sehen wir weiter ..."
„Das neue Konzept ist schlecht."	„Bevor ich in ein Schwarz-weiß-Denkmuster verfalle, sehe ich mir die Sache näher an: Was ist gut, was ist weniger gut, worüber möchte ich mit wem sprechen ...?"
Nach einem misslungenen Gespräch: „Ich bin ein Versager", „Ich bin kein guter Gesprächspartner."	„Daraus kann ich nur lernen. Der Fehler passiert mir nicht wieder."
„Ich glaube, ich bin kein guter ..., weil mein erster Versuch nicht zum Erfolg geführt hat."	„Aller Anfang ist schwer. Das ... werde ich beim nächsten Mal anders anpacken. Mal sehen, ob ich damit besser zum Ziel komme ..."

Abb. 21

Kritische, negative Grundhaltung	Konstruktive, zuversichtliche Grundhaltung
„Der Mann denkt bestimmt schlecht über mich, weil …"	„Ich kann nicht Gedanken lesen. Wenn ich Vermutungen habe, kläre ich das beim nächsten Gespräch."
„Ich glaube, das geht nicht gut. Ich spüre schon ein unangenehmes Bauchkribbeln."	„Ein bisschen Lampenfieber ist bei ungewohnten Herausforderungen normal und nur hilfreich für die Konzentration. Ich pack das …"
„Ich spreche die Frau nicht an, weil ich vielleicht etwas Falsches sagen könnte."	„Ich muss nicht perfekt sein, um guter Gesprächspartner zu sein."
„Ich kann nur über Glauben und Bibel mitreden, wenn ich jede Bibelstelle kenne."	„Ich glaube, ich weiß, worauf es ankommt. Ich muss mich nicht verbiegen."
„Mit der Kollegin komme ich niemals klar", „Mit meiner Schwester kann man nicht reden."	„Ich werde die Tür zu ihr immer offen lassen. Mal sehen, welche Möglichkeiten sich bieten. Ich gebe nicht auf."
„Ich sehe keinen Ausweg. Also gibt es keinen Ausweg."	„Ich sehe keinen Ausweg. Mal sehen ob ich eine Lösung finde."
„Ich sehe das so, also ist das so", „Meine Wahrheit ist die Wahrheit."	„Ich habe meine Erfahrungen, mein Wissen. Für die ganze Wahrheit bleiben da noch viele Lücken."

Meine Erfahrungen mit dem konstruktiven Denken in den Sparkassen

Der Impuls von Professor Pollok hat bei mir gezündet. Ich habe mich in das Thema reingekniet. Vor allem habe ich es zusammen mit den Praktikern in den Sparkassen auf Herz und Nieren geprüft. Sie sind niemals mit schönen Sprüchen zufrieden! Die praktische Prüfung ist bestanden: Es geht, es lohnt sich, es macht wach, es hilft – auch und gerade für den Alltag.

Meine Erfahrungen bei der grundsätzlichen Zusammenarbeit

> Als Unternehmensberater und Personaltrainer habe ich eine Reihe von Sparkassen – meistens jahrelang – begleitet. Eine zutiefst konstruktive, aufbauende Haltung ist absolute Voraussetzung für die Tätigkeit. Wie ein roter Faden zieht sie sich immer und überall durch alle Projekte und Gespräche. Wer will anderen Menschen „Fort-Schritte" bringen, wenn er nicht selbst mit seinem Verhalten „in der ersten Reihe" läuft!? Für diesen „Vorlauf" habe ich nahezu ausnahmslos offene Arme gefunden.

> Immer und überall ist die Vorgabe „konstruktiv" mit den Händen zu greifen. Der Berater und Trainer will externe Hilfe sein, kein Schiedsrichter, er erlebt Höhen und Tiefen, ist ganz nah am Tagesgeschehen und ist im besten Fall „guter Geist". Damit ich so wirke, muss ich authentisch diese Haltung als Vorbild einbringen. Jeder schaut mir immer auf die Finger: Lebt er das, was er sagt? Nach der Art der Rückmeldungen zu rechnen, ist mir das wohl meistens gelungen.

Meine Erfahrungen aus den Seminaren

> In einem besonderen Baustein habe ich das Thema häufig behandelt. Obwohl positives Denken in aller Munde ist, sind die Vorstellungen davon oft verschwommen, verzerrt und durchsetzt mit Vorurteilen. „Ich denke schon immer positiv." „Beim positiven Denken fehlt der Realitätsbezug." „Man kann doch nicht einfach das Gute

herbeidenken." Das Bild wird klarer, wenn ich den Unterschied zwischen einem überzogenen „Guruspektakel" und einer klugen Art, mit seinen Gedanken umzugehen, aufzeige. Ich sehe auf dem Feld der Verkünder zahlreiche Verbieger und Verführer, dennoch bleibt der seriöse Kern wertvoll: Mit richtigen Vorstellungen kann ich Berge versetzen!

> Zum besseren Verstehen habe ich in den Seminaren häufig die Brücke zum Sport gebaut. Er bietet gute Möglichkeiten, einen Bezug zu eigenen Lebenserfahrungen herzustellen. Die mentalen Wirkungen z.B. aus einem guten Mannschaftsgeist oder beim Joggen sind vielen bekannt und gut übertragbar. Es kommt darauf an, im Kopf die richtigen Bilder entstehen und wirken zu lassen. Und dabei immer auf dem Boden der Realität bleiben! Natürlich kann sich niemand ins Ziel oder zum Sieg denken!

> Wenn die geforderte Praxisnähe gelungen ist, erlebe ich nahezu ausnahmslos Zustimmung. „Sie haben mir die Augen geöffnet." „Eigentlich ganz einfach und schlüssig." „Ja so ist es, ich habe mir das noch niemals bewusst gemacht." „Jetzt habe ich es richtig verstanden." „Das hat mir ganz schön zu denken gegeben." Wer dann auch noch für sich erkennt, dass trotz „Oh ja, das hilft mir" der Weg des konstruktiven Denkens eine Daueraufgabe bleibt, hat für sich viel Lebenshilfe mitgenommen.

Meine Erfahrungen beim praktischen Üben am Arbeitsplatz

> Wenn guter Wille, Mut und Zuversicht im Gespräch in Wort und Tat glaubwürdig zu ihrem Recht kommen, ist das für alle unmittelbar spürbar. Konstruktives Denken greift sofort! Diese Wirkung nach der Situation zu besprechen, verstärkt das gute Gefühl. Wenn alle Beteiligten dann zu einem überzeugenden „Ja, so geht es. Es war gut, dass ich ... Es hilft mir, wenn ich ..." kommen, werden gute Erfahrungen gespeichert. Wenn der Mitarbeiter zum Beispiel nach einem sehr kritischen Gespräch sagt: „Ich hatte ein gutes Gefühl, als Sie mir eine Brücke gebaut haben, mir Vertrauen geschenkt haben", dann hat das gute Fernwirkungen.

Meine Erfahrungen in besonderen Situationen

> Immer wieder kommt es vor, dass ich Feuerwehr spiele. „Wir kommen nicht voran. Das Projekt ist ins Stocken geraten", „Im Team ist dicke Luft", „Ich weiß mir bei Mitarbeiter X keinen Rat mehr." Immer mit der ähnlichen Frage: „Was sollen wir jetzt tun? Wie kriegen wir die Kuh vom Eis?"

> Es gibt Gelegenheiten, wo die Hilfe besser von außen als von innen kommt.

> Als neutraler Helfer gehe ich immer, wirklich immer, mit einer konstruktiven Grundhaltung ans Werk. Das Aufbauende kann besonders in der Not seine Stärke beweisen. Statt Panik, „Basta!" oder Resignation: eine konstruktive Erwartung aufbauen: „Wir packen das jetzt an." Und dann ehrliche, offene Aussprachen, miteinander Lösungen suchen, Realitätsbezug herstellen, emotionale Verbiegungen und Ängste abbauen, Um- und Auswege suchen, konkrete Schritte verabreden, aber niemals resignieren. Niemals. Das ist mein Verständnis von konstruktivem Denken auch und gerade in Sonderfällen. Meistens hat es gewirkt.

Meine Erfahrungen als Fels in der Brandung

> Auf alten Trampelpfaden die Spur wechseln und auf neuen Wegen unterwegs sein: Veränderungsprozesse verlangen Geduld, viel Geduld. Da braucht es immer Menschen, die die Fahnen hochhalten, die auch bei Rückschlägen und Widerständen nicht einknicken: „Es geht weiter. Jetzt nicht nachlassen." Ich stelle mich dabei grundsätzlich in die Reihe der internen Mutmacher. „Was bringt uns jetzt neuen Anschub? Ist die Schwarzmalerei wirklich berechtigt? Vergessen wir nicht, was wir bisher schon erreicht haben! War hier nicht unsere Erwartung von vornherein zu hoch? Kann das wirklich jetzt schon funktionieren? Wie kommen wir wieder auf den Pfad der Tugend zurück? Wie beruhigen wir die Gemüter?" Konstruktiv denken eröffnet systematisch neue Perspektiven. Ich habe manches „Licht im Tunnel" anzünden können.

Später werden in diesem Buch noch viele konkrete Impulse zum konstruktiven, positiven Denken folgen.

Was sagt Jesus?

Konstruktives Denken als Grundhaltung? Ganzheitlich, umfassend, gegebenenfalls von Anfang bis Ende, lebenslang. So sehe ich das bei Jesus. Lassen wir alle theologischen Personenbeschreibungen, alle Versüßungen oder Verdrehungen als Zerrbilder beiseite. Neutralisieren wir alle sehr wohl wichtigen Fakten über seinen Auftrag, sein Wesen, seine Herkunft und schauen auf diese Grundhaltung. Mein Eindruck: Bei ihm ist konstruktives Denken im wahren Wortsinne „wesentlich". Es lohnt sich, etwa das Gleichnis von der Aussaat aus diesem Blickwinkel zu betrachten (Mt 13,1-9). Durch und durch realistisch, aber immer mit Zuversicht! Das ist klug. Das ist lebensnah. Das ist fortschrittlich. Das schafft ein gutes Gefühl. Das ist Licht in der Finsternis. Dafür gibt es viele Beispiele im Neuen Testament. Immer der gleiche Tenor: nach vorn schauen, aber die Realität nicht verdrängen. Und: Eine innere Zuversicht aktiviert die richtigen Kräfte! Die Bibelzitate in der Abbildung 22 auf den Seiten 116 und 117 sprechen für sich.

Abb. **22**

Bibelzitate

„Was ihr in eurem Vertrauen von mir erwartet, soll geschehen." *(Mt 9,29)*

Mk 5,34

„Meine Tochter, dein Vertrauen hat dir geholfen. Geh in Frieden und sei frei von deinem Leiden!"

Mk 11,22-24

„Jesus antwortete: ‚Habt Vertrauen zu Gott! Ich versichere euch: Wenn jemand zu diesem Berg sagt: Auf, stürze dich ins Meer!, und hat keinerlei Zweifel, sondern vertraut fest darauf, dass es geschieht, dann geschieht es auch. Deshalb sage ich euch: Wenn ihr Gott um irgendetwas bittet, müsst ihr nur darauf vertrauen, dass er eure Bitte schon erfüllt hat, dann wird sie auch erfüllt.'"

Hiob 3,25

„Hab ich vor etwas Angst, so trifft es mich. Wovor ich zittere, das kommt bestimmt."

Lk 9,62

„Wer seine Hand an den Pflug legt und zurückschaut, den kann Gott nicht gebrauchen, wenn er jetzt seine Herrschaft aufrichten will."

Jes 43,18-19

„Aber blickt doch nicht immer zurück! Ich schaffe jetzt etwas Neues! Es kündigt sich schon an, merkt ihr das nicht?"

Spr 17,22

„Fröhlichkeit ist gut für die Gesundheit, Mutlosigkeit raubt einem die letzte Kraft."

Spr 15,15

„Für die Bekümmerten ist jeder Tag böse, die Glücklichen kennen nur Festtage."

Phil 4,13

„Allem bin ich gewachsen durch den, der mich stark macht."

Jer 4,3

„Pflügt den Acker völlig um, statt unter die Dornen zu säen!"

Lk 6,19

„Alle wollten Jesus berühren, denn es ging heilende Kraft von ihm aus und machte sie alle gesund."

Abb. 22

Mt 17,20

„Ich versichere euch: Wenn
euer Vertrauen auch nur so
groß ist wie ein Senfkorn,
dann könnt ihr zu dem Berg da
sagen: ,Geh von hier nach dort',
und er wird es tun. Dann wird
euch nichts mehr unmöglich
sein."

Mk 10,49-52

„,Fasse Mut, steh auf! Jesus
ruft dich!' Da warf der Blinde
seinen Mantel ab, sprang auf
und kam zu Jesus. ,Was willst
du?', fragte Jesus. ,Was soll ich
für dich tun?'
Der Blinde sagte: ,Rabbuni, ich
möchte wieder sehen können!'
Jesus antwortete: ,Geh nur,
dein Vertrauen hat dir geholfen!' Im gleichen Augenblick
konnte er sehen und folgte
Jesus auf seinem Weg."

Mt 15,28

„Da sagte Jesus zu ihr: ,Du hast
ein großes Vertrauen, Frau!
Was du willst, soll geschehen.'
Im selben Augenblick wurde
ihre Tochter gesund."

Ps 53,6

„Ganz plötzlich werden sie
erschrecken, obwohl es keinen
sichtbaren Grund dafür gibt."

Mt 8,13

„Geh nach Hause! Wie du es
im Vertrauen von mir erwartet
hast, soll es geschehen. Zur selben Stunde wurde sein Diener
gesund."

Lk 8,50

„Jesus hörte es und sagte zu
Jaïrus: ,Hab keine Angst! Fass
nur Vertrauen, dann wird sie
gerettet!'"

Mk 9,23-24

„Was heißt hier: ,Wenn du
kannst?', sagte Jesus. ,Wer Gott
vertraut, dem ist alles möglich.'
Da rief der Vater: ,Ich vertraue
ihm ja – und kann es doch
nicht! Hilf mir vertrauen!'"

Sir 14,14

„Lass dir keinen einzigen Freu-
dentag entgehen! Wenn du zu
etwas Lust hast und es recht
ist, dann tu es!"

Schlüssel 3: Konstruktives Denken und Handeln

Das ist wichtig	Konstruktives Denken ist eine grundsätzlich positive Art, mit seinen Gedanken umzugehen – immer mit Bezug zur Realität. Es erleichtert das Leben. Unsere Vorstellungen sind dabei wesentlich. Praktische Erfahrungen belegen den hohen Nutzen.
Ich meine	Konstruktives, positives Denken auf einer soliden seriösen Grundlage verdient mehr Beachtung.
Die Bibel sagt	Für Jesus ist konstruktives Denken und Handeln im wahren Wortsinne „wesentlich". Sein Auftreten und seine Empfehlungen zeigen immer in Richtung Ermunterung, Zuversicht, Fortschritt. „Geh nur, dein Vertrauen hat dir geholfen." (Mk 10,52)
So geht es weiter	Schlüssel 1 und 2 sind konkrete Anwendungen für konstruktives Vorgehen. Auf dem Weg vom „Sitzen zum Ankommen" sind immer praktische Umsetzungshilfen für den Alltag dabei.

Ich mache mich auf den Weg

Wie bekommt das Denken Hand und Fuß?

An meinem Schlüsselbund baumeln nun – neben sicher noch weiteren – drei hochwertige Schlüssel. Sie baumeln – aufgeschlossen ist damit noch nichts. Es fehlen die Schlüsselerlebnisse. Mit Schlüsseln kann ich Tür und Tor öffnen. Sie verschaffen mir Zugänge und Eintritte, Eröffnungen und Einsichten – wenn ich sie nutze.

Wie kann ich mich mit den Schlüsseln am besten auf den Weg machen? Wie komme ich zum Laufen, wie in Bewegung? Wie bekomme ich meine Kräfte auf die Straße? Dafür soll das Bild von der Wanderung Pate stehen. Die Wanderung beginnt im nächsten Kapitel mit dem Weg vom Sitzen zum Ankommen. Mit allem, was das Bewegen unterwegs bereithält. Mit zahlreichen Tipps und Anregungen. Bevor es aber losgeht, sind noch ein paar Dinge zu klären, allen voran: Was nehme ich mit?

Ich packe meinen Rucksack

Das geht mir durch den Kopf:

- Meine große Wanderung steht vor der Tür. Ich werde rechtzeitig meinen Rucksack packen.
- Ich sollte nicht zu viel mitschleppen. Das ist nur Ballast.
- Ja, aber das Wichtigste darf nicht fehlen.
- Was brauche ich wirklich?
- Was tut mir gute Dienste, ohne dass es zu schwer drückt?
- Ich gehe jetzt mal alles durch.
- Vor allem Kleidung für alle Wetterlagen.
- Und damit ich mich immer zurechtfinde, brauche ich unbedingt ...
- Gut, und was nehme ich für alle Fälle mit? Man weiß ja nie, was kommt.
- Ich brauche etwas, was mir unterwegs in möglichst vielen Situationen nützlich sein kann.

- Am besten wäre ein Werkzeug, das wie eine Art „Zauber-Schlüssel" vieles kann.
- Ich habe da eine Idee. Ich nehme meine drei Schlüssel mit. Die brauchen wenig Platz. Dann habe ich immer das Wichtigste dabei.
- Die hatten sich voriges Jahr schon bestens bewährt.
- Damit komme ich überall durch.
- Gut, so mache ich es. So bin ich gut gerüstet.
- Jetzt habe ich ein gutes Gefühl. Das wird eine tolle Wanderung.
- Ich freue mich, von mir aus könnte es gleich losgehen.

Was will ich unbedingt mitnehmen?

Wie rüste ich mich am besten für meinen Lebenslauf? Was will ich buchstäblich „für alle Fälle" unbedingt dabeihaben? Welche Einstellungen helfen mir unterwegs für die grundsätzliche Orientierung? Was lässt mich gut ankommen? Was hilft mir, auf dem richtigen Weg zu bleiben? Wie finde ich mich am besten zurecht? Was mache ich an den Weggabelungen? Wie komme ich sicher zu meinem Ziel? Also: Was packe ich für unterwegs ein? Brauche ich überhaupt „Zauber-Schlüssel"?

Abb. 23

**Im Rucksack
ist das Wichtigste
für unterwegs**

Zunächst ein Blick in die Bibel

Lk 12,31
„Sorgt euch nur darum, dass ihr euch seiner Herrschaft unterstellt, dann wird er euch schon mit dem anderen versorgen."

Lk 6, 47-48
„Wer zu mir kommt und meine Worte hört und sich nach ihnen richtet – ich werde euch zeigen, wem er gleicht: Er gleicht einem Menschen, der ein Haus baute und dabei tief grub und die Fundamente auf Felsgrund legte. Als das Hochwasser kam, prallten die Fluten gegen das Haus, aber es blieb stehen, weil es so fest gebaut war."

Lk 12,34
„Denn euer Herz wird immer dort sein, wo ihr eure Schätze habt."

Ps 16,11
„Du führst mich den Weg zum Leben."

Ich lese daraus ...

> Sorgt für die richtigen Grundeinstellungen. Besorgt euch die richtigen Generalschlüssel. Bemüht euch um ein solides Einstellungsfundament in eurem Kopf, dann wird euer Handeln automatisch richtig. Setzt die richtigen Prioritäten, findet die richtigen Oberziele, sucht nach einer soliden Leitidee. Kümmert euch um das wirklich Wesentliche für euer Denken und Handeln, dann habt ihr die Schlüssel für einen guten Lebenslauf in der Tasche. Wenn ihr für eure Ziele und Pläne das zentral Wesentliche trefft, dann „fällt euch im Alltag alles andere zu". Denn dann fallen die Einzelentscheidungen leichter. Das gibt euch Halt. Dann habt ihr Anhaltspunkte. Damit könnt ihr euch immer zurechtfinden. Das ist fester Grund, darauf könnt ihr bauen. Das ist stabil, auch bei Sturm. Wer im Kern verstanden hat, was Jesus mit „Handle so, dann wirst du leben" meint, für den kommt alles andere „wie von selbst" dazu.

Taugen die drei Schlüssel als „Zauber-Schlüssel" für den Rucksack?

Zurück zum Rucksack. Können mir die drei Schlüssel unterwegs meine Grundfragen entschlüsseln? Ist Denken und Handeln aus der selbstbewussten Mitte für meine Grundorientierung geeignet? Packe ich den Schlüssel der Selbstverantwortung ein? Könnte mir der Schlüssel „Konstruktiv denken und handeln" generell nützlich sein? Welche dieser Schlüssel sind „schlüssig"? Welche nehme ich an meinen Schlüsselbund?

Ich habe diese Fragen für mich beantwortet

Meine Erfahrungen sagen mir: Die drei Schlüssel öffnen Tür und Tor. Einzeln und im Verbund. Eröffnungen und Zugänge für Räume, für Spielräume, für Handlungsräume, für Entscheidungsräume. Sie sind die Grundlage für Schlüsselerlebnisse. Drei solide und nachhaltige Ansätze für Lebensgestaltung. Dreimal ehrliche und faire „Lebenskunde".

Und ich habe mich weiter gefragt ...

Sind die Schlüssel ein biblisches Angebot für gelungenes Leben? Sind es drei Türöffner für das Reich Gottes? Sind sie wesentliche Bestandteile einer christlichen Grundhaltung? Auch hier ist meine Überzeugung eindeutig: Das ist Lebenskunde, wie sie die Bibel meint. Das ist kein Holzweg, sondern fester Untergrund. Ich glaube, das sind Teile des „neuen Weges", wie die frühen Christen das Evangelium auch benannten. Ich glaube, das sind Anteile an einem Weg, mit dem Jesus einen total neuen Anfang gesetzt hat. Mit einer hohen Wirkung für das praktische Leben, also Lebenshilfe.

In Bewegung kommen – mit Kopf und Fuß

Das alles umzusetzen, ist nicht von Pappe. Das sind dicke Herausforderungen, aber machbare. Je mehr die Umsetzung gelingt, desto besser gelingt Leben. Damit liegt eine persönliche Ansprache unausgesprochen in der Luft: „Wende es an, versuch es, tue es. Gehe einen Schritt weiter als Ja-Sagen und Reden." Entsprechend häufig gibt es die biblische Ermunterung: Rede nicht nur, sondern handle. „Es genügt aber nicht, dieses Wort nur anzuhören. Ihr müsst es in die Tat umsetzen." (Jak 1,22) Erst wenn ich mich auf den Weg mache, habe ich verstanden, worauf es für mich ankommt. Das Denken, die Einstellung muss praktisch werden.

Ich habe entschieden, was ich mitnehme. Es ist in meinem Rucksack. Ich werde ihn selbst tragen. Und hüten wie meinen Augapfel. Das Wichtigste habe ich ganz nahe bei mir. Jetzt mache ich mich auf den Weg. Es kann losgehen. Jetzt rasch in die Socken kommen! Ich habe die gesamte Strecke vor Augen. Mein Kopf geht voraus. Ich freue mich jetzt schon auf ... Ich sehe mich schon am Ziel.
Aber auch: Kann ich meinen Rucksack tragen? Schaffe ich die ganze Strecke? Halten meine Knochen durch? Keine Frage: Vor dem ersten Schritt bin ich geistig schon längst losgelaufen! Die Vorstellungen sind die geistigen Vorläufer für die körperlichen Bewegungen. Und dann sind Körper und Geist gemeinsam unterwegs. Innere und äußere Bewegung sind zwei Seiten der gleichen Medaille. Sie bedingen und ergänzen sich.

Menschen bewegen sich. Und sie sind bewegt

In der Sprache haben wir rund um die Bewegung viele Doppeldeutungen. Oft sind die Begriffe für Körper und Geist identisch. Unmerklich wandern sie hin und her. Wir sagen und meinen das Gleiche, wenn wir ausdrücken, was fortschrittlich ist oder blockiert, was uns voran bringt oder Umwege gehen lässt. Wir stehen und laufen auf eigenen Beinen. Wir gehen einen Schritt zurück und machen eine Kehrtwendung. Zum Ankommen gehört „etwas in Bewegung setzen". Einen Prozess in Gang setzen. In Bewegung bleiben. Auf Lösungen hinarbeiten. Menschen sind auf Bewegung angelegt, nicht auf Stillstand. Unterwegs sein ist Kern unseres Daseins. Ohne Gehen geht es nicht.

Abb. **24**

Dieselben Worte für Körper und Geist

Kehrt um

Ich habe mich verrannt.
Ich drehe mich im Kreis.
Ich komme nicht vom Fleck.
Ich weiß, wo der Schuh drückt.
Das bewegt mich.
Dumm gelaufen?
Nein, ich bin auf dem Laufenden.
Darin bin ich bewandert.
Ich weiß, wo es langgeht.
Ich muss mich bewegen.
Ich habe kehrtgemacht.
Ich werde in mich gehen.
Bevor alles über den Jordan geht ...
Ich gehe auf dich zu.
Da kann ich mitgehen.
Ich habe gute Fortschritte gemacht.

Können Sie mir folgen?
Am besten: ab durch die Mitte!

Was bewege ich geistig? Es sind die Einstellungen und Vorstellungen, die Ziele und Meinungen, die Argumente und Ideen, der gesamte Bogen unserer Gedankenwelt bewegt sich. Ständig. Manchmal heftig und aufgewühlt. Oder auch ruhig und ausgeglichen. Die Gedanken reifen und wachsen. Wir können uns darin versteigen oder uns verlaufen, dabei stehen bleiben oder in einer Sackgasse landen. Genug der Gedankengänge. Es steht fest: Ich gehe mit Kopf und Fuß. Bewegung tut beiden gut. Dieses Buch wirbt für das Bewegen aus doppelter Sicht.

Den Weg in Schritte aufteilen

Jede große und kleine Aufgabe hat Teilschritte. Jeder Weg, jeder Prozess hat wiederkehrende Kernelemente. Es gibt immer eine Ausgangsposition, sicher auch ein Ziel. Dazwischen liegen Stützen und Hilfen, aber auch Herausforderungen und Hindernisse. Damit es ein erfolgreicher Weg werden kann, lohnt es sich, diese Einzelelemente mit der Lupe zu betrachten. Für die nähere Betrachtung habe ich neun Stationen ausgewählt (siehe Abb. 25). Bei jedem „Projekt" werden alle Stationen berührt. Mal mehr, mal weniger, meistens unbewusst.

Das bewusste Betrachten der einzelnen Stationen soll eine Hilfe sein. Die Kernfragen aus Abb. 25 helfen dabei. Wenn auch die natürliche Reihenfolge nahe liegt, darf sie nicht sklavisch linear verstanden werden. Der Fantasie sind keine Grenzen gesetzt. Gerade die Einfachheit bietet viel Spielraum für eigene Ergänzungen. Die neun Stationen beschreiben Wesentliches. Weitere Stationen wie Verlaufen, Fallen, Stolpern, Weggabelungen, Weg suchen, in eine Sackgasse geraten ... sind problemlos hinzuzufügen und bestätigen nur den Charakter eines lebensnahen Gerüstes für ein gutes Wandern. Selbstredend, dass auch die einzelnen Stationen je nach persönlicher Situation ein höchst unterschiedliches Gewicht bekommen können.

Der dargestellte Erfolgsweg mit seinen klaren Stationen bietet ein Grundgerüst für den je individuellen Weg. Die gewünschte Tiefe wächst schnell mit der Übersetzung auf eigene Aufgabenfelder. Die Beispiele in Abb. 26 auf Seite 129, mögen die Fantasie so weit anregen, dass die Übersetzung

Abb. **25**

Der Weg vom Sitzen zum Ankommen

Ich sitze **Ich stehe auf** **Ich gehe**

- Wie sitze ich?
- Kenne ich meine Situation?
- Bin ich mir meiner Stärken und Schwächen bewusst?
- Will ich sitzen bleiben?
- Was will ich ändern?

- Wer ist für mein Aufstehen verantwortlich?
- Was kann mich hochziehen, aufrichten?
- Was trage ich als Ballast mit mir herum?
- Kann ich loslassen?
- Kann ich Veränderungen als Chancen werten?
- Was sagt mir mein innerer Schweinehund?

- Was hält mich in Gang?
- Gehe ich sicher und gewandt?
- Verfalle ich in Routine und Trott?
- Was bedeutet für mich „aufrechter Gang"?
- Habe ich unterwegs meine Ziele vor Augen?

Abb. **25**

| **Ich springe** | **Ich raste** | **Ich suche Schutz** |

• Was ist bei mir der springende Punkt?	• Welche Pausen habe ich für mich?	• Wann bin ich auf Schutz angewiesen?
• Welche Hürden / Hindernisse stehen auf meinem Weg?	• Woher hole ich mir neue Kraft?	• Wo kann ich mich unterstellen?
• Wie gehe ich mit meinen Hürden um?	• Was stärkt mich?	• Bei wem finde ich Halt und Schutz?
• Kenne ich konstruktive Lösungswege?	• Weiß ich zu unterscheiden zwischen Gammeln und Muße?	• Wie gehe ich mit Risiken um?

Abb. 25

Ich gehe gemeinsam

Ich halte durch

Ich komme an

- Mit wem bin ich unterwegs?
- Wer begleitet mich? Wen begleite ich?
- Wie geht es dabei mir und den anderen?
- Wie gehe ich mit Störungen um? Bin ich selbst störend?
- Wie gelingt erfolgreiche Kommunikation?

- Welche Bedeutung hat für mich Ausdauer?
- Was mache ich bei Gegenwind?
- Habe ich Geduld?
- Was stärkt mich durchzuhalten?
- Bin ich konsequent?
- Kann ich Belastungen aushalten?

- Weiß ich, wo ich ankommen will?
- Wie konkret und realistisch sind meine Ziele?
- Habe ich persönliche Visionen?
- Glaube ich an meine Ziele?
- Wie gehe ich mit meinen Erfolgen um?

Abb. **26**

KLEINE und **GROSSE** Projekte meistern

Etwas von A nach B transportieren

Eine Aufgabe erledigen

Eine Teilstrecke anpacken

Ein Projekt angehen

Einen Auftrag ausführen

Ein Anliegen umsetzen

Ein bestimmtes Ziel verfolgen

Den Führerschein machen

Lesen und Schreiben lernen

Eine Fremdsprache sprechen

Fit sein für einen 5.000-Meter-Lauf

Ein Musikinstrument erlernen

Berufsausbildung, Studium meistern

Krankheiten bewältigen

Eine Krise überwinden

Ehe gestalten

Kinder erziehen

Mein Beruf, meine Berufung

Das Leben

auf jeden anderen eigenen Weg mühelos gelingen kann. Auch die beiden Parallelbeispiele für Joggen und Abnehmen auf den Seiten 131 bis 139 sollen die Alltagstauglichkeit untermauern.

Bei jeder Station der gleiche Aufbau

Ich folge bei allen Stationen dem gleichen Ablauf. Als Einstieg erzähle ich eine kleine Geschichte. Immer festgemacht an einem Ereignis rund um meine Bewegungen. Sie will auf passende Gedanken hinführen, die sich um das jeweilige Thema ranken. Nahezu automatisch vermischen sich Aspekte von Körper und Geist. In diesem doppelten Sinne gebe ich Anstöße, stelle Fragen und rege Sie an, mit Ihren Gedanken spazieren zu gehen. Halten Sie an, wenn Sie etwas hellhörig macht. Wie ist das bei meinem Projekt? Was denke ich jetzt? Was fühle ich? Da bin ich betroffen. Das wäre ein gutes Zeichen. Dann lohnt es sich für Sie vielleicht näher hinzuschauen. Dabei können Sie Entdeckungen machen. Eine zweite oder dritte Geschichte folgt dem gleichen Muster. Für die drei Schlüssel aus dem Rucksack habe ich Beispiele für einen positiven inneren Monolog angefügt. Da können die Gedanken wandern. Am Schluss jeder Station zitiere ich aus der Bibel. Meine Meinung gebe ich auch dazu.

Was bedeutet die Figur in den Grafiken?

Ständiger Begleiter ist eine kleine Figur. Sie ist das Synonym für „Ich und Du", für jeden. Sie ist sehr beweglich. Persönliche Gedanken machen sie lebendig, individuelle Ideen „begeistern" sie. Sie ist „kopflastig", weil ja alles im Kopf beginnt. Sie möchte locker und leicht daherkommen und eine gehörige Portion Sympathie ausstrahlen. Und sie hat eine klare Botschaft: „In mir ist mehr."

Nach der letzten Station „Ankommen" folgt ein Blick auf den gesamten Weg. Später nenne ich einige Gedanken für eine persönliche Umsetzung. Viel Freude beim Entdecken. Es geht los.

Ich sitze

Abb. **27**

Joggen

Eigentlich müsste ich auch mehr Sport machen.
„Ihnen fehlt die Bewegung", hat mein Arzt gesagt.
Und dann diese hohen Einzelwerte: Cholesterin,
Blutdruck ... Trotzdem: Wann soll ich das machen? Ich
habe doch schon genug Termine! Obwohl: In Warte-
zimmern sitzen kostet auch viel Zeit, vom Kranken-
haus ganz zu schweigen. Also gut, ich pack´ das an.
Mein Ziel ist gesetzt: In einem halben Jahr bin ich fit
für einen 5.000-Meter-Lauf.

Abnehmen

Ich fühle mich nicht wohl. Die Hose passt nicht mehr.
Der Arzt sagt: „Es wäre für Sie wichtig, einige Pfunde
abzugeben." Man liest ja immer öfter: Übergewicht
schadet der Gesundheit. Okay, ich habe verstanden,
die Einsicht hat gesiegt. Ab jetzt lasse ich die reinen
Absichtserklärungen beiseite. Heute sage ich ohne
Wenn und Aber: Bis zum Jahresende werde ich ... Kilo
weghaben. Eine andere Ernährung und mehr Bewegung werden mich dahin bringen.

Abb. **27**

Ich stehe auf

Joggen

Wie fange ich das bloß an? Einen Trainingsanzug
habe ich ja noch. Was brauche ich sonst noch? Der
Anfang wird das Schwerste sein. Heute Abend, oder
besser morgen, laufe ich zum ersten Mal. Und wenn
es dann regnet? Bei dem Wetter, vielleicht war die
Idee ja doch nicht so gut. Oder soll ich noch erst das
Projekt X abschließen und dann mit dem Jogging
beginnen? Nein, ich muss jetzt am Ball bleiben.

Abnehmen

An das neue Essprogramm muss ich mich erst noch
gewöhnen. Die Verlockungen lauern an jeder Ecke.
Bei den Kindern gibt es auch manche komische
Bemerkung. Trotz allem, ich sage mir: Bleibe stark!
Verdammt schwer. War das wirklich eine gute Idee?
Die Waage zeigt keine Veränderung. Ich habe nur
Aufwand, noch keinen Erfolg. Ich fühle noch keine
Belohnung. Manchmal bin ich hin- und hergerissen.

Ich gehe

Abb. **27**

Joggen

Jetzt habe ich den Durchbruch. Der Muskelkater hat mir anfangs zu schaffen gemacht. Und wie schnell war ich aus der Puste. Ich war kurz davor, alles hinzuwerfen. Aber ich habe weitergemacht. Ich bin noch nicht fit, aber ich fühle mich besser. Vor allem freue ich mich, dass ich nicht auf meine „innere Bremse" gehört habe. Die meldet sich bei mir regelmäßig: „Deine Freunde tun doch auch nichts." Nein, die hält mich nicht mehr auf. Ich bin jetzt über den Berg.

Abnehmen

Allmählich hat die Familie die neuen Essgewohnheiten akzeptiert. Langsam aber sicher kommt mein Vorhaben in die normale Spur. Meine innere Essuhr hat sich schon gut umgestellt. Ganz selbstverständlich ist die neue Art des Essens noch nicht, aber bewusst im Kopf. Die Kinder sagen nicht immer, aber immer öfter: „Das schmeckt besser als ich dachte."

Abb. 27

Ich springe

Joggen

Jetzt werden die Tage schon merklich kürzer. Und diese Herbststürme. Auf meine Tennisstunde muss ich heute auch verzichten. Was habe ich mir da nur angetan? Ich setze erstmal aus – oder? Nein, ich bleibe dran. Klar, das Laufen in Regenkleidung ist etwas umständlicher. Und die Dunkelheit im Winter? Oh, da fällt mir ein, auf dem Sportplatz um die Ecke wird abends bei Flutlicht trainiert. Das ist die Idee! Okay, bald wird auch wieder der Frühling kommen. Schon im März wird die Uhr wieder umgestellt.

Abnehmen

Der 70. Geburtstag von ... Soll ich als Einziger auf die schönen Torten und den Braten verzichten? „Nur dieses eine Mal aussetzen?!" Ich habe niemals geglaubt, wie gefährlich dieser Satz für mich ist. Die Versuchung ist riesig. Wirklich ganz hart bleiben? Ich finde am Geburtstag einen Zwischenweg. Beim Fernsehen oder wenn wir in der Runde zusammensitzen, dann sind die Verlockungen am größten. Aber mein Ziel und meine Vorsätze sind stärker. Ich lasse mich jetzt nicht mehr von meinem Weg abbringen. Auch der kleine Fehltritt ändert daran nichts.

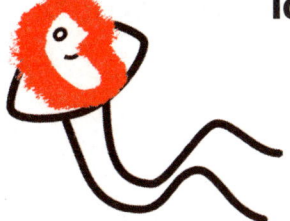

Ich raste

Abb. 27

Joggen

Meine Fitness wächst, aber sie ist noch nicht gut. Heute bin ich nicht so gut drauf. Ich gönne mir eine Pause. Ich mir. Nach der letzten Erkältung will ich es langsamer gehen lassen. Ich höre auf meine innere Uhr. Ich bin aus der Puste gekommen. Auf diesem Abschnitt war ich heute zu schnell. Einmal kräftig durchatmen. Nachher geht es besser weiter. Ich brauche Pausen.

Abnehmen

Jetzt bin ich seit Monaten auf meinem neuen Weg. Meine Waage sagt „Ja, aber ...!" Die Werte sind so gut, dass sie mir Mut machen. Sicher, da ist noch ein gutes Stück bis zu meinem Zielwert, aber wenn ich vergleiche, wie ich gestartet bin .... Da kann ich mir, noch ein wenig vorsichtig, schon jetzt auf die Schulter klopfen. Die Zuversicht wächst. Ich denke, ich schaff das. Es geht!

Ich suche Schutz

Abb. **27**

Joggen

Heute laufe ich bei herrlichem Sonnenschein. Eine wunderbare Luft. Der Wetterbericht sprach von einzelnen Schauern. Ich kann nichts davon sehen. Dann plötzlich doch: Wolken, mehr und mehr. Es beginnt zu regnen. Nein, es schüttet. Gewitter? Was mache ich? Das konnte ich nicht erwarten. Dort ist ein Unterstand. Ein Schuppen. Gott sei Dank. Gut, dass ich mich unterstellen kann.

Abnehmen

Dieser unerwartete „Beinbruch" hat mich ein Stück aus der Bahn geworfen. In dieser schwierigen Situation kann ich meine besonderen Gewichts-Vorsätze überhaupt nicht gebrauchen. Der „Beinbruch" macht mir schon genug Probleme und dann auch noch auf das Gewicht achten? Zwei Pakete gleichzeitig? Was ist jetzt wichtiger? Die guten Vorsätze beiseiteschieben? Wie kann ich mich vor mir selbst schützen? Ich habe die Gefahr erkannt, ich gehe zu .... Mit ihm spreche ich über Lösungen. Er hilft mir eine Brücke zu bauen. Ich hole mir zusätzliche Kraft.

Abb. **27**

Ich gehe gemeinsam

Joggen

Ich habe meinen Freund Kurt angesprochen. Der brauchte eigentlich nur den letzten Kick. Jetzt laufen wir immer zusammen. Wir unterhalten uns. Die Wehwehchen spüre ich schon gar nicht mehr. Der Muskelkater ist längst passé. Zu zweit macht es einfach mehr Spaß. Er spricht sogar schon von Halbmarathon. Der spinnt.

Abnehmen

Meine Freundin macht mit. Wir reden sehr viel darüber. Auch über die Durchsteh-Nöte, auch über die Möglichkeiten, an den schwachen Stellen nicht einzubrechen. Da sind wir gemeinsam tapfer. Das tröstet mich ungemein. Mit unseren Zwischenberichten von der Waage spornen wir uns gegenseitig regelrecht an.
Wir trainieren sehr viel zusammen. Wir ziehen das gemeinsam durch. Ob ich das allein schaffen würde?

Abb. **27**

Ich halte durch

Joggen

Nun laufe ich schon seit einigen Wochen. Laufen macht mir
Spaß. Meistens. Manchmal muss ich mich richtig quälen.
Manchmal zwickt und zwackt es hier und da. Ich teste für
mich meine Grenzen. Es geht mir gut, aber den richtigen
Durchbruch bei meinen Blutwerten habe ich noch nicht. War
das wirklich alles richtig? Mein Arzt und alle Experten sagen:
weitermachen, mit Geduld, Laufen zur guten Gewohnheit machen. Ich sporne mich an: Jetzt nicht vorzeitig alles hinwerfen.
Mein Ziel ist gut. Ich bin auf dem richtigen Weg. So komme
ich weiter. Ich halte durch. Ausdauer, Regelmäßigkeit, Treue
sind Teile des Geheimnisses von Erfolg.

Abnehmen

Am Anfang purzelten schnell ein paar Pfunde. Zurzeit geht
es aber nur grammweise voran. Soll ich überhaupt weitermachen? Was tust du dir an? Die anderen kümmern sich
auch nicht um ihr Gewicht. Nein, ich lasse mich nicht beirren.
Ich habe mein Ziel vor Augen. Geduld war von Anfang an
gefragt. Ich bleibe stark. Jetzt nicht aufgeben. Ich bin über
den Berg. Aufhalten lasse ich mich nicht mehr – so kurz vor
dem Ziel.

Ich komme an

Abb. **27**

Joggen

Ich kann mir gar nicht mehr vorstellen, weshalb ich mich anfangs so schwergetan habe. Heute möchte ich das Laufen nicht mehr missen. Anstrengung, Schweiß, ja ..., aber die Freude, das Wohlbefinden sind deutlich überwiegend. Ich kann schon gar nicht mehr ohne. Und was mein Arzt über meine neuen Werte sagte, kann sich sehen lassen. Und ein bisschen stolz auf mich bin ich auch. Wie war das doch mit dem Halbmarathon? Warum eigentlich nicht?

Abnehmen

Wunderbar. Ich habe meine Marke geknackt. Ich bin am Ziel. Zur Belohnung hole ich mir ... nein, jetzt werde ich nicht alles wieder umwerfen. Ich habe mich hauptsächlich selbst besiegt. Das stärkt mich ungemein. Diesen persönlichen Sieg werde ich mir nicht selbst wieder kaputt machen. Nein, ich werde ihn innerlich feiern. Ganz für mich. Meine Anstrengungen, mein Durchhalten, meine Versuchungen, das war nicht von Pappe. Und jetzt? Jetzt jubele ich. Ich fühle mich dicke, pardon dünne belohnt. Meine Hose passt mir wieder. Meine Freundin sagt auch: „Sie steht dir jetzt viel besser." Recht hat sie.

Ich mache mich auf den Weg

Das ist wichtig

Das Leben ist ein Weg. Wer in seinem Rucksack das Wichtigste für unterwegs dabei hat, wird leichter ankommen.

Bewusst durchs Leben gehen, die Einzelschritte bedenken, den ganzen Weg vor Augen haben. Daraus wird eine erfolgreiche Wanderung.

Ich meine

Gute Angebote für „Wanderkunde", sprich „Lebenskunde" können noch zahlreicher bereitgestellt werden.

Die Bibel sagt

Für mich ist die Bibel, vor allem das Neue Testament, konkrete, nachvollziehbare „Lebenskunde". „Ich bin der Weg, denn ich bin die Wahrheit und das Leben." (Joh 14,6)

So geht es weiter

Jede Wanderung hat wiederkehrende Stationen. Neun markante Stationen betrachte ich näher. Halten Sie dort an, wo Sie spüren, dass es sich für Sie lohnt. Überspringen und zurückgehen ist gut möglich. Jede Station ist für sich abgeschlossen. Loslassen! Einlassen! Wirken lassen!

Ich sitze

aussitzen

bedenken

Mut schöpfen

in sich gehen

Pläne schmieden

Geschichte 1

Eigentlich müsste ich mehr Sport machen ...

Ungefähr vier Jahre bin ich als Bahnpendler von Dülmen nach Münster gefahren. Jeden Tag zweimal die Fußwege Wohnung-Bahnhof-Sparkasse. Immerhin. Und jetzt? Die neue Wohnung in Münster-Roxel und der Platz in der Tiefgarage der Sparkasse. Anders gesagt: Ich fahre von einer Garage in die andere. Alle reden von Bewegen. „Eigentlich müsste ich mal mehr Sport machen ...“
Familie, Beruf, Freunde, Termine ... was bleibt dabei für die Bewegung übrig? Außerdem: „Du bist nicht trainiert. Denk an die Quälerei bei der Bundeswehr. Mit Ach und Krach beim morgendlichen Frühsport.“ Mit Freude an der Bewegung hatte das nichts zu tun. Dennoch: Damals bei der Bundeswehr war nach den ersten Wochen die Fitness gewachsen, jeden Tag ein bisschen mehr. Am Ende der Grundausbildung hatte ich die 5.000-Meter-Marke geknackt. Aber das liegt jetzt mehr als zehn Jahre zurück. Der innere Schweinehund bellt ganz laut. Auch die Zwischenversuche vor drei Jahren waren bald wieder eingeschlafen. Es ist so mühsam, in die Gänge zu kommen!
In der inneren Unaufgeräumtheit werden nach und nach andere Gedanken lauter. Was willst du? Noch zwanzig oder dreißig Jahre hinter deinem Schweinehund herlaufen? Langsam aber sicher vermischen sich Bequemlichkeit und Erkenntnis: Du musst was tun! Zweifel, neidischer Blick auf die Nachbarn. Ich erlebe, wie sie sich abends für einen lockeren 5.000-Meter-Lauf verabreden. Locker, leicht, mit Freude.
Irgendwann ist auch bei mir der innere Durchbruch da. „Jetzt pack' ich das an. Was andere können, kann ich auch.“ Ein Plan muss her. Ein Buch über Bewegungstraining kaufen. Der innere Startschuss ist gefallen. Das Taschenbuch steht heute noch im Schrank. Es ist von 1976. 3,80 DM hat es mich gekostet. (Kenneth H. Cooper, Bewegungstraining, Fischer Taschenbuch Verlag, 1976)

Wie geht es mir eigentlich?

Die erste Station „Sitzen" meint die Anfangssituation eines Weges. Ich mache mir Gedanken über das „Wo bin ich jetzt, wo befinde ich mich heute? Was sind meine Stärken und Schwächen? Wie sitze ich? Bin ich mit meinem Zustand zufrieden? Wie viel Sitzfleisch habe ich? Will ich meine Probleme aussitzen?" Meine Selbstverantwortung sagt mir: „Warte nicht ab, bis dir andere deine Ziele und Wege vorlegen, anbieten oder gar vorschreiben. Suche Gelegenheiten, den Tagestrott zu unterbrechen, um eine innerliche kleine oder große „Inspektion" zu machen." Alles in allem frage ich mich nicht nur oberflächlich: „Wie geht es mir eigentlich? Will ich aufstehen und mich bewegen?"

Was stößt mich an, über mich nachzudenken?

Es gibt viele Gründe, die mich ins Denken bringen können. Angenehme wie kritische. Da gibt es vielleicht erfreuliche Ereignisse und außergewöhnliche Erlebnisse, erreichte Lebensetappen oder nur eine schlichte Dankbarkeit.
Denkbar sind aber auch: Sorgen und Nöte, Leiden, Einsamkeit, Unausgeglichenheit oder Unzufriedenheit. Vielleicht meldet sich auch der Körper mit Signalen, die aufhorchen lassen.

Will ich sitzen bleiben oder aufstehen?

Ausdrucksweise und Farbschattierung der Symbolfigur deuten auf eine leidende Form hin. Ganz deutlich ist das bei wirklichem Leidensdruck. Jetzt muss tatsächlich etwas passieren. „Das ist Ihre letzte Chance, wenn Sie nicht ..." Höchste Eisenbahn! Da wird der Spielraum für eigene Entscheidungen immer geringer. So weit muss es nicht kommen. Denkbar sind natürlich auch Aufstehen und Bewegung durch Einsicht. Ich sehe ein, ich habe verstanden. Mein Verstand gibt mir Antworten. Oft vermischen sich Leidensdruck und Einsicht. Es rumort in mir. Genau weiß ich nicht, woher das kommt. Eigentlich will ich mehr. Die Einsicht wächst, die Erkenntnis reift.

Selbstverständlich kann das Ergebnis meiner persönlichen Bestandsaufnahme auch „voll zufrieden oder besser" ausfallen. Meine Selbstanalyse sagt: So wie es ist, ist es gut. Ich bin zufrieden. Ich kann dankbar sein, ich kann genießen. Meine Anstrengungen aus all den Jahren zeigen Früchte. Solange ich mich nicht in falscher Selbstzufriedenheit und Sattheit verlaufe, ist gerade eine solche grundsätzliche Zufriedenheit eine wertvolle Lebensqualität. Die schließt besondere einzelne „Baustellen" nicht aus: „An dieser Stelle hakt es immer wieder. Die Beziehung zu ... könnte besser sein. Das wurmt mich." Ein Grund zum Aufstehen?

Niemand zwingt mich aufzustehen. Mein Entscheidung in Sachen Bewegungssport hieß damals in Münster-Roxel: Ich sehe ein, dass ich zu wenig Bewegung habe. Ich will nicht sitzen bleiben. Ich mache mich auf den Weg. Auf meinen Weg, zu meinem Ziel.

Abb. **28**

Ein Auslöser für Bewegung: Einsicht

Schritt **1**

Wie geht es mir? Wie ist meine Situation? Ich mache eine ehrliche Bestandsaufnahme. Ich schaue nach innen. Wo gibt es Zeichen, die mir sagen: „Denke darüber nach, verschiebe es nicht!"?

Schritt **2**

Das Ergebnis meiner Selbstanalyse liefert mir die Erkenntnis: „Ich habe zu wenig Bewegung."

Schritt **3**

Auf dem Weg zu einer Entscheidung wäge ich ab. Soll ich was tun? Lohnt sich das? Was spricht dafür? Welchen Aufwand habe ich zu erwarten? Wie sind die Erfolgsaussichten? Welche Konsequenzen hat Sitzenbleiben und Aufstehen?

Schritt **4**

Ich entscheide mich für „Ja". Ich setze mir Ziele, ich werde mich mehr bewegen. Der Auslöser Einsicht bringt mich am Ende zu einem eindeutigen: „Ja, ich werde ..."

Geschichte 2

Meine erste Fußwallfahrt von Bocholt nach Kevelaer

Wir schreiben 1981. Lange war die Fußwallfahrt nach Kevelaer kein Thema für mich. „50 Kilometer, das ist zu viel. Das kannst du nicht. Das ist etwas für Sportliche. Bist du das? Na ja, immerhin, seit drei Jahren hast du die Fitness für einen 5.000-Meter-Lauf. Warum eigentlich nicht? Früher hast du als Kind in Bocholt an der Straße gestanden, wenn die Pilger aus Kevelaer müde und abgekämpft in Bocholt eintrafen. Bewunderung, Zuschauen, andere können das, für dich ist das eine Nummer zu groß, außerhalb jeder Reichweite." Dabei war es geblieben. Nach dem Fortgang aus Bocholt hatte ich Kevelaer aus den Augen verloren.

Was war der Auslöser, über das Thema nachzudenken? Eine spontane Idee, kein besonderer Aufhänger. Das reizt mich. Wer hat Lust mitzulaufen? Es sind zwei Brüder und weitere Bekannte, die „Ja" sagen. Wir machen uns auf den Weg. Es ist keine religiöse Idee, kein Opfermotiv, vielmehr die Spannung, die Erwartung, der Ehrgeiz: Können wir das schaffen? Bleibt es bei einem frommen Wunsch? Werden wir die 50 Kilometer raffen? Ein offenes Bild. Jeder aus seiner Sicht. Jeder mit seinen eigenen Motiven. Bei mir ist es die Mischung von „heimatlichem Duft von Bocholt, sportlichem Ehrgeiz, religiöser Tradition, Erleben, Abenteuer, Neugier". Warum eigentlich nicht? Es ist etwas daraus geworden. Ich habe mich auf den Weg gemacht. Beim ersten 10.000-Meter-Lauf in Dortmund war es ähnlich. Genauso wie beim ersten Silvesterlauf von Werl nach Soest über 15 Kilometer. Auch beim ersten Halbmarathon hatte ich dieselben Gedankengänge. Mach dich auf den Weg – es lohnt sich.

Der Anreiz hat mich bewegt

Ich mache mich auf den Weg mit undeutlichen Erwartungen, mit Anspannung, mit Bauchkribbeln, mit Flauheit in der Magengegend. Wie wird das gehen? Wie wird das Gehen? Was werden die Füße sagen? Trotzdem: Der Reiz ist größer.

Welche Kräfte wirken da? Was zieht mich an? Nichts und niemand zwingt mich. Auch wenn das Unternehmen und das Ergebnis verschwommen, undeutlich bleiben – irgendetwas zieht mich an. Anreiz bedeutet Sog. Auf welche Belohnung hoffe ich? Was habe ich davon? Wirtschaftlicher Nutzen kann es nicht sein. Nach Kevelaer ohne Gewinnerwartung? Umsonst? Niemand läuft nach Kevelaer, ohne irgendeinen Nutzen für sich zu erwarten. Undefinierte Erwartungen sind auch Erwartungen: Irgendwie wird es sich hoffentlich lohnen. Mal sehen. Ich bin gespannt. Es ist einen Versuch wert. Mindestens eine neue Erfahrung sammeln.

Diese Erwartung hat sich erfüllt. Es hat sich gelohnt. Für mich steht fest: Das war nicht die letzte Wallfahrt. Sie war es tatsächlich nicht. Dreißig weitere sind dazugekommen. Aus dem Anreiz ist über die Belohnung eine gute, schöne, neue Gewohnheit geworden. Der Reiz ist zum Dauerreiz geworden. Diese drei Tage „Insel Kevelaer" gönne ich mir. Sie reizen mich immer wieder.

Abb. **29**

Ein Auslöser für Bewegung: Anreiz

Schritt **1**

Von irgendwo kommt ein Anstoß. Woher? Egal, das Thema interessiert mich. Das ist was für mich. Da werde ich hellhörig. Ich höre einen Ruf. Ich spüre ein Kribbeln in der Nase. Ich rieche den Duft von ...

Schritt **2**

Was habe ich davon? Was nützt es mir? Weshalb reizt es mich eigentlich?
Passt das zu meinen Zielen? Ist das etwas für mein „Töpfchen"?
Sind die Vorteile oberflächlich oder tiefer? Kommt der Sog von innen oder von außen? Aus welchem Stoff ist die erwartete Belohnung?

Schritt **3**

Kann ich das verantworten? Kann ich mir das leisten? Welcher Aufwand kommt auf mich zu? Welchen Ertrag kann ich erwarten? Ich wäge ab. Lohnt es sich, dafür diesen Preis zu zahlen?

Schritt **4**

Ich treffe die Entscheidung: „Dafür stehe ich auf."
Das ist mein Ding.
Ich bin begeistert. Das lässt mich nicht mehr los.
Es kann losgehen.

Ich nutze die Schlüssel aus meinem Rucksack

Schon bei der ersten Station des Sitzens wird klar: Es geht um mich. Was fühle ich da? Was soll ich jetzt tun? Was sage ich jetzt? Und allem voran: Was geht mir dabei durch den Kopf? Wie denke ich darüber? Was sage ich in meinen Gesprächen zu mir selbst? Diese inneren Monologe legen das Grundmuster für das anschließende Handeln bereit. Deswegen sind sie so wichtig. So wie ich denke, so bin ich.

Hier und in allen folgenden Stationen bis zum Ankommen werde ich denkbare innere Monologe einblenden. Besonders betone ich dabei die drei Schlüssel aus dem Rucksack. Er ist immer dabei. Da will ich als Wanderer auf meinem Weg immer wieder hineingreifen. Allesamt werden diese Dialoge aufbauend, positiv formuliert sein. Das ist wichtig, damit das Denken und dadurch das Handeln in zuversichtliche Grundbahnen gelenkt werden. Wer sich mit negativem Gedankengut füttert, bekommt entsprechende Rückmeldungen aus der inneren Kommandozentrale. An wenigen Beispielen möchte ich das für die Station „Sitzen" demonstrieren:

> **Ich habe schon alles Mögliche versucht.**
> „Was soll ich denn sonst noch versuchen? Alle meine Diäten haben mich nicht weitergebracht. Jetzt bin ich wieder bei meinem alten Gewicht. Zufrieden bin ich damit nicht. Ich kann das nicht. Ich werde immer wieder schwach."

> **Das ist doch alles nur Theorie, zu idealtypisch, zu abgehoben.**
> „Die haben alle gut reden. So richtig verstehen können sie mich alle nicht. So ein theoretischer Kram, mein Alltag sieht doch ganz anders aus. Ich brauche Handfestes, etwas zum Anpacken."

> **Ich möchte ja wohl, aber ...**
> „Das machen heute doch alle so. So ist das heute üblich. Ich allein kann sowieso nichts ausrichten. Ach nee, lieber nicht ... wird schon gut gehen."

> **Eigentlich ist das richtig, aber ...**
> „... mein innerer Schweinehund, und überhaupt .... Vielleicht demnächst ..., mal sehen, irgendwann fange ich auch damit an ..."

Solche Gedanken und Formulierungen sind für den Papierkorb. Sie können nichts Gutes in Bewegung setzen. Nur wer sich wirklich ernsthaft auf seinen Weg machen will, wird überhaupt starten. Reine Absichtserklärungen sind „Verkleisterungen" für das schlechte Gewissen. Das gute Gefühl entsteht nicht durch Verdrängen und Verschieben, sondern durch Tun, also Aufstehen. Es gibt nur eine Antwort, die bewegt: „Ja!"

Besser ist es, negative Gedanken erst gar nicht zuzulassen. Vor allem sich nicht da hineinsteigern. Vielleicht sogar darin baden. Also: Heraus aus dem Schlamm. Abwaschen. Gedankenstopp. Neue Bilder einsetzen. Dafür folgen hier die positiven Beispiele.

Ich nehme meinen Schlüssel zur „selbstbewussten Mitte" und sage mir ...

> *Ich sehe mich in der Mitte. Es stärkt mein Selbstbewusstsein, wenn ich mir über mein Sitzen Gedanken mache. Ich mache das ganz entspannt.*

> *Ich werde fair bedenken, was mein Aufstehen für meine Umgebung bedeutet. Wie wirkt sich meine Entscheidung auf andere aus? Wer ist mit betroffen? Wie viel Rücksicht muss ich nehmen? Darf ich aufstehen, wenn andere sitzen bleiben? Darf ich jemanden sitzen lassen?*

> *Andersherum: Wen kann ich durch mein Aufstehen mit hochziehen? Können wir gemeinsam über unser Sitzen nachdenken? Und dann gemeinsam eine Entscheidung treffen?*

> *Ich lasse mich von dem Gejammer der anderen nicht nach unten ziehen.*

> *Ich lasse mich von dem Donnergrollen von da oben nicht aufhalten.*

> *Ich entscheide für mein Sitzen oder Aufstehen.*

> *Ich sehe mich in der Mitte. Ich glaube an mich. Ich traue mir das zu.*

Ich nehme meinen Schlüssel zur „Selbstverantwortung" und sage mir ...

> Ich habe selbst das Sagen bei mir. Mit Lamentieren ist jetzt Schluss bei mir. Das „eigentlich" lasse ich für mich nicht mehr zu. Ich bin für mich zuständig.

> Ich nehme mein Leben in die Hand. Ich weiß, was ich will. Ich mache mich auf meinen Weg. Ich bin zu meinen eigenen Zielen unterwegs.

> Ich entscheide für mich, ob ich sitzen bleibe. Ich weiß, dass mein Ziel nicht von Pappe ist. Über die Konsequenzen meiner Entscheidung bin ich mir im Klaren. Den Preis zahle ich. Das ist er mir wert.

> Ich setze mich durch, ich habe das Ziel, das ist mein Wille.

> Ich habe verstanden, ich bin aktiv, und jetzt kann ich mir auf die eigenen Schultern klopfen. Dabei muss niemand zuschauen. Ich freue mich für mich. Es tut mir gut. Es liefert mir gute Erfahrungen für andere Aufgaben, für andere Entscheidungen, die bei mir noch in der Schwebe sind.

> Meinen inneren Schweinehund lege ich an die Kette. Ich weiß schon wie. Ich sichere mich so ab, dass ich nicht in den alten Trott zurückfalle.

Ich nehme meinen Schlüssel zum "konstruktiven Denken" und sage mir ...

> *Ich betrachte mein „Jetzt" mit einem nüchternen, klaren Blick.*

> *Ich sehe meine Stärken und die Schwächen.*

> *Ich spüre eine innere Unruhe, bei mir ist mehr drin. Ich möchte kreativ und eigenständig sein. Diese zuversichtliche, mutige Seite in mir werde ich mehr zulassen. Auch wenn ich noch nicht alles überblicken kann, ich pack´ das jetzt an.*

> *Ich mache mich mit Zuversicht ans Werk.*

> *Ich habe positive Erwartungen ohne utopische Blindheit. Ich weiß, dass ich den Erfolg nicht geschenkt bekomme. Ich bleibe realistisch. Ich erwarte Hindernisse, umhauen werden sie mich nicht.*

> *Ich habe keine Garantie, dass ich bei meinen Zielen ankomme. Auf jeden Fall gehe ich in die richtige Richtung.*

> *Ich gehe mit guten Gedanken auf mein Ziel zu.*

> *Ich halte meine Risiken in Grenzen. Bei neuen Schritten sichere ich mich ab: Einen Fuß lasse ich auf festem Boden.*

> *Ich werde mir klare und ernsthafte Ziele und Wege erarbeiten, die mich nicht überfordern. Ich weiß, dass ich Geduld brauche, bis sich erste Erfolge zeigen.*

Jetzt geht es los.
Ich werde aufstehen.

Was sagt das Neue Testament?

Der versteckte Schatz und die Perle
(Mt 13,44)

„Die neue Welt Gottes ist mit einem Schatz zu vergleichen, der in einem Acker vergraben war: Ein Mensch fand ihn und deckte ihn schnell wieder zu. In seiner Freude verkaufte er alles, was er hatte, und kaufte dafür den Acker mit dem Schatz."

Ich lese daraus ...

> „Bleibt nicht sitzen! Sucht euer Glück, eure Schätze, eure Perlen. Das sind wertvolle Dinge für euer Leben. Es ist allerdings nicht wie im Schlaraffenland. Nichts fällt gebraten vom Himmel. Mancher persönliche Schatz ist vergraben oder nur beim zweiten Hinsehen erkennbar. Ohne euren Einsatz geht es nicht. Nehmt den Spaten und grabt. Ihr werdet auf euren Schatz stoßen. Ganz sicher. Und dann habt ihr Grund zur Freude."

Das verlorene Geldstück
(Lk 15,8-9)

„Oder stellt euch vor, eine Frau hat zehn Silberstücke und verliert eins davon. Zündet sie da nicht eine Lampe an, fegt das ganze Haus und sucht in allen Ecken, bis sie das Geldstück gefunden hat? Und wenn sie es gefunden hat, ruft sie ihre Freundinnen und Nachbarinnen zusammen und sagt zu ihnen: ‚Freut euch mit mir, ich habe mein verlorenes Silberstück wiedergefunden!'"

Ich lese daraus die gleichen Grundgedanken

> „Gebt euch nicht mit halben Sachen zufrieden. Sucht nach Verbesserungen. Fegt das ganze Haus und sucht in allen Ecken! Ihr werdet euch wundern, was ihr dann für tolle Entdeckungen bei euch macht. Das wird euch ein gutes Gefühl bringen. Davon könnt ihr allen erzählen." Das bekannte Gleichnis von den sprichwörtlichen Talenten (Mk 25,14-30) verstärkt genau diese Gedanken.

> Das alles ist konstruktives Denken und Handeln in reinster Form: Nicht sitzen bleiben. Die eigenen Möglichkeiten ausleuchten. Etwas aus sich machen. Mit Zuversicht auf den Weg der persönlichen Entwicklung gehen. Die Anstrengungen nicht kleinreden. Aber die Belohnung kommt. Verbunden mit großer Freude und Genugtuung.

Abb. 30

Bibelzitate

„Ändert euer Leben und glaubt dieser guten Nachricht!" *(Mk 1,15)*

Jes 35,4

„Ruft den verzagten Herzen zu: ‚Fasst wieder Mut! Habt keine Angst.'"

Mt 21,21

„Jesus antwortete ihnen: ‚Ich versichere euch: Wenn ihr Vertrauen zu Gott habt und nicht zweifelt, könnt ihr nicht nur tun, was ich mit diesem Feigenbaum getan habe. Ihr könnt dann sogar zu diesem Berg sagen: Auf, stürze dich ins Meer!, und es wird geschehen.'"

Phil 3,13

„Ich bilde mir nicht ein, Brüder und Schwestern, dass ich es schon geschafft habe. Aber die Entscheidung ist gefallen! Ich lasse alles hinter mir und sehe nur noch, was vor mir liegt."

Spr 6,6

„Sieh dir die Ameise an, du Faulpelz! Nimm dir ein Beispiel an ihr, damit du weise wirst!"

Ich sitze

Das ist wichtig	Das eigene „Sitzen" zu bedenken, bedeutet Bestandsaufnahme. Wer sich ehrlich seine Stärken und Schwächen anschaut, hat beste Startbedingungen für gute Ziele und deren Erreichen.
Ich meine	Viele Menschen „sitzen" ungewollt. Sie unterschätzen ihre Kräfte, „aufstehen" zu können. Die nächste Station hilft dabei.
Die Bibel sagt	Das Neue Testament empfiehlt, nicht sitzen zu bleiben: „Ändert euer Leben und glaubt dieser guten Nachricht!" (Mk 1,15)
So geht es weiter	„Sitzen" und „Ankommen" schließen einen Kreislauf. Er kann auch beim Ankommen, also bei den Zielen beginnen.

Ich stehe auf

verändern

in die Hufe kommen

anstoßen

loslassen

Geschichte 1

Joggen will gelernt sein

Der Aufbauplan für das neue Ziel Jogging ist einfach. Nahe der Wohnung in Münster-Roxel ist der Rohrbusch. Ein kleines Wäldchen mit einer 1.000-Meter-Laufrunde auf weichem Waldboden. Für das Laufen ideal. Es beginnt mit dem Indianerlauf: gehen, laufen, gehen – und keuchen. Gute Kondition und Fitness klingt anders. Aber jetzt gibt es kein Zurück mehr. Jetzt haben Einsicht, Ehrgeiz und Konsequenz die Überhand gewonnen. Und tatsächlich, es bewegt sich etwas. Die Abstände zwischen Gehen und Laufen werden größer. Langsam, aber stetig. Ich erlebe das gute Gefühl, dass ich eine Runde ohne Pause und ohne Keuchen geschafft habe. Damit wächst die Zuversicht. Die Chancen auf Erfolg steigen. Das wird was. Jetzt nur nicht nachlassen. Bald ist auch die zweite Runde komplett. Spätestens bei der dauerhaft dritten Runde bin ich über den Berg. Der Weg zu Runde vier und fünf ist absehbar. Jetzt schließe ich mich den Nachbarn an. Kann ich bei ihren 5.000 Metern mithalten? Kein Problem. Wir laufen langsam. Und wir laufen regelmäßig. Die Freude beim Laufen ist längst da. Das Keuchen ist längst verschwunden. Das Gefühl ist gut. Sportliche Fitness tut Leib und Seele gut. Greifbar, direkt. Die Belohnung für Konsequenz und Einsicht ist spürbar.

Ich bin nicht sitzen geblieben. Ich war stärker als der Schweinehund. Aus den Anfängen sind inzwischen bald vier Jahrzehnte regelmäßiges Jogging geworden. Immer in Maßen, aber mit viel Freude, sehr oft mit anderen. Bewegung ist ein Segen für Körper und Geist. Dazu später mehr.

Wie komme ich in die Gänge?

Ich stehe auf, ich breche auf, ich breche etwas auf, ich mach mich auf meinen Weg. Es geht los. Aber wie komme ich in die Gänge? Da gibt es immer wieder Kräfte, die mich zurückhalten wollen. „Wird das auch wirklich gelingen? Wie viel Kraft wird mich das kosten?" Da meldet sich die innere Bremse und möchte mich auf meinem Sitz zurückhalten.
Weshalb ist das Aufstehen so schwer? Es gibt eine Reihe von Antworten. Zunächst eine einfache physikalische. Wer etwas von Null in Bewegung

bringen will, braucht einen hohen Anschubaufwand. Die Schwerkraft muss überwunden werden. Die Anfangsenergie ist die größte. Anschieben ist schwerer, als die Bewegung zu erhalten. Jeder kennt dazu „seine" Beispiele von dem Stein, der ins Rollen gebracht werden muss, von dem nötigen Anstoß von außen und auch von manchen Fehlversuchen. Dagegen gilt: Aufschwingen, etwas tun baut ungute Gefühle ab. Aufstehen ermöglicht Fort-Schritt. Aufstehen lohnt sich. Loslegen ist die halbe Miete.

Am Anfang des Weges lauern die Fallstricke. Ich habe mich angestrengt, aber ich sehe noch keine Veränderung. Im Gegenteil: Ich spüre Muskelkater und Verspannungen. Aber der Zeiger der Waage bewegt sich um keinen Millimeter. Die Versuchung, schon bald aufzugeben, ist groß. Daran geht kein Weg vorbei: Am Anfang gibt es viel Aufwand, wenig Erfolg. Erst nach und nach verschiebt sich dieses Verhältnis. Je mehr Nutzen ich spüre, desto mehr steigt meine Motivation für Durchhalten und Weitermachen. Bis ich mir sagen kann: „Jetzt bin ich über den Berg."

Die Gefahr von Rückfall ist normal. Immer gibt es Kräfte, die mich runterziehen wollen. Wenn ich sie kenne, kann ich sie beherrschen. Und was zieht mich hoch?
Zum Beispiel, die ersten kleinen Teilerfolge wahrnehmen. Sich freuen, dem inneren Schweinehund überhaupt die Stirn geboten zu haben. Nicht am Anfang schon perfekt sein wollen. Sich das Ziel vor Augen führen: Dafür lohnt es sich, dranzubleiben.

Bevor der Körper loslegen kann, müssen die Kräfte mobilisiert werden. Sich recken und strecken ist ein Teil von Aufstehen. So kann es losgehen: Sich schütteln und rütteln, wach werden, sich ins Kreuz legen, innerlich und äußerlich aufrichten, den Kreislauf aktivieren. Lampenfieber in Maßen ist dabei normal und sogar hilfreich. Der Körper zeigt Respekt vor dem, was kommt – und mobilisiert seine Kräfte. Nach den ersten Schritten ist das mulmige Gefühl verflogen.

Aufstehen ist die schwierigste Station im gesamten Bewegungsablauf auf dem Weg vom Sitzen zum Ankommen. Alles ist schwer, bevor es leicht wird. Zunächst muss ich mental aufstehen. Mein Körper wird mir folgen.

Geschichte 2

Aufstehen nach der Pause

Ich bin mit den Fußpilgern auf dem Weg nach Kevelaer. In Uedemerbruch ist die zweitletzte Pause. Anspruchsvolle 36 Kilometer liegen hinter uns. Herausfordernde vierzehn noch vor uns. Heute ist es heiß. Die Pause ist lange vorweg im Kopf ersehnt. Jetzt ist sie da. Erstmal ein Plätzchen zum Hinsetzen finden – runter von den Beinen. Die Socken ausziehen und nach den Blasen gucken. Getränke auffüllen. Der Körper ruft nach Auftanken. Die Stärkung, der Kaffee, tut gut.

Nach 25 Minuten geht es weiter – sollte es weitergehen. Das Aufstehen ist mühsam. Bei dem Versuch hochzukommen, spüre ich jeden einzelnen Muskel in den Beinen. Es scheint, dass in der kurzen Zeit alle Gelenke eingerostet sind. Der Motor hat zügig auf Pause umgeschaltet. Jetzt muss er erstmal wieder in die Gänge kommen. Erstmal wieder „Fuß fassen". Die ersten Schritte sind besser mit Entengang zu beschreiben. Wacklig und mühsam. Dabei liegen noch mindestens drei Stunden Marsch vor uns. Wie soll das gehen? Die Erfahrung sagt es, und heute ist es nicht anders: Nach wenigen hundert Metern läuft es wieder wie geschmiert.

„Einlaufen" beim Start ist normal. Das mühsame Wiederaufstehen nach einer Pause auch. Es wird erleichtert in dem Wissen, dass es schon nach wenigen Metern wieder fließen wird. Und außerdem: Kevelaer kommt näher. Unser Ziel bringt uns wieder auf die Beine. Die Gedanken an das Ankommen werden konkreter. Wir werden es schaffen.

Sich erheben kostet immer Kraft

So wie Aufbrechen ist auch Wiederaufbrechen mit zusätzlicher Anstrengung verbunden. Aufbrechen heißt Widerstand überwinden. Das gilt auch für Aufbrechen im übertragenen Sinne: Sich erheben kostet immer Kraft. Allerdings gibt es beim Wiederanfang ein motivierendes Plus. Ich kann die Erfahrungen, mein Wissen um den normalen Verlauf verwerten. Es wird schon wieder werden, damals beim ersten Mal war es nicht anders. Ich hole mir mentale Kraft durch gute Gedanken an frühere ähnliche Situationen. Das lässt mich die ersten schweren Schritte überwinden. Naheliegend, dass hier Stolperfallen lauern. Der spürbare erste Widerstand könnte mich zur schnellen Aufgabe verführen. Nur Mut – auch Wiederanfang schafft gute Gefühle. Ähnliche Beispiele aus dem Leben: Das „eingeschlafene" Musikinstrument aus der Truhe holen, eine lange nicht genutzte Fremdsprache wieder aufwärmen, eine alte Freundschaft oder Beziehung wieder aufleben lassen.

Geschichte 3

Der Umzug nach Münster

„Eigentlich müssten wir ja auch mal überlegen ..." Das ist die dritte von drei regelmäßigen Reaktionen auf unsere Ankündigung, dass wir umziehen wollen. Die erste lautet: „Schade, wenn ihr geht", die zweite: „Ich kann euch verstehen, ihr macht es richtig." Und dann: „Eigentlich ..." Wir verlassen Menden. Leichter gesagt als getan. Wollen wir das wirklich? Nach mehr als dreißig Jahren! Alle Nachbarn, Freunde, Bekannte, Vertrautes verlassen und neu beginnen? Wie bewältigen wir das Loslassen? Was bewegt uns in diesem Prozess, einen neuen Standpunkt einzunehmen? Weshalb ist es so schwer, zu neuen Ufern zu kommen?
Wir stehen auf unserem Weg an einer Gabelung. Das Haus ist groß. Die Kinder sind es auch – und weit weg. Bleiben oder gehen? Links oder rechts? Finden wir für uns passendes Neues? Was wir jetzt haben, kennen wir. Was wird auf uns zukommen? Einfache Antworten mit ja oder nein sind da nicht möglich. Es geht kein Weg daran vorbei: Wir müssen für kluge, lange tragfähige Antworten unsere künftige Lebenssituation auf den Punkt bringen. Was ist uns morgen und im Alter wichtig? Worauf möchten wir uns freuen? Wir müssen den großen Wald hinter dem Haus, die geliebte Waldemei, aufgeben, dafür können wir mehr und leichter Rad fahren. Wir verlieren dieses und hoffen, jenes zu gewinnen. Spannung und Neugierde auf einen neuen Lebensabschnitt machen uns die Entscheidung leichter. Der Sog wirkt. Wir freuen uns auf das Neue.
Alles Nachdenken und Vorplanen hat sich gelohnt. Schon nach kurzer Zeit sind wir in Münster angekommen. Rundum. Kopf und Bauch sagen ein eindeutiges „Ja". Wenn wir das „alte Haus" neugierig aus der Ferne sehen, gibt es keine Wehmut. Auch „unser Wald" zeigt sich mit Abstand bei gelegentlichen Spaziergängen von seiner besten Seite.
Standortwechsel geht nur über Aufstehen.

Abb. **31**

Fragen aus einem Standortwechsel

- *Was wollen wir eigentlich?*
- *Welche Ziele, Wünsche, Ideen wirbeln in unseren Köpfen?*
- *Was war uns wichtig? Was ist uns jetzt wichtig? Was wird künftig für uns wichtig sein?*
- *Welche Alternativen haben wir für unsere Entscheidung? Welche Vor- und Nachteile haben die jeweiligen Möglichkeiten? Was spricht für die Lösung A, was für B?*
- *Was passiert, wenn wir nichts tun?*
- *Was ist an dem Alten gut, was müssen wir davon abgeben? Was können wir von dem Neuen erwarten? Welche Chancen tun sich auf?*
- *Wie groß ist unser Risiko? Was kann uns im schlimmsten Fall passieren?*
- *Was müssen wir wirklich aufgeben? Wie können wir die Übergänge erleichtern? Müssen wir wirklich alle Zelte abreißen?*
- *Welche besonderen Herausforderungen erwarten uns bei der Realisierung?*
- *Welchen Aufwand müssen wir betreiben? Welchen Preis müssen wir zahlen? Im engen und im weiten Sinne?*
- *Wie schaffen wir uns neue Sicherheit? Welche Eckpunkte haben wir, an denen wir uns immer festhalten können?*
- *Was bleibt uns immer – unabhängig von unserem Standort?*

Abb. 32

Diese Erfahrungen haben wir gemacht

- *Die Fantasiebilder lösen einen Sog aus: Das zieht uns an, das möchten wir künftig erleben, darauf können wir uns freuen. Damit wird der Aufwand relativiert, das Verlassen des Schönen wird erleichtert.*

- *Nach der Entscheidung geht es besser.*

- *Der Mut für Fantasie und Radikales in den Gedanken wird belohnt. Da kommt unerwartet Neues zum Vorschein.*

- *Die verlorene Sicherheit ist schnell durch eine neue ersetzt worden. Viel schneller als erwartet.*

- *Der Gedanke muss reifen. Die berühmte „Nacht zum Überschlafen" wird zu x Nächten, die überschlafen werden wollen. Wir haben uns nicht selbst unter Druck gesetzt. Eile mit Weile.*

- *Loslassen ist zum Spaß geworden. Beispiel: Aufräumen, Entrümpeln. Nach dreißig Jahren. Vom Keller bis zum Dach. Sperrgutabfuhr! Und noch einmal. Und noch mal. Die wachsende freie Luft macht Spaß auf mehr. „Vielleicht kann man es noch mal gebrauchen" lösen wir ab durch „Wenn es in den letzten Jahren nicht gebraucht wurde, ist es auch in der neuen Wohnung überflüssig."*

- *Das Finden eines geeigneten Objektes ist schwieriger als erwartet. Mit dem klaren Ziel vor Augen werfen uns die ersten Widerstände und Rückschläge nicht zurück.*

- *Wir haben auch unsere Meinungen unterwegs im Erfahrungsprozess geändert: Aus der geplanten Doppelhaushälfte wurde eine Eigentumswohnung.*

- *Der Freund sagt: „Man verlässt nur die Mauern." Er hat Recht.*

Erfolgreiche Veränderungen werden nicht verschenkt. Dabei gilt: Dem kurzen Aufwand folgt ein langer Erfolg. Sich klug auf den Weg zu machen, lohnt sich.

Veränderungsbereitschaft ist eine Schlüsselqualifikation

Hinter der scheinbar einfachen Lebensweisheit des „Aus-dem-Quark-kommens" verbirgt sich das wichtige Thema der Veränderungsbereitschaft. Sie fordert viel Bewegung für Kopf und Hand. Veränderungsbereitschaft ist für das innere Wachstum eine Schlüsselqualifikation. Fast möchte man meinen, dass alles in Bewegung ist. Nichts kann bleiben wie es war. Gerade in unserer Zeit wird die grundsätzliche Fähigkeit gebraucht, sich *immer wieder* auf Neues einzustellen. Es gilt, dauerhaft das andere, das Neue zu erwarten und damit umzugehen. Dabei stemmen sich die inneren Kräfte dagegen, die nach Routine, Sicherheit, Einfachheit und auch Bequemlichkeit rufen.

Tatsächlich wehren sich viele Menschen gegen das Neue. Der Satz: „Das haben wir aber immer so gemacht" mag das äußere Zeichen für eine sehr weit verbreitete Haltung beschreiben. Dahinter stecken Ängste, auch Urängste. Jede Veränderung stellt das angeborene Sicherheitsbedürfnis infrage. Irgendwann haben wir Menschen gelernt: Wenn du auf deinem dir bekannten Weg bleibst, wenn du das tust, was dir vertraut ist, wenn du deinen Trampelpfad nicht verlässt, kann dir nichts passieren. Die wilden Tiere, die Gefahren lauern in den unbekannten Dingen. Da weißt du nicht, was dich erwartet. Bleib auf deinem Weg, den kennst du. Da bist du sicher. So gesehen ist die Angst vor Veränderungen auch ein gutes Stück Selbstschutz für den eigenen Körper.

Dieses hohe Beharrungsvermögen findet im Leben sehr häufig Bestätigung. „Lieber im alten Saft weiterschmoren, mit allen negativen Nebenerscheinungen, bevor ich ganz neue Schritte versuche. Das könnte noch schlimmer sein, da weiß ich ja nicht ..."

Das Loslassen des Alten, Bekannten, Sicheren ist schwieriger als das Erfassen des Neuen. Aufstehen ist verändern, den Standpunkt wechseln. Dazu muss ich den alten Standpunkt verlassen, loslassen. Wie stark bin ich mit dem alten Standpunkt verhaftet? Was kann das Loslassen erleichtern? Wie gewinne ich neue Sicherheit?

Die Bewegung beginnt im Kopf. Die Hand folgt dem Kopf. Dort muss erst ein Bestandsfeld mit dem alten Wissen geräumt werden, bevor es mit neuen Einstellungen belegt werden kann. Dabei ist dieses „Entlernen" der eigentliche Knackpunkt. Was ich vielleicht seit Kindertagen eingeübt habe, was ein Stück von mir geworden ist, lässt sich nicht mit einem Federstrich wegwischen. Das ist gut so, denn vieles soll dort bleiben, wo es ist. Trotzdem: Wenn ich nicht für immer sitzen bleiben will, muss ich gelegentlich aufstehen und meinen Standpunkt verändern.

Hilfen für einen leichteren Orts- oder Spurwechsel sind Informationen. Je mehr ich von den Fragezeichen beantworte, die mich beim neuen Standpunkt erwarten, desto eher kann meine Sicherheit wachsen.

Was hilft, über den eigenen Schatten zu springen?

Grundlage für die Beweglichkeit im Kopf ist die Aufgeschlossenheit für Neues. Die geistige Beweglichkeit, zu neuen Ufern aufbrechen zu wollen. Neugierde und Wissensdrang. Die Freude am Neuen, Ungelösten. Die Begeisterung für Aufschließen und Entdecken.

So gesehen kann man Veränderungsbereitschaft trainieren. Hier sind einige meiner persönlichen Übungsfelder: Mehrfacher Umzug. Wiederholter beruflicher Wechsel. Rad fahren und wandern auf unbekannten Strecken. Die Orientierung in unbekannten Gebieten erleben. Die Erfahrung sammeln, dass Neues auch neue Perspektiven öffnet. „Entlernen" schafft Platz für neue Freiräume! Mit viel Platz für interessante Erlebnisse und Erkenntnisse. So habe ich es erfahren dürfen.

Zu neuen Wegen gehört auch die Bereitschaft, begrenzte Risiken einzugehen. Alle großen Wendungen im Leben sind risikobehaftet und in gewisser Weise angstbesetzt. Die neue Arbeitsstelle. Der Beginn des Studiums. Gelingt die Ehe? Wir haben ein neues Haus. Das Kind soll demnächst ... Bei der Frage, ob es gelingt, bleiben zwangsläufig Informationslücken! Wer kann denn in die Zukunft schauen? Für eine „richtige" Entscheidung kann ich immer nur einen Teil durch eigenes Wissen abdecken, den Rest fülle ich durch Selbstvertrauen, Mut, Fremdvertrauen oder eine gute Mischung von alledem.

Ich nehme meinen Schlüssel zur "selbstbewussten Mitte" und sage mir ...

> *Ich stehe beim Aufstehen in der Mitte.*
> *Nicht oben, nicht unten.*

> *Ich bleibe vernünftig.*

> *Meine Ideale und Ziele, meine Pläne und Absichten*
> *gehören mir.*

> *Ich lasse mich nicht niederdrücken.*
> *Ich lasse mich nicht aufhalten.*

> *Will jemand mit mir aufstehen? Ich werde andere mitneh-*
> *men und niemanden unterbuttern, aber ich werde auch*
> *nicht zulassen, dass ich durch zu viel Rücksichtnahme auf*
> *der Strecke bleibe.*

Ich nehme meinen Schlüssel zur
„Selbstverantwortung" und sage mir ...

> *Ich bin für mein Aufstehen verantwortlich. Ich.*
> *Ja, nur ich selbst.*

> *Ich fange mit kleinen Schritten an.*

> *Ich denke an den Erfolg, an mein Ziel.*
> *Dafür lohnt sich das Aufstehen.*

> *Ich nehme diese Herausforderung für mich an.*
> *Das reizt mich.*

> *Ich fordere mich und fördere mich damit. Oder:*
> *Ich möchte mich fördern, also fordere ich mich.*

> *Ich setze mir ein Zwischenziel. Bis zum Jahresende*
> *werde ich bis ... gekommen sein.*

> *Ich akzeptiere den Startaufwand. Ich trage die*
> *Konsequenzen für meine Entscheidung.*

> *Ich werde mich dafür feiern, wie ich meinen inneren*
> *Schweinehund an die Kette gelegt habe.*

Ich nehme meinen Schlüssel zum „konstruktiven Denken" und sage mir ...

> *Ich gehe von Anfang an mit Zuversicht ans Werk. Frisch gewagt ist halb gewonnen.*

> *Ich weiß: Alles ist schwer, bevor es leicht wird. Ich kenne meine Stolperfallen. Davor habe ich mich abgesichert.*

> *Ich weiß um den Muskelkater am Anfang, den kann ich akzeptieren.*

> *Meine Pläne stehen auf realem Boden. Einen Versuch ist es wert. Ich kann nur gewinnen. Für einen vielleicht späteren neuen Anlauf habe ich mindestens eine Erfahrung mehr.*

> *Ich weiß, wenn ich erstmal in Bewegung bin, wenn es wirklich losgeht, dann wird das Lampenfieber, der Vorbereitungsärger, die Angst vorm Versagen immer mehr abgelöst durch kräftige Vorwärtsschritte.*

Einmal kräftig durchatmen und ins Zeug legen: Auf geht's!

168

Was sagt das Neue Testament?

Das Gleichnis vom Senfkorn:
Der entscheidende Anfang ist gemacht (Mt 13,31-32)

„Wenn Gott jetzt seine Herrschaft aufrichtet, geht es ähnlich zu wie bei einem Senfkorn, das jemand auf seinen Acker gesät hat. Es gibt keinen kleineren Samen; aber was daraus wächst, wird größer als alle anderen Gartenpflanzen. Es wird ein richtiger Baum, sodass die Vögel kommen und in seinen Zweigen ihre Nester bauen."

Ich lese daraus ...

> „Wenn doch das verflixte Anfangen, das mühsame Aufstehen, nicht wäre!" Ich denke, dass Jesus in seiner realistischen Grundhaltung immer genau das vor Augen hatte. „Wie kann ich den Menschen den Mut und die Hoffnung für einen Neuanfang geben, ohne dass sie schon das Ergebnis sehen? Wie kann ich ihnen verdeutlichen, dass es sich lohnt, alte Pfade zu verlassen, ohne die Sorge zu haben, nur ins blinde Ungewisse zu laufen?" Er verwendet dieses einleuchtende Beispiel aus der Natur. Das Senfkorn belegt, dass es geht: Aus dem Kleinsten wird das Größte. Da passiert so viel Unglaubliches, dass wir es nicht verstehen können. Im Verborgenen, im für uns nicht Zugänglichen, geschehen ohne unser Zutun andauernd wunderbare Entwicklungen. Das generiert Mut zum Loslegen. Das ermuntert zum Starten. Das verstärkt, dass Wachsen und Gedeihen, Entwicklung und Fortschritt möglich ist, ohne jede Phase zu verstehen. Der Blick auf die Gesetze der Natur erleichtert, Unglaubliches zu glauben. Auch, dass sich Aufstehen und Aufbrechen lohnt.

Abb. **33**

Bibelzitate

„Und nun steht auf! Wir wollen gehen!"
(Joh 14,31)

Joh 14,31

„Aber die Welt soll erkennen, dass ich den Vater liebe. Darum handle ich so, wie es mir mein Vater aufgetragen hat.
Und nun steht auf! Wir wollen gehen!"

Mk 2,14

„Als er weiterging, sah er einen Zolleinnehmer an der Zollstelle sitzen: Levi, den Sohn von Alphäus. Jesus sagte zu ihm: ‚Komm, folge mir!' Und Levi stand auf und folgte ihm."

Mt 17,7

„Aber Jesus trat zu ihnen, berührte sie und sagte: ‚Steht auf, habt keine Angst!'"

Mk 5,41

„Er nahm es bei der Hand und sagte: ‚Talita kum!' Das heißt übersetzt: ‚Steh auf, Mädchen!'"

Apg 12,7

„‚Schnell, steh auf!' Da fielen Petrus die Ketten von den Händen."

Lk 13,11

„Nun war dort eine Frau, die schon achtzehn Jahre lang von einem bösen Geist geplagt wurde, der sie krank machte. Sie war verkrümmt und konnte sich nicht mehr aufrichten. Als Jesus sie sah, rief er sie zu sich und sagte zu ihr: ‚Frau, du sollst deine Krankheit los sein!'"

Mk 1,31

„Er ging zu ihr, nahm sie bei der Hand und richtete sie auf. Das Fieber verließ sie, und sie bereitete für alle das Essen."

Apg 9,34

„‚Äneas', sagte Petrus zu ihm, ‚Jesus Christus hat dich geheilt. Steh auf und mach dein Bett!' Im selben Augenblick konnte Äneas aufstehen."

Joh 5,8-9

„Jesus sagte zu ihm: ‚Steh auf, nimm deine Matte und geh!' Im selben Augenblick wurde der Mann gesund."

Ich stehe auf

Das ist wichtig	„Aufstehen" ist die schwierigste Station. Wer diese Station erfolgreich meistert, hat mehr als „die halbe Miete" auf dem Weg zum Ziel geschafft. Bei Veränderungen geht Sicherheit aus alten Gewohnheiten verloren. Wer für neue Sicherheit sorgt, eröffnet sich bereichernde Spielräume.
Ich meine	Die uns Menschen oft fehlende Kraft zum Aufstehen resultiert häufig aus mangelnder Zielklarheit.
Die Bibel sagt	Das Neue Testament ermuntert zum Aufstehen: „Und nun steht auf! Wir wollen gehen!" (Joh 14,31) „Steht auf, habt keine Angst!" (Mt 17,7)
So geht es weiter	Der Übergang vom „Aufstehen" zum „Gehen" ist fließend. Wer dranbleibt, kann einen täglichen Fortschritt auf dem Weg zur neuen guten Gewohnheit spüren.

Ich gehe

Routine hilft

aufrecht gehen

normal

aus dem Trott kommen

Geschichte 1

Zum wiederholten Mal auf dem Pilgerweg nach Kevelaer

Die anfänglichen morgendlichen Bauchschmerzen sind bald vorbei. Die Muskeln sind warmgelaufen. Mit jedem Schritt wird das Laufen leichter. Heute zeigt sich in der noch tiefstehenden Morgensonne die Parklandschaft des Münsterlandes von einer ihrer schönsten Seiten. Guten Mutes sind wir in Gang gekommen. Und bald haben wir die ersten nennenswerten Kilometer hinter uns. Ich habe die ganze Strecke im Kopf. Ich kenne jeden Baum, jede Kurve. Erfahrene Wanderer wissen: Die vertraute Strecke wirkt kürzer. Ich erlebe das genauso. Für die Kraftaufteilung habe ich die Strecke fast unbewusst in Kraft- und Zeitblöcke aufgeteilt. Am Rhein ist die Hälfte geschafft. Wir gehen locker und unverkrampft. Singen, Beten, Lachen, Sprechen begleiten uns. Mit jeder Teilnahme an der Wallfahrt wächst die Sicherheit, gut anzukommen. Die Vorbereitungen, die Abläufe, die Entfernungen, Freud und Leid, alles das kenne ich, und damit wird alles leichter. Bei Wiederholungen verschiebt sich das Verhältnis zwischen Aufwand und Ertrag immer mehr zugunsten von Freude und Gelöstheit. Die zunehmende Routine beim Laufen gibt mir Sicherheit, ermöglicht mir entspanntes Denken und den gelösten Blick auf das Schöne und Einfache.

Ganz ähnlich: Joggen in der Waldemei in Menden

Joggen ist ein sportliches Unternehmen. Herz und Kreislauf werden sinnvoll gefordert und gefördert. Aber ein riesiger Kraftakt ist das nicht. Bei regelmäßigem Training geht der Anteil Anstrengung immer mehr zurück. Die Entspannung wächst. Trotzdem jedes Mal: Erst warmlaufen, kein übereiltes Anfangstempo. Schneller werde ich wie von selbst. Ich komme in meinen Trab, es fließt. Der Kopf ist frei. Auch für die vielen Randerscheinungen. Randerscheinungen sind Erscheinungen am Rande. Viel Schönes taucht da auf, ich muss es nur sehen. Außer Eichhörnchen und Kuckuck erlebe ich den Schrei des Habichts, ich sehe den roten Milan, ich höre das Konzert von mehreren Spechten. Aber auch die Blindschleiche oder ein verirrtes Rehkitz. Es ist einfach – einfach schön. Die Natur ist einfach da. Es liegt an mir, dass ich diese so normale Situation positiv sehe, werte und für mich als einen kleinen Augenblick von Glück empfinde. Unterwegs sein im Jetzt. Jetzt sein.

Die Routine hat Vorteile

Ich bin in die Gänge gekommen. Gut, nach dem Aufstehen sind die ersten Schritte meistens noch etwas vorsichtig, ungelenk oder holprig. Der Motor muss erst warmlaufen. Ich muss erst Tritt fassen. Das Gehen muss zunächst zur Routine werden. Nachdem aller Anfang schwer ist, geht alles Gewohnte leicht von der Hand. Da kenne ich mich aus. Das ist mir vertraut. Da fühle ich mich sicher. Und die Sicherheit gibt mir das gute Gefühl. Ich komme voran. Es läuft. Gehen ist leichter als Aufstehen.

Beim Aufstehen und am Start wird alles Unwichtige ausgeblendet. Für die Konzentration auf das Wesentliche. Die wird beim Gehen von der Routine abgelöst. Die brauche ich unbedingt. Sie ist sogar lebensnotwendig, weil sonst jeder Alltagsschritt im Leben eine neue Herausforderung wäre. Die neuen Möglichkeiten mache ich mir zunutze. Jetzt muss ich mich nicht mehr auf meine Füße konzentrieren. Die kennen nun ihren Weg allein. Das gibt mir Raum für die anderen Dinge am Rande. Nun habe ich auch den Blick frei für das Nebensächliche. Und den möchte ich nutzen. Am Rand gibt es vieles zu sehen! Das nehme ich wahr. Ich mache aus dem Normalen das Bessere.

Routine liefert Chancen

- Die Sicherheit wächst mit jedem erfolgreichen Teilschritt.
- Wer wiederholt, wird sicherer. Das gute Gefühl eröffnet Freiräume.
- Wer Freiräume hat, findet Spielräume. Spielräume sind Räume zum Spielen.
- Wer oft den gleichen Weg geht, macht ihn für sich kürzer.
- Wer den ganzen Weg kennt, kann sich die Etappen einteilen.
- Wer denselben Film zum dritten Mal sieht, nimmt immer noch neue Details wahr.
- Wer erkennt, dass nach der Anstrengung des Aufstehens das Gehen leicht von der Hand, pardon vom Fuß, geht, wird sich öfter auf den Weg machen wollen. Für neue Entdeckungen und Ziele, für andere Aufgaben und Herausforderungen.
- Wer sein Ziel begeistert vor Augen hat, lässt sich nicht ablenken und geht scheinbar mühelos. Das kennt jeder aus Freizeit und Hobby.

- Wer seine Umgebung aktiv wahrnimmt, macht aus einem lahmen Trott eine erlebnisreiche Wanderung.

Gegenwart ist Gehen im Jetzt. Ist Sein. Wer zu viel in der Vergangenheit läuft, kann sich Blasen holen, wer zu sehr im utopischen Morgen unterwegs ist, übersieht die Chancen des Augenblicks.

Geschichte 2

Ungewöhnliche Mittagspausen

Wir sind auf dem Rückweg von Kevelaer nach Bocholt. Rund um den kleinen Bahnhof Empel-Rees ist Raststation. Zwei Drittel der Strecke sind geschafft. Ich auch. Es ist Mittagszeit. Jetzt eine Mütze Schlaf! Wo ist bei tausend lagernden Pilgern ein ruhiges Plätzchen? Die Wartebank auf dem Bahnsteig steht in einem von drei Seiten geschlossenen Häuschen. Sie ist noch frei. Schuhe ausziehen, einen kräftigen Schluck Wasser trinken, Füße hochlegen. Die Müdigkeit ist stärker als der laut durchfahrende Zug. Mehr als ein fernes Dröhnen kommt nicht bei mir an. Ich schlafe. Alles wird weggeschaltet. Eine kräftigende Viertelstunde.
Die aussteigenden Fahrgäste sehen mich. Da hat sich jemand auf der Wartebank lang gemacht. Was werden sie denken? Schade ich jemandem? Gehört sich das nicht? Mich stört ihr vermutliches Denken nicht. Nach dem Blick um die Ecke sieht jeder die Auflösung: Eine große Pilgergruppe macht Rast. Für mich ist wichtig: Ich genieße die Freiheit, auch ungewohnte Schritte zu gehen. Ich habe den Mut, ungewöhnliche Dinge zu tun. Das trainiert meinen Blick für andere Sichtweisen. So frage ich mich auf der Bank am Bahnhof: Wie geht es jemandem, der sich nicht nur für diese Viertelstunde eine ruhige Ecke suchen muss?

Auf dem Hinweg ergeht es mir auf „meiner" Parkbank in Marienbaum zu Mittag meistens ähnlich. Nach einem kräftigen Biss in die mitgebrachten Vorräte und dem ebenso genüsslichen Schluck aus der Wasserflasche ist noch ausreichend Zeit für ein Schläfchen. Schuhe aus, Füße hoch – die Umgebung ausschalten. Ich ziehe die Mütze noch etwas tiefer, wegen der Sonne – und wegen der Tauben, die sich über mir in den Ästen der Platane niedergelassen haben. Man kann nie wissen! Wallfahren ist immer ein Stück Abenteuer.

Mit ungewöhnlichen Schritten den Trott aufbrechen

Routine und Trott können auch blind, oberflächlich und träge machen. Daher achte ich darauf, immer wieder mal auszubrechen. Ausbrechen öffnet den Blick für eine andere Wahrnehmung. Wenn die Gelegenheit da ist, suche ich das Verrückte, das aus dem Trott Herausgerückte. Verrücktsein ist nicht nur zulässig, sondern kreativ und spannend. Damit kann ich einen Perspektivwechsel selbst herbeiführen. Das bringt mich auf neue Ideen. Es trainiert den Blick für anderes, für andere. Es schult die Wahrnehmung. Gelegentlich verlasse ich meinen Trampelpfad.

Nicht selten kommt das „Verrückte" von außen. Da unterbricht jemand meinen Lauf! Ärgerlich, gerade jetzt, wo ich so schön in meinem gewohnten, bequemen Tritt bin. Gebremst? Kann sein. Zunächst hat mich die Unterbrechung genervt und verärgert. Später sage ich: „Gut, dass es damals so gekommen ist. Das war eine wichtige Wendung für mich."

Stören und künstliches Aus-dem-Trott-Kommen lassen sich einfach trainieren. Ich kann meinen bekannten Weg in umgekehrter Richtung laufen. Ich nutze Nebenwege. Ich entdecke neue Varianten. Ich mache mir „Störer" zu nützlichen Ratgebern. Sie sind für mich Chancen für Entdeckungen und Aha-Erlebnisse. Das Wichtigste: Sie verändern meine Wahrnehmung. In vielen Seminaren habe ich als Personaltrainer manche Störung gewollt eingebaut. Das bringt Lebendigkeit in die Diskussion und in die Gedanken. In dem Film „Der Club der toten Dichter" gibt es eine Schlüsselszene, bei der Schüler auf die Schultische steigen. Im Seminar habe ich den Gedanken aufgegriffen: „Wer ist bereit, jetzt auf den Tisch zu steigen?" Das ist nur scheinbar verrückt. Wie sieht die Welt von da oben aus? Einfach und direkt: Der Raum ist derselbe. Meine Sichtweise verändert diesen Raum durch einen anderen Standpunkt. Das bleibt haften.

Ich nehme meinen Schlüssel zur „selbstbewussten Mitte" und sage mir ...

> Gehen ist normal, aufrecht gehen ist meine angeborene Haltung.

> Geradeaus gehen, aufrecht gehen, aufrichtig gehen: So komme ich am besten voran.

> Ich gehe meinen Weg. Ich bin für mich unterwegs. Ich achte auf meine Schritte.

> Wenn ich hochnäsig in die Wolken schaue, laufe ich gegen die Wand.

> Deinen Weg werde ich dir nicht vorschreiben. Ich weiß nicht besser als du, was für dich der richtige Weg ist.

> Ich werde nicht gebückt laufen oder kriechen oder nur auf meine Füße schauen.

> Ich passe auf, dass ich niemandem auf die Füße trete oder in die Hacken laufe.

> Ich werde niemandem zu nahe treten. Aber ich lasse auch nicht zu, dass ...

> Es gibt keinen Grund, weshalb ich anderen hinterherlaufen sollte.

> Ich bin weit- und umsichtig. Ich gehe ohne Scheuklappen. Sie würden mir den Blick nach rechts und links verdecken. Dann sehe ich die Ränder nicht.

> Ich laufe nicht blind durch mein Leben.

Ich nehme meinen Schlüssel zur
„Selbstverantwortung" und sage mir ...

> *Ich freue mich, dass mir mein Aufstehen gelungen ist. Ich bin in Gang gekommen.*

> *Ich fühle mich zunehmend sicherer. Wenn ich wieder in den alten Trott zurückfallen will, hole ich mir neuen Mut bei / durch ...*

> *Wenn ich an früher denke, bekomme ich die Bestätigung: Mein neuer Weg ist besser.*

> *Ich bin froh, dass ich endlich ... Jetzt bleibe ich wach.*

> *Ich laufe mit Geduld, im richtigen Tempo. Ich habe langen Atem und Ausdauer, ich teile mir meine Kräfte ein.*

> *Was ich unterwegs tue oder nicht tue, ist zunächst mein Ding. Ich gebe meinem Laufen einen Sinn. Ich verwerte meine Erlebnisse von unterwegs. Ich suche Gelegenheiten, mich selbst aus dem Trott zu reißen.*

Ich nehme meinen Schlüssel zum „konstruktiven Denken" und sage mir ...

> *Ja, eine ordentliche Strecke liegt da noch vor mir. Ich weiß, dass noch viele Schritte zu gehen sind.*

> *Wenn ich erst einmal warmgelaufen bin, wenn ich spüre, dass es voran geht, wenn ich meinen Zielen näher komme, wenn ich mich an die neue Situation gewöhnt habe, wenn ich mich eingearbeitet habe, dann läuft es wie geschmiert. Dann vergesse ich Zeit und Raum, dann geht manches wie von selbst.*

> *Ich weiß, weshalb ich gehe und wohin ich gehe.*

> *Ich laufe auf etwas zu. Mit jedem Schritt komme ich dem näher. Meine Straße ist nicht gerade, auch wenn es so scheint. Aber das ist normal, darauf bin ich eingestellt.*

> *Ich richte mich auf verschiedene Straßenzustände ein. Baustellen werden kommen, wo, weiß ich nicht.*

> *Ich bin zuversichtlich, dass ich heute weiterkomme. Regen? Kann sein, ich nehme einen Schirm mit.*

Ich freue mich über jede gelungene Teiletappe.

Was sagt das Neue Testament?

Zwei bekannte Bibelstellen geben mir für den normalen Tagesgang lebensnahe Hinweise.

Verschlaft nicht euer Leben ...
Mt 25,1-9 Das Gleichnis von den Brautjungfern
„Zehn Brautjungfern gingen mit ihren Lampen hinaus, dem Bräutigam entgegen, um ihn zu empfangen. Fünf von ihnen handelten klug, die anderen fünf gedankenlos.
Die Gedankenlosen nahmen nur ihre gefüllten Lampen mit, während die Klugen auch noch Öl zum Nachfüllen mitnahmen. Weil der Bräutigam sich verspätete, wurden sie alle müde und schliefen ein. Mitten in der Nacht ertönte der Ruf: ‚Der Bräutigam kommt, geht ihm entgegen!‘ Die zehn Brautjungfern standen auf und brachten ihre Lampen in Ordnung. Da baten die Gedankenlosen die anderen: ‚Gebt uns von eurem Öl etwas ab, denn unsere Lampen gehen aus.‘ Aber die Klugen sagten: ‚Ausgeschlossen, dann reicht es weder für uns noch für euch. Geht doch zum Kaufmann und holt euch welches!‘"

Macht Euch nicht zu viele Sorgen ...
Mt 6,26-30
„Seht euch die Vögel an! Sie säen nicht, sie ernten nicht, sie sammeln keine Vorräte – aber euer Vater im Himmel sorgt für sie. Und ihr seid ihm doch viel mehr wert als Vögel! Wer von euch kann durch Sorgen sein Leben auch nur um einen Tag verlängern? Und warum macht ihr euch Sorgen um das, was ihr anziehen sollt? Seht, wie die Blumen auf den Feldern wachsen! Sie arbeiten nicht und machen sich keine Kleider, doch ich sage euch: Nicht einmal Salomo bei all seinem Reichtum war so prächtig gekleidet wie irgendeine von ihnen. Wenn Gott sogar die Feldblumen so ausstattet, die heute blühen und morgen verbrannt werden, wird er sich dann nicht erst recht um euch kümmern? Habt ihr so wenig Vertrauen?"

Ich lese daraus ...

> Einerseits: Die „klugen Brautjungfern" stehen für Selbstverantwortung. Mitdenken, vorsorgen, immer auf der Hut sein. Konzentriert und zielorientiert. Sich nicht träge und tatenlos auf „die anderen" verlassen. Es stimmt: Routine verführt zu Schläfrigkeit. Aber ich will doch nicht mein Leben verschlafen! Also: Es macht Sinn, mit Bedacht zu gehen. Es ist vorteilhaft, vorausschauend die nächsten Schritte zu bedenken.

> Andererseits: Da ist der empfohlene Blick auf die Vögel des Himmels und die Blumen des Feldes. Schön und gut. Ohne unser Zutun. Ohne einen Finger zu krümmen. Wie im Schlaraffenland! Ist das utopische Fantasie? Nein, es ist die dringende Empfehlung für eine gehörige Portion Vertrauen und Gelassenheit. Eine Fünf gerade sein lassen, das schöne Einfache wahrnehmen und schätzen. Den Tag genießen, die Sorgen beiseite schieben. Es wird sich schon richten, alles wird gut.

> Gleichzeitig wach und lässig sein – ein Widerspruch? Für mich nur scheinbar. Wer von jedem die richtige Portion nimmt, kommt in die Balance. Im Doppelpack werden Aufgeschlossenheit und entspanntes Zurücklehnen zur Ausgeglichenheit.

Für mich sagt die Bibel:

Geht euren normalen Weg. Geht ihn klug. Klug meint hier:
- das Ganze im Griff haben und dann einfach loslaufen
- konzentriert, aber nicht pedantisch
- zuversichtlich, aber nicht blind oder blauäugig
- entspannt und gelassen, aber nicht ahnungslos und träge
- vorsorgen für Vorhersehbares und Unvorhersehbares, aber nicht mit ängstlicher Übervorsicht
- tief und ruhig schlafen, aber nicht verschlafen

- Muße und Entspannung suchen, aber nicht gedankenlos sein
- locker und unverkrampft gehen, aber nicht trotten oder vertrotteln

So wächst eine unaufgeregte, heitere Gelassenheit mit abgesichertem Vertrauen. Geht doch!

Ich gehe

Das ist wichtig	„Gehen" ist weit mehr als Routine. Es bietet beste Chancen, aus dem Normalen das Bessere zu machen.
Ich meine	Vielen Menschen fehlt der Antrieb, manche verschlafen ihr Leben. Eine wache, geschärfte Wahrnehmung „im normalen Gang" öffnet ungeahntes Ausbrechen aus einem trägen Trott.
Die Bibel sagt	Das Neue Testament hält nichts von eingefahrener Oberflächlichkeit. Aus dem Gleichnis der Brautjungfern: „Fünf von ihnen handelten klug, die anderen fünf gedankenlos." (Mt 25,2)
So geht es weiter	Auch stabiles, normales Gehen kennt Hindernisse. Wie Hürden besser überwunden werden können, zeigt die nächste Station „Springen".

Ich springe

überwinden

Umwege nutzen

Hindernisse meistern

Geschichte 1

Hindernisse sind Störer

Wir sind zu Fuß auf dem Weg nach Rom. In der Toskana zwischen Viareggio und Pisa. Heute liegen etwa dreißig Kilometer vor uns. Das Wetter ist gut. Wir haben keine Eile, aber jeder Kilometer will gelaufen sein. Wir machen keine unnützen Umwege. Nach unseren dürftigen Unterlagen geht unser Weg über diesen privaten Gutshof. „Privat"! – trotzdem, das müsste gehen. Aber es geht nicht. Das Hindernis ist ein hohes, verschlossenes Tor, mit einem ebenso hohen Zaun. Zwar nicht unüberwindlich, aber unter guter Beobachtung. Das Tor wird samstags und sonntags geöffnet. Heute ist Freitag! Braves Verhandeln mit den Verwaltern bringt nichts ein. Das Hindernis bleibt ein Hindernis. Wir müssen in einer großen Schleife zurück, einen anderen Weg gibt es nicht. Geschätzte sieben Kilometer Rück- und Umweg, das ist fast zwei Stunden Fußmarsch. Kein Beinbruch, aber für die Füße nicht unerheblich. Wir ärgern uns über die Behinderung, aber nur kurz. Wir akzeptieren den neuen Weg und machen das Beste daraus.
Unser neuer Weg führt uns an einem Kloster vorbei. Für uns nicht vorbei, sondern herein. Der Innenhof ist ein willkommener Platz für die Mittagspause. Die Ruhe des Klosters, eine Bank für eine Portion Schlaf und eine der vielen kleinen Gesprächsbegegnungen. Der Klostergarten ist ein Kleinod. Eine Mittagspause der besonderen Art.

Beim Weiterlaufen zeigt sich der schiefe Turm von Pisa aus der Ferne. Dahinten zwischen den Kühen und Bäumen taucht er plötzlich auf. Und dann kommen wir nach Pisa hin. Aus der Ruhe des Wanderns in den Lärm der Touristen und der Kirmes mit dem Andenkenhandel. Die Unterschiede sind krass. Unsere Ohren schmerzen. Das Spektakel stört uns gewaltig. Wir machen uns bewusst, welcher Segen in der Ruhe liegt.
Unerwartete Hindernisse halten uns nicht auf. Störungen, Verzögerungen, Umwege! Ja – aber aufhalten?

Hürden halten auf, aber nicht ab

Es geht weiter auf dem Weg zu meinem Ziel. Ich bin aufgestanden und laufe.

Aber auch bei sehr guter Ausrüstung, beim besten Willen: Jeder Weg hat Hürden. Jeder. Eine realistische Betrachtung des Unterwegsseins verlangt diese Einschränkung. Immer muss ich mit Zäunen, mit kleinen oder großen Steinen, Widerständen, Hindernissen, Herausforderungen, Schadstellen rechnen. Sie gehören quasi als ein Teil des Weges dazu. Sich auf Hindernisse einzustellen, ist nicht Pessimismus, sondern ein Teil von Realitätsnähe. Zu wissen, ohne Hürden geht es nicht, macht mich robuster. Ich kann „Springen" trainieren, mich dafür fit machen. Nicht, um vor den Hürden davonzulaufen oder umzukehren, sondern sie als Gesetzmäßigkeit zu erwarten. Das nimmt ihnen den Charakter des Bösen, des Unvorhersehbaren und lässt sie zu „Jetzt erst recht", „Davon lasse ich mich nicht unterkriegen" oder „Darauf bin ich eingestellt" umfunktionieren.

Also: Nicht das Hindernis an sich ist die Herausforderung, sondern mein Umgang damit. Was mache ich daraus? Wie werte und verwerte ich die vorliegenden Fakten? Helfer in der Not beispielsweise gehen besonnen vor. Anstatt durch falsche Hektik das Chaos zu verstärken, holen sie ihre Stärken aus Übersicht und Erfahrung, aus vorbereiteten Notfallplänen und Training.

Manchmal sind Störungen und Bremsen unerwartete Hilfe. Was wirklich unnützer Umweg ist, weiß ich manchmal erst später! Im ersten Moment: „Du Störer, unterbrich mich nicht, halt mich nicht auf!" Im zweiten Moment: „Eine nützliche Schleife, eine hilfreiche Erfahrung, ein wertvoller zusätzlicher Aspekt". Ist die Störung vielleicht eine „Impfung", hat sie mich wach gemacht? Wofür? Beim nächsten Mal bin ich besser vorbereitet: Ich habe aus dem Umweg gelernt.

Worauf kommt es an beim Springen? Was kann ich tun?

Die Lösung beginnt mit dem Einkreisen der Hürde. Was steht mir da im Weg? Was behindert mich? Was bremst mich? Was hält mich auf? Weshalb lass ich mich davon aufhalten? Hindernisse klar vor Augen zu sehen, ist besser als im Nebel herumzustochern. Je besser ich eigene Lösungswege kenne, desto eher kann ich die Hürden konstruktiv überspringen. Was ist also zu tun, wenn ...? Auch wenn sie sich nicht sauber trennen lassen: Die Unterteilung nach Sach- und Gefühls-Hürden kann hilfreich sein.

Abb. **34**

Vier Lösungsschritte für Sachfragen

Schritt 1

Wo stehen wir jetzt? Wie ist die Ausgangslage?
Was sind die Fakten?
Wo liegen die Stärken, wo sind Schwachstellen?
Wo gibt es besondere Herausforderungen?

Schritt 2

Was ist unser Ziel?
Was wollen wir erreichen?
Wo wollen wir hin?
Stehen wir beide voll hinter diesem Ziel?
Welchen Zeitrahmen geben wir uns?

Schritt 3

Welche Wege gibt es zu diesem Ziel?
In welchen Wegabschnitten wollen wir vorangehen?
Welcher Weg hat welche Vor- und Nachteile?
Müssen wir Umwege erwarten?
Für welchen Weg entscheiden wir uns?
Wann wollen oder müssen wir Pausen einlegen?

Schritt 4

Sind wir ich noch auf dem richtigen Weg?
Wie weit sind wir gekommen?
Welche Teilschritte waren erfolgreich?
Wollen wir uns neu orientieren?

Geschichte 2

Ein Streit im Arbeitsalltag

Die Urlaubsplanung in unserer Abteilung. Der Plan von Paul durchkreuzt die Pläne von Anna.
Paul: „Du bist unverschämt, genau in der Woche Urlaub zu nehmen. Dieses Mal musst du zurückstecken. Genau in der Zeit habe ich schon meinen Urlaub gebucht." Anna: „Das ist eine Frechheit von dir. Das lasse ich mir nicht bieten. Ich habe schließlich schulpflichtige Kinder. Es ist immer dasselbe. So geht das nicht." Paul: „Das stimmt doch gar nicht! Voriges Jahr musste ich verzichten, weil ... Nicht schon wieder!" „Jedes Jahr haben wir das gleiche Problem. Immer muss sich einer querstellen." „Immer ziehe ich den Kürzeren. Aber, was soll ich schon machen ..." Solche und ähnliche Sätze fallen. Die Folgen sind bekannt. Tränen und Türenknallen. Und Bauchschmerzen für beide.

Konflikte stören die Gefühle erheblich

Ich bin unterwegs zu meinen Zielen. Da stellt sich jemand in die Quere: „Das mache ich nicht mit. Bis hierher und nicht weiter." Es will mich jemand abhalten, aufhalten, bremsen. Fast automatisch sind dabei auch die Gefühle blockiert und Widerstände angesagt: „Das lasse ich mir nicht bieten." Konflikte sind eine besondere Art von Hürden. Nicht selten mit erheblichen Störungen, mit Belastungen für mein Wohlfühlen, für meinen Gefühlshaushalt. Ein Angriff auf meine Ehre? Eine Verletzung meines Selbstwertgefühls? Der innere Frieden ist gestört. Das kann mich umhauen, aus der Strecke werfen.

Wie komme ich zu Lösungen bei Konflikten?

Jeder kleine oder große Konflikt ist anders gelagert. Nicht selten sehr komplex und höchst verzweigt. Dennoch gibt es Merkmale, die mit Hilfe von „oben, unten und Mitte" gewisse, typische Ablaufmuster erkennen lassen. Und die können erste Schritte für Konfliktvermeidung, -milderung und auch -lösung sein.

Beim Schlüssel „selbstbewusste Mitte" habe ich die verschiedenen Haltungsebenen beschrieben. Für den Umgang mit Konflikten haben sie eine große Bedeutung.

Abb. **35**

Fünf Schritte für den Weg aus Konflikten

Schritt 1

Ich beruhige meine Gefühle. Mit Wut im Bauch lässt sich kein Frieden schaffen.

Schritt 2

Ich mache mir bewusst, aus welcher Haltung ich vorgehe. „Von oben herab"? „Von unten herauf"? Ich welcher Haltung sehe ich das „Du"?

Schritt 3

Mein Ziel: Ich möchte, dass beide Gewinner werden.

Schritt 4

Ich höre auf mit „von oben herab" und „von unten herauf". Ich spreche konstruktiv aus der Mitte die Mitte des Du an (siehe Pfeil). Z.B.: Wie kommen wir gemeinsam zu Lösungen? Was wollen wir für die Zukunft vereinbaren?

Schritt 5

Wie geht es uns jetzt?
Haben wir eine positive Sicht nach vorn?

Alle Handlungen „von oben herab" wie Vorwürfe, Sticheleien, Beleidigungen sind kleinere oder größere Angriffe auf die Persönlichkeit. Sie lösen entsprechende Reize oder Verletzungen aus. „Das hast du falsch gemacht. Das ist dein Fehler." Diese Du-Botschaften tun dem Empfänger weh. So ein Angriff auf die Gefühle wird häufig mit einem Gegenangriff beantwortet. „Pass gefälligst auf deine eigenen Macken auf." Das berühmte „Auge um Auge" führt immer ins Abseits. In Kleinkriegen bewegen sich beide „von oben herab". Jeder möchte Gewinner sein und den anderen zum Verlierer machen. Am Ende verlieren beide. Immer.

In der „Urlaubsplanung" klang das so: „Du bist unverschämt ..." und „Das ist eine Frechheit von dir."

Alles „von unten herauf" wie Jammern und Wehklagen, wie Selbstmitleid und Schmollen macht mich nur schwächer und verstärkt eigene ungute Gefühle. Ich mache andere zum Sieger, ich selbst bleibe auf der Strecke. Das bringt mich nicht weiter. Unbequeme Dinge unter den Teppich zu kehren, ist nur eine Scheinlösung. Die Sorge vor Harmoniezerstörung verhindert eine gute, offene Aussprache. Das ist Flucht.

In der „Urlaubsplanung" klang das so: „Immer ziehe ich den Kürzeren. Aber, was soll ich schon machen ..."

Größte Erfolgsaussichten für die Lösung von Meinungsverschiedenheiten bietet die Haltung „aus der Mitte". Hier bedeutet sie: Mit Ich-Botschaften seine Wünsche, Bedürfnisse, Befindlichkeiten, vielleicht auch Ärgernisse ausdrücken. „Ich sehe das so, das wirkt auf mich so, das tut mir weh, ich möchte lieber ..." Auch weiterführende, klärende Fragen stützen meistens den Fortgang des Gespräches: „Was meinst du, wenn ..., was bedeutet ...? Worauf legst du Wert?"

In der „Urlaubsplanung" könnte das so klingen: „Hast du eine Idee, wie wir beide zufrieden da rauskommen? Zum Beispiel könnten wir dieses Jahr ..."

Was habe ich in solch kritischen Situationen selbst in der Hand? Hoffentlich zunächst den Zaum meiner Pferde. Wenn die Gäule der Gefühle durchgehen, bleibt der Verstand, die Besonnenheit im Hintertreffen. Ich habe mich nicht mehr im Griff. Helfen kann da ein geistiges Stopp-Schild. Halt, hör auf! Brems dich! Sage jetzt nichts Unüberlegtes! Mit etwas mehr zeitlicher Verzögerung und Klarheit im Kopf kann dann eher wieder die

Vernunft siegen und Lösungsschritte eingeleitet werden. Außerdem: Den einen, vielleicht schweren Schritt zur Versöhnung zu gehen, kann Wunder wirken.

Generell gilt auch für die Gefühlswelt: Wie bin ich auf Hürden eingestellt? Wie gehe ich damit um? Was kann ich aushalten? Wie ausgeglichen bin ich? Für die soziale Kompetenz ist die „Hürden-Stabilität", in der Mitte zu bleiben, eine Kernqualifikation. „Bauchschmerzen" aus ungelösten Konflikten kosten Kräfte. Diese Kräfte fehlen mir beim Laufen.

Geschichte 3

Aus (m)einer Mücke einen Elefanten machen

„Es geht geradeaus. Nein, nach links. Oder doch nach rechts? Vorhin war noch ein Wanderzeichen am Baum. Jetzt ist nichts mehr zu sehen. Ach Gott, ich habe mich verlaufen. Es wird bald dunkel. Ich schaffe das niemals bis ins Dorf. Mein Hotelzimmer wird sicher anderweitig vergeben werden. Ich sehe schon kommen, dass ich ... Sowas kann doch auch nur mir passieren ..."
Zugegeben, diese Geschichte ist konstruiert, und – sie geht noch weiter. Nach wenigen hundert Schritten taucht unversehens hinter der übernächsten Ecke das Hotel auf. Der ungewollte Umweg war eine Abkürzung. Alle Aufregung war umsonst. Die unguten Gefühle auch. Ich habe mir sie selbst herbeigeredet. Eigentore sind die ärgerlichsten! Ich habe aus meiner Mücke einen Elefanten gemacht.

Es könnte auch ganz anders sein

Die unguten Gefühle sind oft hausgemacht. Außer der Mücke gibt es noch andere unnütze Plagegeister. Mentale Hürden sind oft versteckt, weil es Störungen in der Wahrnehmung und ihrer Verwertung gibt. „Ist doch klar. Das sieht doch jedes Kind. Ich weiß, was Sache ist." Nichtsahnend tappe ich in die selbstgestellte Falle. Ohne es zu merken, stehe ich mir selbst im Wege. Ich mir.

Meine Erfahrung aus der beruflichen Tätigkeit: Viele, viele Menschen unterschätzen ihre eigenen Fähigkeiten. Oft nur deshalb, weil sie sich falsche Bilder im Kopf zurechtlegen: „Ich kann das nicht", „Alle, aber ich doch nicht". Falsche Bilder lassen sich durch neue Bilder ersetzen. Manches Mal konnte ich dabei helfen.

Für die „Alltags-Mücken" hier einige Beispiele:

- Alles-oder-Nichts-Denken: Freund / Feind, gut / schlecht, schwarz / weiß
- Übertriebene Verallgemeinerung: „Ich denke, ich mache alles falsch, heute will mir aber auch gar nichts gelingen."
- Voreilige Schlussfolgerung: „Ich glaube, der denkt schlecht über mich. Nur ich begreife das nicht ..."
- Die sich selbst erfüllende Prophezeiung: „Ich habe nicht an einen Erfolg geglaubt. Es ist schief gegangen. Ich wusste es schon vorher."
- Vorurteile: „Ich weiß jetzt schon, dass ihr das nicht gelingen kann."

Das hilft ...

> Vorsichtig sein in der Verwertung des Gesehenen! Ich sehe was, was du nicht siehst. Und was habe ich selbst übersehen? Oder falsch ausgelegt? Es können Wunder geschehen, wenn ich mich mit den vorschnellen Urteilen zurückhalte, wenn ich mich an die Fakten halte, wenn ich mit meinen Gedanken nicht überschnell vorauseile, wenn Vermutungen auch Vermutungen bleiben. Es geht kein Weg daran vorbei: Wer falsch denkt, kann nicht zu richtigen Ergebnissen kommen!

> Jeder Schritt zu mehr Selbstsicherheit lässt mich auch vorsichtiger mit dem Urteilen werden. Ich kann den Glauben an mich selbst ausbauen und kultivieren. Stabiles Selbstvertrauen mindert oder verhindert ärgerliches Verlaufen, Stolpern, Selbstblockieren und den Aufbau von Phantombildern. Immer dann, wenn die Gedanken „durchdrehen" wollen, einen Gedankenstopp setzen: „Hör auf, diesen schlechten Gedanken nachzurennen". Besser: „Es könnte auch ganz anders sein."

Abb. **36**

Ich kann ja doch nichts in der Kirche bewegen

Ich kann ja doch nichts

Ich kann ja doch

Ich kann ja

Ich kann

Ich

Beim Springen gibt es zwei „Hürden-Klassiker"

■ **„Ich habe keine Zeit." (Zeitmanagement)**
■ **„Aber mein innerer Schweinehund ..." (Selbstdisziplin)**

■ **„Ich habe keine Zeit." (Zeitmanagement)**

„Ich weiß ja wohl, aber ich habe keine Zeit." Besser hieße es: „Dafür habe ich keine Zeit." Damit kann deutlich werden, dass hinter allen Zeitnöten letztlich Zielkonflikte stecken. Meine Zeit kann ich nur einmal vergeben, obwohl ich so gerne auch noch ... Der Schlüssel für die „Zeitverschiebung" liegt in der „Nutzenerwartung" der verschiedenen Pläne und Ziele. Ich kann nicht alles, was ist also das Wichtigste? Was liegt mir besonders am Herzen? Worauf könnte ich am ehesten verzichten? Wo werde ich jetzt gebraucht? Was kann liegen bleiben? Und im Zweifel sehr konkret:
„Was habe ich davon? Lohnt sich das wirklich?" Wer für sich erkennt, vielleicht auch erst entdecken muss, was ihm wirklich „zehnfach" belohnt wird, erleichtert sich den Zugang zu mehr gefühlten Zeitanteilen.

Wird die Frage nach den Zeitanteilen noch höher gehängt, öffnen sich die Dimensionen zu den Grundwerten im Leben. Gerade in anspruchsvollen beruflichen Funktionen kommt man an dieser Frage nicht vorbei: „Was ist in meinem Leben wirklich wichtig?" Wer nicht vor ihr davonläuft und sorgfältig nach ehrlichen Antworten suchen will, kann sich über die vier Grundfelder „Körper – Arbeit – Beziehungen – Geist" konkrete Antworten bis in den Terminkalender geben.

Ungute Gefühle sind auch mit Stress verbunden. Viele Menschen fühlen sich überfordert. Sandwichsymptome wie „von allen Seiten" und „immer noch mehr" sind kein Einzelfall. So vielfältig die Gründe auch sein mögen, mittel- bis langfristig gesehen geht kein Weg daran vorbei: Der meiste Stress ist hausgemacht. Er entsteht mehr aus dem Nichterledigten als aus dem aktuellen Handeln. Das Liegengebliebene drückt, die subjektiv empfundene Überforderung zwickt. Das alles ruft nach Klärung und grundsätzlichen Lösungen, auch im Kopf. Bei Zeitmanagement und Selbstdisziplin – siehe nächster Abschnitt – ist eine Reihe von Antworten zu finden. Jeder Schritt vom Aktionismus zur Zielorientierung ist ein Baustein für Stressabbau.

■ „Aber mein innerer Schweinehund ..." (Selbstdisziplin)

Jeder kennt ihn, alle fürchten ihn: den „inneren Schweinehund". Er legt sich quer vor den guten Willen, er kläfft die eigenen Projekte an und verbeißt sich in Flucht und Verdrängung. „Eigentlich müsste ich mehr ...", „Ich weiß ja wohl, es wäre schon besser, wenn ich ...", „Ich bin nicht dazu gekommen", so oder ähnlich klingen die ernüchternden Erklärungen zu dem, was nicht vom Fleck gekommen ist und noch auf der Strecke liegt.
Es geht hier nicht um klare, sachliche Verhinderungsbegründungen. Aber sehr wohl um ihre Abgrenzung zu den „faulen Ausreden" und den vorgeschobenen Windungen. Gemeint ist die Inkonsequenz, die Halbheit, die Lustlosigkeit, die mangelnde Energie, der fehlende Ehrgeiz, der mangelnde Mut und alles das, was sich da sonst noch in der Küche der selbst zurechtgelegten Entschuldigungen zusammenbraut, jedenfalls was letztlich das wirkliche Anpacken verhindert.
Die Gründe für die mangelnde Selbstdisziplin können, so vielschichtig sie sind, nur individuell herausgefunden werden. Als Hauptmerkmale dürfen

vermutet werden: mangelnde Zielklarheit, verschwommener Nutzen, fehlende Maßnahmenplanung, Angst und Unsicherheit bei der Umsetzung. Es gibt keinen anderen Ausweg als uneingeschränkte Ehrlichkeit mit sich selbst und ein schonungsloses Aufdecken der Fluchtgründe. Wer ehrlich (wieder) die Verantwortung für sein Denken und Handeln selbst in die Hand nimmt, ist auf dem richtigen Weg. Gute Ziele lösen gutes Handeln aus. Wer von seiner Sache begeistert ist, packt an! Wer sich wirklich etwas in den Kopf gesetzt hat, ist nicht aufzuhalten!

„Hürdenfestigkeit" hat viel gemein mit Anstrengungsbereitschaft. Bin ich willens und in der Lage, das Negative hinzunehmen, oder bedeutet Orientierung auf mein Ziel hin „Erfolg ja, Aufwand nein"? Einfach gesagt: Bin ich wirklich bereit, mich für mein Ziel ins Zeug zu legen, die Ärmel aufzukrempeln, die Unebenheiten und Hürden mit Biss und Ehrgeiz beim Schopf zu packen? Nicht selten gerät diese Relation ins Wanken. „Warum soll ich mich denn anstrengen?" „Ziele und Messlatte ja, aber bitte möglichst niedrig". „Wasch mir den Pelz, aber mach mich nicht nass." Noch deutlicher: Der Bazillus von Lustlosigkeit, von Verweichlichung – die kleinste Hürde wird zum unüberwindlichen Felsbrocken – kann durchaus auch an die eigene Tür klopfen. Der verführerische Duft des „Verwöhnaromas" fördert nicht gerade den persönlichen Einsatzwillen – auch bei der Bewältigung von Hindernissen.

Und da gibt es noch andere Hürden

Im Figurenmuster nicht ausdrücklich vorgesehen, aber dennoch gültig sind die Varianten von Hürden. Da gibt es das Fallen, das Verlaufen oder auch die blinden Sackgassen und das Blasenlaufen. Es ist ähnlich wie bei den behandelten Hürden: Sie gehören dazu. Und so gilt auch hier: Nicht „Fallen, Verlaufen ..." an sich ist der entscheidende Punkt, sondern: „Wie gehe ich damit um?" Es kommt darauf an, die Sonderfälle als hilfreichen Teil des Weges zu akzeptieren. Fallen ist erlaubt, aber bitte immer einmal mehr aufstehen als hinfallen. Mit der Nase vor die Wand der Sackgasse zu laufen, kann die Spürnase für das Finden des richtigen Weges schärfen. Natürlich ist die durchgelaufene Blase am Fuß schmerzhaft, aber auf die nächste Druckstelle wird der Körper sich besser einzurichten wissen.

Ich nehme meinen Schlüssel zur „selbstbewussten Mitte" und sage mir ...

> *Ich habe auch in kritischen Situationen Respekt vor jedem Menschen. Ich verurteile gegebenenfalls das Verhalten, niemals die Person.*

Bei eigenen Hindernissen:

> *Bei Spannungen und Konflikten gehe ich den Weg der Mitte. Sehr bewusst. Auch wenn ich andere Menschen dabei in „Höhen oder Tiefen" erlebe. Das hilft anderen und mir. Ich strebe Doppelgewinner an. Immer.*
> *Ich habe den Mut für Umkehr und Versöhnung.*

Bei fremden Hindernissen:

> *Ich helfe, so gut ich kann. Ich kann vermitteln und ausgleichen, aber ich bin kein Schiedsrichter. Ich möchte, dass alle mit erhobenem Haupt die Arena verlassen können. Wenn möglich, immer.*

Ich nehme meinen Schlüssel zur „Selbstverantwortung" und sage mir ...

> *Hindernisse sind besondere Herausforderungen auf meinem Weg. Ich nehme sie an.*

> *Ich rechne die Verantwortung dafür nicht voreilig den anderen, meiner Kindheit oder dem lieben Gott zu.*

> *Ich weiß, wie ich mit Hindernissen umgehen muss. „Mein" Thema packe ich jetzt an.*

> *Ich fange bei mir an: Was kann ich tun? Wo finde ich Lösungen? Welchen aktiven Beitrag kann ich leisten? Wie kann ich am besten die „Steine im Weg" beseitigen, zerkleinern, umgehen ...?*

Ich nehme meinen Schlüssel zum "konstruktiven Denken" und sage mir ...

> Ich gehe zuversichtlich auf Hindernisse zu. Immer.

> Ich mache aus allem das Beste. Immer.

> Ich suche die Türen in den Mauern. Immer.

> Ich suche nach Lösungen. Immer.

> Ich schaue nach vorn. Immer.

> Ich bleibe auf dem Boden der Realität. Immer.

> Ich lerne aus Fehlern. Immer.

> Ich nehme von jedem Hindernis etwas Gutes mit. Immer.

Was sagt die Bibel?

Die Geschichte vom barmherzigen Vater
(Lk 15,18-20)

„Ich will zu meinem Vater gehen und zu ihm sagen: ‚Vater, ich bin vor Gott und vor dir schuldig geworden; ich bin es nicht mehr wert, dein Sohn zu sein. Nimm mich als einen deiner Arbeiter in Dienst!' So machte er sich auf den Weg zu seinem Vater.
Er war noch ein gutes Stück vom Haus entfernt, da sah ihn schon sein Vater kommen, und das Mitleid ergriff ihn. Er lief ihm entgegen, fiel ihm um den Hals und überhäufte ihn mit Küssen."

Ich lese daraus ...

> Nach meinem Eindruck sind die häufigsten und zugleich größten Hindernisse die Störungen in den Beziehungen zwischen den Menschen. Diese Hürden bestehen aus gestörten Gefühlen, aus Verletzungen, aus Beschädigungen des Selbstwertgefühls und anderen Wunden im Ego. Von kleinen Nadelstichen bis zu tiefen Einschnitten. Es geht „an meine Ehre". So sind Konflikte nicht selten hohe Hürden. Da ist Nachsicht und Neuanfang oft leichter gesagt als getan.

> In der Geschichte vom barmherzigen Vater finde ich dazu Antworten. Für mich ist auffällig: Es wird nichts beschönigt, es gibt kein Nachkarten. Der Vater schaut nach vorn, er ist lösungsorientiert, er will Verbesserung. Er hat die Tür nicht endgültig zugeschlagen. Er kommt seinem Sohn entgegen! Er kommt ihm aus der starken „selbstbewussten Mitte" entgegen! Für ihn gilt hier: Liebe vor Recht! Er durchkreuzt die negative Spirale „Weil du mir das angetan hast, bin auch ich so zu dir." Er durchbricht das so verhängnisvolle „Auge um Auge".

> Hier sehe ich wieder die durch und durch konstruktive, gleichwohl aber realistische Grundhaltung des Neuen Testamentes. Es wird wie selbstverständlich hingestellt, dass Menschen Fehler machen, auch richtig große Dummheiten. Es wird nicht gesagt, dass sie mit

einem Wisch weggefegt werden können. Das falsche Verhalten wird nicht kleingeredet, sondern „ab jetzt ein neuer Anfang" gesetzt. Über Liebe und Versöhnung wird wieder ein gutes Gefühl möglich. Da kann man sich wieder um den Hals fallen. Und sogar mit Küssen überhäufen.

Springen kann bedeuten, über den eigenen Schatten zu springen. Insbesondere das Neue Testament enthält wertvolle Empfehlungen für erfolgreiches „Springen".

Abb. 37

Bibelzitate

„Lass dich nicht vom Bösen besiegen, sondern überwinde es durch das Gute!" *(Röm 12,21)*

2 Kor 4,8-9

„Ich bin von allen Seiten bedrängt, aber ich werde nicht erdrückt. Ich weiß oft nicht mehr weiter, aber ich verzweifle nicht. Ich werde verfolgt, aber Gott lässt mich nicht im Stich. Ich werde niedergeworfen, aber ich komme wieder auf."

Jak 1,19

„Denkt daran, liebe Brüder und Schwestern: Jeder soll stets bereit sein zu hören, aber sich Zeit lassen, bevor er redet, und noch mehr, bevor er zornig wird."

Mt 26,52

„Aber Jesus befahl ihm: ‚Steck dein Schwert weg; denn alle, die zum Schwert greifen, werden durch das Schwert umkommen.'"

Mt 11,28-30

„Ihr plagt euch mit den Geboten, die die Gesetzeslehrer euch auferlegt haben. Kommt alle zu mir; ich will euch die Last abnehmen! Ich quäle euch nicht und sehe auf niemand herab. Stellt euch unter meine Leitung und lernt bei mir; dann findet euer Leben Erfüllung. Was ich anordne, ist gut für euch, und was ich euch zu tragen gebe, ist keine Last."

Abb. **37**

Joh 14,1

„Dann sagte Jesus zu allen: ‚Erschreckt nicht, habt keine Angst! Vertraut auf Gott und vertraut auch auf mich!'"

1 Petr 3,9

„Vergeltet Böses nicht mit Bösem und gebt Beleidigungen nicht wieder zurück!"

Eph 4,26

„Versündigt euch nicht, wenn ihr in Zorn geratet! Versöhnt euch wieder und lasst die Sonne nicht über eurem Zorn untergehen."

Joh 7,24

„Urteilt nicht nach dem äußeren Eindruck."

Hebr 4,12

„Das Wort Gottes ist lebendig, es ist eine wirkende Macht. Es ist schärfer als das schärfste beidseitig geschliffene Schwert."

Mk 3,3

„Jesus sagte zu dem Mann mit der abgestorbenen Hand: ‚Steh auf und stell dich in die Mitte!'"

2 Kor 6,7

„Meine Waffe für Angriff und Verteidigung ist, dass ich tue, was vor Gott und vor Menschen recht ist."

Röm 13,12

„Deshalb wollen wir alles ablegen, was zur Finsternis gehört, und wollen uns mit den Waffen des Lichtes rüsten."

Jer 8,4

„Wenn jemand hinfällt, steht er dann nicht schnell wieder auf? Wenn jemand vom Weg abkommt, kehrt er nicht gleich wieder um?"

Lk 6,41

„Warum kümmerst du dich um den Splitter im Auge deines Bruders oder deiner Schwester und bemerkst nicht den Balken in deinem eigenen?"

Ps 18,30

„Mit dir, mein Gott, ... springe ich über Mauern."

Ich springe

Das ist wichtig	Auf Hürden und Hindernisse muss ich immer gefasst sein. Es gibt gute Hilfen für ein Überspringen oder Umgehen. Wer es lernt, sich von Hürden nicht abhalten zu lassen, kann große Sprünge machen.
Ich meine	Die größten Hürden sind Störungen in den Gefühlen. Die konstruktiven Lösungen dafür sind zu wenig bekannt. Bei Beachtung wichtiger Punkte ist vieles leichter.
Die Bibel sagt	Das Neue Testament hat das alte unproduktive „Auge um Auge" aufgehoben. Es empfiehlt kluge, besonnene Lösungen: „Lass dich nicht vom Bösen besiegen, sondern überwinde es durch das Gute!" (Röm 12,21)
So geht es weiter	Es gibt Aufenthalte, die sinnvoll sind. Das „Rasten" in der nächsten Station beschreibt stärkende Haltestellen.

Ich raste

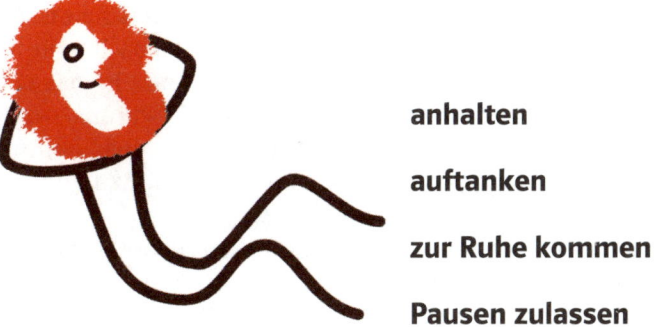

anhalten

auftanken

zur Ruhe kommen

Pausen zulassen

Geschichte 1

Anhalten und Auftanken. Nicht nur für den Körper.

Wir sind auf dem Weg nach Rom. Was uns auf dem Weg begegnet, nehmen mir mit. Wir sehen, wir hören, wir fühlen, wir sprechen, wir schweigen. Und wir halten an, bei jeder Entdeckung halten wir an. Einmal ist es der große Käfer. Wir freuen uns über das Prachtexemplar eines Hirschkäfers. Ein anderes Mal fällt uns ein riesengroßes Tag-Pfauenauge auf. Es begleitet uns ein schönes Stück. Wir sind für den Schmetterling offenbar „dufte". In der Schweiz sehen wir auf einem Bauernhof einen mit Dachpfannen geschriebenen Spruch: „Das walte Gott. Das behüte Gott." Welche tiefe Beziehung zum Glauben! Alle Welt soll sehen, woran ich mein Leben festmache! Für uns drei Grund genug für ein Gespräch über das Bekenntnis der Menschen zu ihrem Glauben. Auch die gelegentlichen Gespräche über den Gartenzaun nehmen wir gern für eine kleine Verschnaufpause. Manch ungewöhnlichen Kommentar für unsere Pilgertour fangen wir uns ein: „Zu Fuß? Nach Rom? Ihr seid verrückt!"

Viele kleine Kirchen und Kapellen liegen auf dem Weg. Unausgesprochen sagt jede einladend: „Schau mal rein. Gönn dir ein Durchatmen." Fast immer folgen wir dieser Einladung. Das Bild, das wir erleben, ist unspektakulär und doch eigenartig. Immer gleich: eine wohltuende Ruhe. Raum und Einrichtung sprechen von alten Zeiten. Hier haben schon vor hundert, dreihundert, vielleicht fünfhundert Jahren die Menschen Ruhe und Frieden gesucht und ihre Anliegen vorgetragen. Heute ist das nicht anders. Heilige Orte des Rastens. Eine reflexartige Aufforderung zur Sammlung. Als wenn der Raum sagen wollte: „Halte an, setz dich, komm zur Ruhe. Unterbrich deinen Lauf, lass dir was sagen. Höre nur zu."

Einmal in der Toskana. Die Kirche San Rocco in der Nähe von Portofino liegt auf unserem Weg. Freund Klaus stimmt laut „Laudate omnes gentes" an. Mutig, ungewöhnlich, erstaunlich? Wir drei singen drei Strophen. Ein Beter gibt sich nach unserer Gesangseinlage als heimischer Pastor zu erkennen. Sein Kommentar ist eindeutig: „Solche tollen Gesangseinlagen wünsche ich mir öfter."

Das eigene Unterbrechen des Weges ist für uns Methode. Wir suchen geradezu das Ungewöhnliche aus dem Normalen. Anlässe dafür gibt es genug. Das Gespräch, der besondere Augenblick, ein genaueres Hinschauen, wach sein für das Besondere. Wir sind dankbar für die kleinen Entdeckungen.

Pausieren ist mehr als anhalten

Pausen braucht jeder – eine Binsenweisheit. Wasserflasche auffüllen, Muskeln entspannen, durchatmen. Aber Pausieren ist mehr. Anhalten liefert Kraft. Für die nächste Etappe. Für Körper und Geist. Wann und wo halten wir an? Wann kommen wir zur Ruhe? Alle machen Pause. Die Schule, die Uni, die Fabrik, das Herz. Für alle ist das selbstverständlich. Was gibt es da zu sagen? Eine Menge, denn mit den Pausen ist es wie oft im Leben: Das Selbstverständliche ist nicht immer das Normale.

Was ist außer den Selbstverständlichkeiten wichtig?

Pausen zum Nachdenken: Anhalten ist Innehalten. „Zur Besinnung kommen" meint „zum Sinn kommen". Wie will ich erfolgreich ankommen, wenn mir unterwegs meine „Sinne" entschwunden sind? Pausieren macht Sinn. Bedenkzeit an Weggabelungen hilft, kluge Entscheidungen für die nächste Etappe zu fällen, ärgerliche Umwege zu vermeiden. Sinnfragen in den Pausen können sein: Bin ich noch auf meinem Weg? Wie weit bin ich gekommen? Wie weit ist es noch? Wo soll es jetzt lang gehen? Wie geht es mir und den anderen?

Pausen für eine längere Ausdauer: Sportliche Radfahrer wissen: Unterwegs regelmäßig trinken, auch wenn noch kein Durst zu spüren ist. Wenn die Zeit läuft, davonzulaufen scheint, wenn viele Ziele an mir ziehen, lauert die Gefahr, „das Trinken" zu überspringen. Jetzt kann ich mir einfach keine Pause leisten. Wie soll es weitergehen, wenn ich jetzt unterbreche? Deshalb die Pausen überspringen? Mein Körper folgt meinem Auftrag „Weiter ohne Rast", bis es nicht mehr geht. Nach dem Hamsterrad kommt die Notbremse. Der dauernd angespannte Bogen wird ohne Entspannung zerspringen. Ich falle vom Rad, ohne selbst angehalten zu haben. Jetzt kann ich nicht mehr.

Pausen trotz dringlicher Arbeitsbelastungen: Hält mich die Verantwortung für andere von meiner Pause ab? Ich höre zum Beispiel von den Pfarrern, die „ihren Montag" nicht ernst nehmen, ich kenne die Not der pflegenden Angehörigen, die an ihre Grenzen stoßen. Wo ist die Grenze? Wo will ich, wo muss ich an mich selbst denken? Nein sagen können, ohne ein schlechtes Gewissen zu haben. Vielleicht muss ich das üben.

Geplante Pausen: In einem Buch gleichen Namens habe ich über „Stopping" gelesen. Die Kernidee des Verfassers David Kundtz ist einfach: In regelmäßigen Zeittakten Chancen für Atemholen nutzen. In Sekunden an der Ampel, pro Tag „eine halbe Stunde für mich", einmal pro Monat ein gutes Gespräch über das Woher und Wohin. Und einmal pro Jahr ein paar Tage Auszeit mit dem Eintauchen in Gedanken, die unterwegs auf der Strecke geblieben sind. Für mich ist die jährliche Fußwallfahrt nach Kevelaer eine Oase der bewegenden Ruhe.

Jeder kann sich seine Anhaltepunkte suchen. Wie bei der Tankstelle: Energie auffüllen, Wischwasser nachfüllen, Luft überprüfen und gelegentlich die Scheiben für einen besseren Durchblick säubern. Meine Tankstelle für das Auto kenne ich. Gut, wenn ich auch die Raststätten für andere Energiequellen kenne. Zum Beispiel: ruhige Orte in der Natur, meine Jogaübungen, lange Bahnfahrten und Ähnliches.
Ich habe meine Stellen zum Rasten, damit ich nicht ausraste. Unterbrechung ist Teil von erfolgreichem Gehen. Der Verzicht auf Pausen bringt keinen Zeitgewinn!

Geschichte 2

Im Einfachen das Schöne entdecken

Wir sind auf dem Weg nach Rom. Die Vorbereitung auf die Tagesverpflegung ist immer gleich. Jeden Morgen besorgt einer von uns im Wechsel für jeden zwei Brötchen, eine doppelte Cervelat-Wurst und ein bis zwei Äpfel. Für das Wasser sorgt jeder selbst. Die Pause liegt heute an einem ungestörten Plätzchen mitten im Wald. Auf einem Baumstamm in der Toskana machen wir uns breit. Ein anderes Mal auf einem großen Stein direkt unten am Vierwaldstätter See. Oder auf der Kante eines Bootes am Strand der ligurischen Küste. Eine einfache Sitzgelegenheit finden wir immer. Nach den ersten zwei Stunden Marsch und vielleicht acht / neun Kilometern haben wir uns ein gutes Frühstück verdient. Die eingepackten Vorräte schmecken uns. Nein, wir genießen sie.
Wir reden über dieses besondere Genießen. Wir fragen uns, woran es liegt, dass diese Art der Pausen nicht nur dem Körper gut tun. Eine Antwort: Das Besondere ist das Einfache. Und wir freuen uns über unsere Freude am Einfachen. Das gute Gefühl kommt nicht vom Komfort. Gleich geht es weiter. Gestärkt durch eine gute Pause.

Dem Pausieren einen Wert geben

Pausen sind Chancen für „Lässigkeit". Für Lassen, Loslassen, Zulassen. Ohne Anspruch auf Leistung und Ergebnis die Gedanken kreisen lassen. Das Unbewusste ist dankbar, dass es zu Wort kommen darf. Zur Ruhe kommen braucht Vorlauf. Deshalb ist Muße nicht Gammeln. Diese Signale nach innen geben: „Spinne! Du darfst. Was meinst du? Was willst du mir sagen?" Ich kann nur aus mir herauskommen, wenn ich vorher zu mir nach innen gekommen bin. So entstehen Impulse und Ziele, Einsichten und Aussichten.

Beim Anhalten kann ich gut auf die bisherige Strecke zurückschauen. Ich finde immer Abschnitte, für die ich mir auf die Schulter klopfen kann. Ich mir. „Prima, dass du diese schwierige Strecke so gut gemeistert hast." Ich bin mir selbst ein guter Freund. Ich meine es gut mit mir. Deshalb darf ich mich auch selbst loben. Das stärkt mich für das Weitergehen. Daraus hole ich mir Kraft für die nächste Etappe. Meine Vorschau ist entsprechend zuversichtlich. Auf geht's!

Ich nehme meinen Schlüssel zur „selbstbewussten Mitte" und sage mir …

> *Ich habe Verantwortung für mich und für andere.*

> *Ich bemühe mich, meine Kräfte gerecht einzusetzen.*

> *Ich bin kein Egoist, wenn ich auch an mein Auftanken denke. Niemand darf mir meine Kräfte rauben.*

> *Von anderen lasse ich mir meine Pausen nicht nehmen. Nur so kann ich anderen weiterhelfen und weiter helfen.*

> *Ich habe den Mut, im richtigen Moment nein zu sagen. Das tut mir gut.*

Ich nehme meinen Schlüssel zur „Selbstverantwortung" und sage mir ...

> Ich bin für mein Auftanken zuständig. Für meine körperlichen und geistigen Raststätten. Ich bin nicht rastlos.

> Ich finde für mich die richtige Dosis meiner Auszeiten. Ich finde für mich ein gutes Verhältnis zwischen An- und Entspannung.

> Ich weiß für mich, wann, wie oft und wo ich anhalten will.

> Ich kenne meine Energiequellen. Einige Haltepunkte tun mir besonders gut. Dahin gehe ich des Öfteren.

> Ich komme zur Besinnung. Ich komme zur Ruhe. Ich setze mir Ruhepunkte. Ich kenne die Wege dahin. Pausen helfen mir dabei. Diese Pausen gönne ich mir. Diese Zeit gehört mir.

> Ich finde Zeiten für Muße. Ich höre auf die Signale von innen. Da ordnen sich manche Gedanken wie von selbst. Ich lasse die innere Stimme zu. Sie gibt mir Antworten. Ich höre von innen, was gut für mich ist.

Ich nehme meinen Schlüssel zum „konstruktiven Denken" und sage mir ...

> *Ich stärke mich für die nächste Etappe.*
> *Die werde ich schaffen.*

> *Pausen geben mir neue Zuversicht.*

> *Die Rast hat mich gestärkt für einen neuen Anlauf, für eine absehbare Hürde, für eine voraussichtliche Durststrecke.*

> *Ich weiß, wie viel ich noch vor mir habe. Ich teile mir meinen Weg ein. Ich bedenke mein Marschtempo. Die nächste Pause plane ich für ...*

> *Ich kenne den Unterschied zwischen Gammeln und Muße.*

**Ich mache kluge,
kreative Pausen.**

Was sagt die Bibel?

Wir suchen einen ruhigen Platz
(Mk 6,31-32)

„Jesus sagte zu ihnen: ‚Kommt jetzt mit, ihr allein! Wir suchen einen ruhigen Platz, damit ihr euch ausruhen könnt.' Denn es war ein ständiges Kommen und Gehen, sodass sie nicht einmal Zeit zum Essen hatten. So stiegen sie in ein Boot und fuhren an eine einsame Stelle."

Ich lese daraus ...

> „Ein ständiges Kommen und Gehen. Nicht einmal Zeit zum Essen." Das klingt für viele Menschen auch heute höchst aktuell! Bei Jesus und seiner Truppe war es offensichtlich so. Es gibt viel zu tun. Kein Wunder: Wer persönliche Probleme löst und Hilfe anbieten kann, ist gefragt. Aber Dauerlauf ist keine Lösung. Die Natur weiß das. Die große Pause des täglichen Schlafens für jede Kreatur ist Beweis: Eine ordentliche Zeit für Regeneration und Erholung ist lebensnotwendig.

> So ist es auch naheliegend, gelegentlich die hektische Betriebsamkeit zu unterbrechen. Von selbst geht das eher selten. Jesus: „Wir suchen einen ruhigen Platz." Suchen! Aktiv! Einen Platz finden, an dem sich die Gedanken sortieren können, wo der Kopf frei wird, wo das Gesagte sacken kann, wo die Eindrücke verarbeitet werden, wo ein Durchatmen möglich ist. Also „an eine einsame Stelle fahren", da wo die richtigen Bedingungen für Ruhe und Gelassenheit zu finden sind. Ruhe muss dabei nicht Stillstand sein. Selbstverständlich gibt es auch bewegende Kraftquellen wie Spaziergang und Waldlauf, wie Rad fahren und Fußwallfahrt. Unser Körper weiß, was gut für ihn ist. Wir müssen ihn nur „lässig" lassen. Zur Ruhe kommen heißt: zur Ruhe gehen.

> Jesus nutzte das für sich. Wir lesen: „Am nächsten Morgen verließ Jesus lange vor Sonnenaufgang die Stadt und zog sich an eine abgelegene Stelle zurück. Dort betete er." (Mk 1,35) „Scharenweise kamen die Menschen, um ihn zu hören und sich von ihren Krankheiten hei-

len zu lassen. Aber Jesus zog sich zurück und hielt sich in einsamen Gegenden auf, um zu beten." (Lk 5,15-16)

Ohne Anhalten geht es nicht lange weiter. Rasten vermeidet Ausrasten. Einkehr hilft beim Auskehren. Pausen sind Kraftquellen. Für jede Art von Energie.

Abb. **38**

Bibelzitate

„Wir wollen also alles daransetzen, zu dieser Ruhe zu gelangen!" *(Hebr 4,11)*

Jes 40,29
„Er gibt den Müden Kraft, und die Schwachen macht er stark."

Jes 40,31
„Aber alle, die auf den Herrn vertrauen, bekommen immer wieder neue Kraft, es wachsen ihnen Flügel wie dem Adler. Sie gehen und werden nicht müde, sie laufen und brechen nicht zusammen."

Ps 36,10
„Du selbst bist die Quelle, die uns Leben schenkt."

Mk 2,27
„Jesus fügte hinzu: ,Gott hat den Sabbat für den Menschen geschaffen, nicht den Menschen für den Sabbat.'"

Ps 23,2-3
„Er bringt mich auf saftige Weiden, lässt mich ruhen am frischen Wasser und gibt mir neue Kraft."

Ps 62,2
„Nur auf Gott vertraue ich und bin ruhig; von ihm allein erwarte ich Hilfe."

Ich raste

Das ist wichtig	Regelmäßiges Anhalten ist lebensnotwendig. Ich kann etwas aus meinen Pausen machen. Ich suche mir Anhaltspunkte. Rasten ist hauptsächlich „Lassen". „Lässigkeit" wird belohnt.
Ich meine	Rasten wird zu oft als lästiges Übel, gar als Hindernis angesehen. „Rastlos sein" kann Ausrasten verursachen.
Die Bibel sagt	Jesus hat Pausen eingebaut: „Wir suchen einen ruhigen Platz, damit ihr euch ausruhen könnt." (Mk 6,31)
So geht es weiter	Rasten ist weitgehend Auftanken aus eigenen Kräften. Manchmal reicht das nicht. Die nächste Station „Schutz suchen" befasst sich mit Hilfen von außen.

Ich suche Schutz

ein Dach suchen

beschirmen lassen

Vertrauen haben

behütet sein

Geschichte 1

Unterschlupf in der Schweiz

Wir sind auf dem Weg nach Rom. In der Schweiz sind wir über Berg und Tal unterwegs. Meistens mit Sonne. Meistens. Heute liegt die vorhergesagte Schauerwahrscheinlichkeit bei 80 Prozent. Wir machen uns trotzdem auf den Weg. Mal sehen, was kommt. Und der Schauer kommt. Nach der Farbe der Wolken zu rechnen, wird er heftig. Die Folge der Blitze wird häufiger. Wohin können wir uns flüchten? Wo können wir uns unterstellen? Wo sind wir sicher? Auf unserem Weg sehen wir links und rechts kein Haus. Für die hier weit zurückliegenden Gehöfte gibt es an der Straße eine überdachte Sammelstelle für Mülltonnen. Sie ist halbhoch, zu niedrig, um aufrecht zu stehen, aber sie ist unsere Rettung. Also drei Mülltonnen raus, drei Männer rein. Eine Wahl haben wir nicht: Hauptsache trocken, Hauptsache sicher. Jetzt kann der Regen kommen. Es gießt wie aus Kübeln. Was soll uns schon passieren? Wir schützen uns mit dem, was nahe liegt. Diese Art von einfachem Schutz ist beim Weiterlaufen heute ein Thema für uns. Wir freuen uns einmal mehr über die Einfachheit. Am nächsten Tag am Ufer des Zürichsees bietet uns ein altes umfunktioniertes Bahnwärterhäuschen Unterschlupf. Auch hier: Komfort ist unwichtig. Sicherheit und Schutz gehen vor.

Der Folgetag kennt nur Dauerregen. Vom morgendlichen Start bis abends. Pitsch, patsch, pitsch, patsch, bei jedem Schritt, stundenlang. Jeder schützt sich gegen das Wasser so gut es geht. Aber irgendwann hat der Eigenschutz seine Grenzen. Alles ist durchnässt, die Schuhe, die Socken ... bis aufs Hemd. Auf dem Weg nach Einsiedeln finden wir mitten im Wald die Kapelle von St. Meinrad. Sie bietet uns gleich mehrfachen Schutz. Als trockener Ort eine gute Gelegenheit, die nassen Klamotten zu wechseln. Sie ist aber auch Kapelle. Ort für Einkehr und Ruhe. Wir können erstmal durchatmen. Eine Pilgerin auf dem Jakobsweg nach Genf hat sich unseren Liedern und der Losung des Tages angeschlossen. Sie erzählt von ihrer Suche nach sich selbst. Auch das ist für uns später Thema.

Dieser Regentag hat einen „barmherzigen" Abschluss. Wir sind für die Übernachtung angemeldet im Kloster Ingenbohl bei den barmherzigen Schwestern vom Heiligen Kreuz. Der lange Regenmarsch steckt uns in den Knochen. Die letzte Kraft für den letzten kleinen Anstieg. Da endlich hinter der Biegung ist das Kloster zu erkennen. Wir werden erwartet – und wie. Heftiges Winken am Fenster. „Das müssen sie sein." Die Tür geht auf: „Gelobt sei Jesus Christus." Unsere freudige Antwort: „In Ewigkeit. Amen." „Gut, dass Sie da sind." Wir sind willkommen – herzlich. Schwester Zita: „Stellen Sie Ihre nassen Sachen vor die Tür." Am nächsten Morgen ist alles trocken. Welche unmittelbar spürbare Nächstenliebe! Einfach und direkt. Wahrhaft von Herzen. An manchen Regentagen im Leben sind wir auf fremde Hilfe angewiesen. Manchmal ist es gut, irgendwo unterzukommen. Guter Schutz gibt gutes Gefühl. Und lässt durchhalten.

Einflüsse von außen lassen sich nicht abschalten

Ich kann vorsorgen und ausrüsten. Noch eine Jacke mehr einpacken, noch eine Versicherung mehr. Jetzt kann mir nichts mehr passieren. Oh doch! Manchmal bin ich auf fremde Hilfe angewiesen. Jeder Wanderer kennt das. Wählerisch kann man da nicht immer sein. Das nehmen, was kommt. Nicht ausweichen können. In dieser besonderen Situation froh sein, dass es da „noch etwas gibt". Das höchste Gut, meine Sicherheit ist in Gefahr. Mit eigener Kraft kann ich mich nicht mehr retten. Ich brauche etwas, was mich auffängt. Die Möglichkeiten für den eigenen Schirm sind begrenzt.

Es gibt kein schlechtes Wetter ...

Vieles ist über Kleidung zu lösen. Wo ist die Grenze zwischen Selbstvorsorge und notwendigem Außenschutz? Viel und gute Vorbereitung? Ja, aber sie stößt rasch an Grenzen. Zu viel mitschleppen aus lauter Übervorsorge? Damit komme ich nicht voran, das kann mich unnötig belasten. Ballast abwerfen kann den Lauf erleichtern. Statt Überfürsorge will ich ein begrenztes Risiko bewusst hinnehmen.

Geschichte 2

„Mein Hirt ist Gott der Herr"

Wir sind auf dem Weg nach Kevelaer. In Marienbaum haben wir fast zwei Drittel der Strecke geschafft. Noch liegen zwanzig Kilometer vor uns. Nach der ausgiebigen Mittagspause machen wir uns wieder auf den Weg. Die nächsten Kilometer gehören zu meiner Lieblingsstrecke. Es geht durch den so genannten Reichswald. Ein ausgedehntes Waldstück am Niederrhein. Links und rechts der Straße hohe Bäume. Die Zweige überschlagen sich und werden zu einem Dach. Wir singen: „Mein Hirt ist Gott der Herr." Der Schall dringt in die Zweige und wird von dort zurückgeworfen. Im Wechselgesang vorn die Frauen: „Er wird mich immer weiden." Alles wirkt auf mich überschaubar, behütet, geborgen, vertraut. Wir sind gemeinsam unterwegs, nie allein. Das gute Gefühl von Schutz und Geborgenheit stellt sich wie von selbst ein. Es ist der bekannte, einfache Text aus den Psalmen. Hier passt er für mich haargenau in die Situation. Ich empfinde konkreten Schutz. An der Spitze der Gruppe geht das Kreuz. Über die Köpfe hinweg bewegt es sich auf und ab. Schwankend, mal mehr oder weniger zu sehen. Auch wenn ich es nicht sehe, es ist da. „Ich gehe voran. Geht doch einfach mit. Vertraut mir nur. Ich lasse euch nicht im Stich." Der uralte Gesang und die passende Umgebung. Die gesamte Pilgergruppe verstärkt dieses gute Gefühl. Wir laufen gemeinsam unseren Weg. Wir haben das meiste hinter uns. Was soll schon noch passieren? Ein gutes Gefühl aus der Geborgenheit. Wo kann man Vertrauen schon sonst mit den Füßen spüren? Ich bin nicht allein unterwegs. Wir werden ankommen.

„Mein Hirt ist Gott der Herr" stand schon auf der Liste der selbstgewählten Lieder für unsere Hochzeitsmesse vor mehr als vierzig Jahren. Es ist gut geeignet für lange Wegstrecken. Da gibt es immer Etappen, bei denen besonderer Schutz gebraucht wird.

Ich bin nicht allein unterwegs. Wir werden ankommen.

Gelegentlich brauche ich Beschützer

Auf langen Wanderungen ergeben sich besondere Herausforderungen. Immer wieder. Gut zu wissen, dass ich nicht allein bin. Das gute Gefühl entsteht, wenn ich darauf vertrauen kann, dass ich auch in Sondersituationen beschützt werde. Die Quelle für den ungewöhnlichen Schutz kann ich – obwohl mit den Händen zu greifen – oft nicht begreifen. Gibt es Schutzengel? Ich habe sie für mich erlebt. Und dann war da noch der Sparkassendirektor, der offen bekennt: „Herr Hecking, Sie waren mein Schutzengel. Sie sind mir in einer schwierigen Situation über den Weg gelaufen."
Wir Menschen sind manchmal „von allen guten Geistern" verlassen. Schutzengel sind gute Geister, die sich einmischen. Mit unerklärlichen Hilfen in ungewöhnlichen, manchmal brenzligen Situationen. Scheinbar ohne Ausweg. Und dann ist da plötzlich, wie aus heiterem Himmel, doch eine Lösung. Wer sich auf „die unsichtbaren Kräfte von oben" einlässt, kann so etwas erfahren. Meine Mutter hatte keine Zweifel: „Ich schicke dir einen Schutzengel mit auf den Weg" hat sie mir öfter nachgerufen. Fest steht: Alles Vorsorgen findet rasch Grenzen. Das Unvorhergesehene kommt. Wann? Wie? Es ist gut, sich auf „höhere Mächte" verlassen zu dürfen. Schutz suchen wie beim Regenschauer dient der äußeren Sicherheit. Daran glauben zu können, dass es auch Schutzkräfte gibt, die „geschickte" Begleiter sind, ermuntert mich, auch um „inneren Schutz" zu bitten. Sich die Gewissheit zu holen von „Ich bin bei euch alle Tage", gibt mir ein gutes Gefühl für alles, was kommt.

Schutzengel sind unfassbar, in doppeltem Sinn. Unsichtbar und unbegreiflich. Lassen wir alle Engel ihre Arbeit machen!

Ich nehme meinen Schlüssel zur „selbstbewussten Mitte" und sage mir ...

> *Mein Hauptweg ist in der Mitte. Ich kümmere mich um mich und dich. So gut es geht.*

> *Ich nehme Schutz an: Ich habe die innere Stärke, wenn nötig, Schutz zu suchen und anzunehmen.*

> *Ich gebe Schutz: Ich biete, wo nötig, meinen Schutz an.*

> *Ich bin Beschützer für meine Schutzbefohlenen.*

> *Ich kann sensibel unterscheiden zwischen gebraucht und ausgenutzt werden.*

> *Ich sehe Mitmenschen, die sich in der Haltung „von oben herab" oder „von unten herauf schauen" bewegen. Mit meinen Möglichkeiten biete ich Schutz für heilsames Herabsteigen und befreiendes Aufbauen.*

> *Ich lasse anderen ihre Selbstverantwortung. Ich bin kein falscher Retter. Ich weiß, dass im Regen jeder zunächst seinen eigenen Schirm nutzen möchte.*

Ich nehme meinen Schlüssel zur „Selbstverantwortung" und sage mir ...

> Ich bin bei mir. Ich bleibe bei mir in starken und in schwachen Zeiten. Ich übernehme die Verantwortung für meine Sicherheit, für meine Vorsorge, für Leib und Leben. Dafür bin ich zuständig. Ich weiß, dass ich mich nicht billig auf andere verlassen darf.

> Mein Vorsorgen hat Grenzen. Überfürsorge engt mich ein und wird mir zur Last.

> Ich will mich nicht in Watte packen. Ohne Risiko geht es nicht. Ich weiß darum. Damit kann ich gut leben. Gut dosierte Gelassenheit macht mich innerlich frei.

> Ich kann nicht immer alles selbst tun. Einen Teil muss ich anderen überlassen.

> Das macht mich nicht unruhig. Ich kann mich zur Not auf fremde Hilfe einlassen. Und auch darum bitten. Ich balanciere zwischen diesen beiden Wegen. Im Zweifel werde ich „von guten Mächten wunderbar getragen".

Ich nehme meinen Schlüssel zum „konstruktiven Denken" und sage mir ...

> *Ich konzentriere mich auf meinen Weg. Es ist normal, dass nicht immer alles glatt laufen kann. Statt Schwarzmalen und Schönfärben wähle ich mir meine Lieblingsfarbe als positiven Wegbegleiter. Ich habe meine Symbole für Schutz und Zuversicht.*

> *Ich suche bei Gefahr die Nähe zu Halteseilen und Fangnetzen. Ich weiß, wie ich aufgefangen werden kann.*

> *Ich wähle eine offene, gleichwohl wachsame Gangart.*

> *Was habe ich nicht schon alles erlebt?! Durch welche engen Gassen musste ich schon durch?! Auch das werde ich hinbekommen.*

Ich gehe mit Zuversicht.

224

Was sagt die Bibel?

Ps 23,1-4

„Der Herr ist mein Hirt; darum leide ich keine Not. Er bringt mich auf saftige Weiden, lässt mich ruhen am frischen Wasser und gibt mir neue Kraft. Auf sicheren Wegen leitet er mich, dafür bürgt er mit seinem Namen. Und muss ich auch durchs finstere Tal – ich fürchte kein Unheil! Du, Herr, bist ja bei mir; du schützt mich und du führst mich, das macht mir Mut."

Ps 91,1-2

„Wer unter dem Schutz des höchsten Gottes lebt, darf ruhen bei ihm, der alle Macht hat. Er sagt zum Herrn: ‚Du bist meine Zuflucht, bei dir bin ich sicher wie in einer Burg. Mein Gott, ich vertraue dir!'"

Ich lese daraus ...

> Das sind zwei bekannte Abschnitte aus den Psalmen des Alten Testamentes. Kummer und Sorgen sind uralte Begleiter des Menschen. Auf meinem Lebensweg muss ich immer mit „finsteren Tälern" rechnen. Oft komme ich aus eigener Kraft „da durch", manchmal sind mir die Hände gebunden. Dann fühle ich mich schutzlos. So gut es geht, kann ich das ungute Gefühl von Unsicherheit, vielleicht auch Angst, ausgleichen durch Vertrauen. Durch Vertrauen in geeignete Hilfen von außen. Sich dabei unter Gottes Schutz stellen zu können, ist ein Angebot für „Netz und doppelten Boden". Das könnten Jesusworte sein: „Ich nehme dir nicht alle Probleme ab. Die ‚finsteren Täler' kann ich dir nicht ersparen. Aber im Zweifel bin ich immer da. Dafür habe ich meine Engel. Wenn du ‚finstere Täler' vor dir hast, dann melde dich bei mir. Ich lass dich nicht im Stich." Beim Evangelisten Lukas klingt dieses Angebot sehr konkret: „Bittet und ihr werdet bekommen! Sucht und ihr werdet finden! Klopft an und es wird euch geöffnet! Denn wer bittet, der bekommt; wer sucht, der findet; und wer anklopft, dem wird geöffnet." (Lk 11,9-10)

> Gut, wenn man daran glauben kann. „Du schützt mich und du führst mich, das macht mir Mut." Mir geben die Texte aus den Psalmen ein gutes Gefühl. Mein Vertrauen ist erhärtet durch persönliche Erfahrungen. Die kann ich nicht belegen und begründen. Ich lade Sie ein, diese Erfahrungen selbst zu machen.

Abb. **39**

Bibelzitate

„Und das sollt ihr wissen: Ich bin immer bei euch, jeden Tag, bis zum Ende der Welt." *(Mt 28,20)*

Hiob 31,4

„Gott sieht doch, was ich tue und was nicht; er zählt doch alle meine Schritte nach!"

Jer 1,8

„Hab keine Angst vor Menschen, denn ich bin bei dir und schütze dich. Das sage ich, der Herr."

Jer 16,19

„Ich sagte: ‚Herr, du gibst mir Kraft, du beschützt mich, zu dir kann ich fliehen in Gefahr.'"

Jes 41,10

„Fürchte dich nicht, ich stehe dir bei! Hab keine Angst, ich bin dein Gott! Ich mache dich stark, ich helfe dir, ich schütze dich mit meiner siegreichen Hand!"

Lk 22,43

„Da erschien ihm ein Engel vom Himmel und gab ihm Kraft."

Ps 27,1

„Der Herr ist mein Licht, er befreit mich und hilft mir; darum habe ich keine Angst. Bei ihm bin ich sicher wie in einer Burg; darum zittere ich vor niemand."

Ps 91,9-11

„‚Der Herr ist meine Zuflucht.' Beim höchsten Gott hast du Schutz gefunden. Darum wird dir nichts Böses geschehen, kein Unheil darf dein Haus bedrohen. Gott hat seinen Engeln befohlen, dich zu beschützen, wohin du auch gehst."

2 Sam 7,9

„Bei allem, was du unternommen hast, habe ich dir geholfen."

Ps 18,31

„Wer in Gefahr ist und zu ihm flieht, findet bei ihm immer sicheren Schutz."

Ich suche Schutz

Das ist wichtig	Es kann Stellen auf dem Weg geben, für die ich ein Dach brauche. Dann ist es gut, wenn ich Schutzhütten kenne oder finde.
Ich meine	Es ist eine menschliche Stärke, sich wenn nötig Schutz gefallen zu lassen. Manchmal muss man das lernen.
Die Bibel sagt	Die Bibel bietet den Menschen seit Jahrtausenden vertrauensvolle „Schutzräume": „Du schützt mich und du führst mich, das macht mir Mut." (Ps 23,4)
So geht es weiter	Wir laufen oft gemeinsam. Das eröffnet viele Chancen. Die nächste Station liefert Anregungen für gemeinsames Unterwegssein.

Ich gehe gemeinsam

in die gleiche Richtung

wir reden unterwegs

Gehilfen und Gehhilfen

begleiten

mitteilen

Geschichte 1

Sich gemeinsam auf den Weg machen

Es ist der letzte Samstag im August. In Bocholt auf dem Platz vor der St.-Georg-Kirche bereiten sich rund tausend Fußpilger auf einen besonderen Tag vor. Trubel, Unruhe, Rüsten. Um Punkt 6.30 Uhr geht es los: „Wunderschön prächtige ..." Seit 1733. Ich habe einen gehörigen Respekt vor dem Tag. Heute sind es fünfzig Kilometer bis nach Kevelaer. Am Montag die gleiche Strecke zurück. Das Marschtempo ist auf rund fünf Kilometer pro Stunde angelegt. Jeder Schritt will gelaufen sein. Viele Pilger kennen sich, die meisten sind schon öfter mitgelaufen. Ich auch. Das Ziel ist anspruchsvoll, aber machbar. Unterwegs geht es alles andere als nur fromm zu. Natürlich singen und beten wir. Natürlich ist die Gruppe kein aufgescheuchter Hühnerhaufen. Alles ist in bester Ordnung. Die Wallfahrtsleitung hat alles gut im Griff. Auch das gemeinsame Singen und Beten klappt. Seit Jahrhunderten eingeübt. Mit optischen Signalen durch hohe Stäbe werden die Einsätze gleichmäßig angezeigt. Das funktioniert prima ohne jede Technik. Wir laufen in doppelten Zweiergruppen. Rosenkranz und Lieder sind gute Marschbegleiter. Die Stimmung ist entspannt, es wird gelacht und gescherzt. Ich schaue in fröhliche Gesichter. Ich sehe die Menschen, die nicht nur reden, sondern tun. Die mit beiden Beinen auf der Erde stehen oder besser: gehen.

Unterwegs erleben wir Gemeinschaft. Wir tauschen uns aus. Außer mit Pflaster und Getränken vor allem mit Worten. „Wie geht es deinem Knie? Was macht dein Knöchel?" Der Austausch ist locker und ungezwungen. Jeder spricht mit jedem, so wie es sich zufällig ergibt. Jeder nimmt auch den anderen ein Stück mit. „Was hast du auf dem Herzen?" Ich höre dir zu. Ich gehe mit dir. Wir gehen zusammen. Es ist eine Gemeinschaft, die Freud und Leid teilt. Es ist ein gutes Gefühl, nicht allein zu sein, andere sind mit mir unterwegs. Was soll schon passieren? Das Gemeinsame wird zur Stärke. Das gegenseitige Stützen wirkt Wunder. Manche sagen, allein nach Kevelaer zu laufen geht, wenn überhaupt, dreimal schwerer. Sie haben Recht.

Wir reden auch über Religion und Glauben. Ich suche die Gelegenheiten dazu. Eines dieser Gespräche werde ich nicht vergessen. Auf dem Rückweg nach Bocholt sind wir kurz vor der Rheinbrücke bei Rees. Mit Karl M., zirka 65 Jahre, diskutiere ich über Gott und die Welt. Wir haben uns etwas zurückfallen lassen und laufen zu zweit hinter der Gruppe. Unser Gespräch ist intensiv. Karl M. ist unkompliziert und direkt. „Ich habe keine Angst vor dem Tod. Ich bin sicher, dass ich dort oben mit offenen Armen empfangen werde." Wir tauschen uns aus über Erfahrungen und Erwartungen, über Glauben und Zweifel, über das Woher und Wohin. Wallfahren löst „Be-geisterung" aus! Ich werde an die Erzählung von Emmaus erinnert: „Brannte uns nicht das Herz ..." Drei Wochen nach unserem Gespräch erfahre ich: Karl M. ist mit dem Fahrrad tödlich verunglückt. Für mich steht fest, er ist angekommen.

Miteinander in der gleichen Richtung

Ich bin nicht allein unterwegs. Immer gehe ich mit anderen, immer gehen andere mit mir.
Der Mensch ist ein soziales Wesen. Gleicher Weg, gleiche Ziele, gleiche Interessen. Wir sind miteinander unterwegs in Beziehungen, mit der Familie, mit Freunden und Bekannten. Es ist ein gutes Gefühl, wenn jemand und andere mit mir laufen. Aus dem gemeinsamen Gehen erwachsen besondere Kräfte, dann ist eins plus eins drei. Wenn ich das Gefühl habe, niemals allein zu sein, wenn mich die Gemeinschaft trägt, dann werden alle meine Schritte auf meinem Wege sicherer. Dann habe ich mehr Mut und Kraft beim Durchhalten, beim Finden des richtigen Weges, beim Überwinden von Hindernissen. Geteilte Freude ist doppelte Freude, geteiltes Leid ist halbes Leid.
Für mich ist dieses Wallfahren auch ein Ebenbild von Kirche. Wir sind gemeinsam auf dem gleichen Weg unterwegs zum gleichen Ziel. Eine große Gemeinschaft. Mit Höhen und Tiefen. Mit Freud und Leid. Immer mit Vertrauen und Zuversicht.

Allerdings: Gemeinschaft regt an oder auf. Ein gutes Team und sein Geist fallen nicht vom Himmel. Was bringe ich in die Gruppe ein? Was gibt die Gruppe mir? Jeder weiß es: Es ist eine große Herausforderung, aus dem Ich ein Wir zu machen. Fürwahr ein Dauerlauf. Wir laufen die größten Strecken gemeinsam. Wie kommen wir miteinander am besten voran? Außer dem guten Willen gibt es eine Reihe von guten Begleiterscheinungen. So ist es etwa auf langen Strecken wichtig, die unterschiedlichen Schrittgeschwindigkeiten auszugleichen. Niemand darf dem anderen davonlaufen. Alle sollen mitkommen. Auch bei unterschiedlicher Kondition. Auf der anderen Seite: Die Langsamen können die Schnellen bremsen. Wie finden wir das gemeinsam richtige Tempo?

Geschichte 2

Unterwegs in den Allgäuer Bergen

Es ist Sommerzeit. Wir sind zu zweit auf einer Höhe von etwa 2.000 Metern. Da gibt es auch zu dieser Zeit noch Schnee. An manchen Stellen blockiert er den Wanderweg. Links eine steile Anhöhe, unmittelbar rechts ein Abhang, dazwischen eine schmale Spur mit halbfestem, matschigem Schnee. Einen Umweg gibt es nicht, also durch. Ich gehe vorweg, sorgfältig, vorsichtig. Wirklich gefährlich ist das nicht. Meine Frau ist hinter mir: „Ich habe Angst, soll ich? Ich weiß nicht." Sie geht, und es passiert: Sie rutscht ab, nur ein, zwei Meter, aber der Abhang ist weiter abschüssig. Sie liegt im feuchten Schmutz und vor allem mit der Sorge: nicht tiefer rutschen! Ich gehe behutsam zurück und sage ruhig und bestimmt: „Ich halte dich fest, es kann nichts passieren." Die Situation ist nicht dramatisch, aber erschreckend. Was geht in diesen Sekunden durch ihren und meinen Kopf? Blitzartig: Gefahr, Sicherheit, was tun? Nach wenigen Minuten gelingt die Rettung. Ulla steht wieder auf festen Füßen. Von oben bis unten mit Lehm verdreckt. Erstmal eine Bank suchen. Bis auf einige Abschürfungen ist alles heil geblieben. Nach und nach verduftet auch der Schreck. Das Gefühl von „Ich bin nicht allein" tut gut. Jedes unaufgeregte besonnene Wort hilft. Jedes. Da ist jemand, der bei mir ist. Der hilft. Alles wird gut. Wir sprechen noch lange über diesen „Fehltritt".

Ich brauche Gehhilfen und Gehilfen

Jeder längere Weg hat Unebenheiten und Stolperfallen, steile Stellen und rutschige Passagen. Worauf kann ich mich da stützen? Was erleichtert mir das Gehen? Was macht meinen Gang sicherer? Manchmal brauche ich Gehhilfen. Sie unterstützen, wenn nötig, meine Beine und schonen meine

Knochen. Dafür gibt es Geländer und Krücken, Stöcke und andere Hilfen. Darauf will ich, wenn nötig, nicht verzichten. Für die Orientierung im Gelände und auf unbekannten Wegen nutze ich geistige Gehhilfen: Wegweiser, Wanderbücher und Landkarten.

Und im Falle des Falles? Kann ich mich immer und überall allein auf meine Gehhilfen stützen? Gewiss nicht! Wenn ich zusätzlichen Halt brauche, wenn ich mich festhalten möchte, wenn ich gestürzt bin, dann brauche ich oft mehr als nur Gehhilfen. Dann werden aus den Gehhilfen Gehilfen. Es ist gut zu wissen, dass ich im Falle eines Falles nicht allein bin. Ich kann mich auch auf andere Menschen verlassen. Vertrauen in Gehilfen trägt.

Aber da gibt es auch noch den Klotz am Bein. Ein Zuviel an Begleitung kann lästig sein. An die Hand genommen werden? Ja, aber wann? Zu großer Verlass auf die Gehhilfen und Gehilfen löst „Muskelschwund" bei mir aus. Grundsätzlich gilt: Jeder will und soll auf eigenen Füßen stehen! Jeder soll sich seiner eigenen Laufwerke bewusst sein und sie nutzen. Irgendwo habe ich aufgeschnappt: Wer immer nur getragen wird, verlernt am Ende das Laufen.

Geschichte 3

Wir reden miteinander

Wir sind auf dem Weg nach Rom. Laufen und laufen, Kilometer für Kilometer, Etappe für Etappe. Da gibt es ganz praktische Fragen: Wie weit ist es für heute? Wo geht es lang? Wie wird das Wetter? Wie weit ist es noch bis ...? Geht es da links oder rechts weiter?
Unterwegs geht unser Thema häufig über das aktuell Praktische hinaus. Lebendiger Austausch über das, was uns bewegt. Manchmal nur Schweigen. Gelegentlich reichen Blicke. Immer begleitet von kleinen Späßchen. Wir sind mit Freude unterwegs.

Auf unserem Weg nach Rom hatten wir drei nicht ein einziges Mal Ärger oder Streit miteinander. Das liegt nicht daran, dass wir immer einer Meinung waren. Das kommt nicht davon, dass wir uns seit ewigen Zeiten kennen würden. Das hat nichts damit zu tun, dass es keine Reibungspunkte geben konnte. Oder gar daran, dass wir perfekte Menschen wären. Wir haben darüber gesprochen, woran es gelegen hat. Es war, so sind wir sicher, die Art und Weise, wie wir miteinander umgegangen sind. Wir haben uns gegenseitig respektiert, jeder war guten Willens, wir haben unaufgeregt unsere Meinungen nebeneinander gesetzt. Wir haben uns verstanden, weil wir uns verstehen wollten. Das geht nicht ohne Kompromisse. Dazu gehört, gelegentlich eine Fünf gerade sein zu lassen. Wir haben offen über alles gesprochen, auch über das Unbequeme. Jeder war ehrlich bemüht um einen Geist von ungekünsteltem Frieden und lebendiger Herzlichkeit. Es geht nicht um salbungsvolle Gefühlsduselei oder schwulstigen Harmoniebrei. Im Gegenteil: um eine lebensnahe, vernunftorientierte Art, wie Menschen gemeinsame Ziele erreichen können. Es geht.

Wir hatten ein solch gemeinsames Ziel. Wir wollten alle ankommen. Am Freitag, den 31. März 2006, nachmittags gegen 15.30 Uhr, haben wir gemeinsam das Ortsschild von Rom erreicht. Eine herzliche Umarmung: das äußere Zeichen von tiefer Dankbarkeit und Erfüllung. Innerlich war da noch viel mehr.

Wie reden wir miteinander?

Lassen sich die angedeuteten Erfahrungen vom Pilgerweg auf die Wanderungen des Lebens übertragen? Wir sind dauernd gemeinsam unterwegs. Wir teilen den Weg. Wir tauschen uns aus. Wir teilen uns mit. Wir reden miteinander. Immer, wenn wir gemeinsam eine Strecke unseres Lebens unterwegs sind, in Beziehungen, am Arbeitsplatz, schließlich sogar mit uns selbst. Von früh bis spät: andauerndes Senden und Empfangen. Wie komme ich an? „Warum verstehst du mich nicht? Hörst du überhaupt zu? Und deine Blicke!" Der ganze Körper spricht. Im Zweifel sind die Worte unwichtig. Wir sprechen unbewusst und empfangen unbewusst. Was sagen wir uns wie? Trauen wir uns, alles zu sagen? Können wir es aushalten, nichts zu sagen? Wie reden wir an den Weggabelungen, an Hürden? „Wie meinst du das? Ich habe dich nicht verstanden. Das sehe ich ganz anders. Heute bin ich nicht gut drauf. Ich kann nicht mehr. Aber wir wollen doch gemeinsam ankommen!"

Worauf kommt es an, damit wir erfolgreich miteinander umgehen?

Kommunikation, der Austausch von Informationen, ist ein riesiges Thema. Wie, wer, was, was nicht, weshalb nicht ...? Komplexer geht es kaum. Wir haben privat und beruflich mit unterschiedlichsten Menschen zu tun, freiwillig, unfreiwillig, wechselnde Situationen, jung, alt, fremd, vertraut ... unübersehbar! Woher kann aus diesem Dickicht eine Lösung kommen? Es bleibt der Blick auf das Generelle. Was ist wirklich wesentlich? Das reduziert sich hier auf die Frage: Wie gehe ich mit mir und anderen um? Welche Kernhaltungen helfen mir? Worauf will ich achten? Was ist für alle Beteiligten nützlich? Muss ich mich auch mal zurücknehmen?

Wichtiges rund um die Kommunikation auf den Punkt gebracht

> Kommunikation läuft immer. Immer, wenn ich in die Nähe eines Menschen komme, geschieht Senden und Empfangen. Automatisch, ohne unser bewusstes Zutun. Das berühmte Zitat von Paul Watzlawick sagt: „Es gibt nicht Nicht-Kommunikation." Wir reden immer. Ein aufmunternder Blick, ein freundliches Kopfnicken, ein kurzes Danke, ein fröhliches Pfeifen, ein tiefer Seufzer, eine Gardinenpredigt, der erhobene Zeigefinger, auch „beredsam schweigen" oder die „kalte Schulter" zeigen. Gestik und Mimik. Verdeckte und offene Botschaften. Zuwendung? Die bunte Welt der menschlichen Kommunikation: der Austausch von Botschaften.

> Senden und Empfangen: Was will ich sagen? Was soll bei dir ankommen? Wie kommt es zu dir her? Aus der Kindheit kann ich mich noch gut an das alte Dampfradio erinnern. Krächzen und Jaulen statt Stereo und HiFi. Damals wie heute: Frequenzen und Kanäle, Funklöcher und Störsender, abschalten und reinhorchen, es ist alles gleich: Technische und menschliche Kommunikation haben ähnliche, vielfach sogar gleiche Gesetze. Die vielen Voraussetzungen machen gutes Absenden und erfolgreiches Empfangen nicht leicht. Fest steht: Eine perfekte Übertragung ohne Datenverluste ist bei menschlicher Kommunikation nicht möglich. Kommunikation ist ein offener Prozess. Und: Über ihre Wirkung entscheidet der Empfänger, nicht der Absender.

> So wie ich denke, so bin ich. Und so stelle ich mich dar. Jeder Absender gibt immer etwas von sich preis: Was ich auf dem Herzen habe, habe ich auch auf der Zunge. Das bewegt mich, davon spreche ich. Ich strahle von innen nach außen.

So kann ich ankommen. So kann ich Gehör finden.

Ich kann mich ernsthaft bemühen, guter Absender sein. Mehr nicht, aber auch nicht weniger. Absenden mit Garantie auf Ankommen gibt es nicht. Aber ich kann meine Chance auf Ankommen erhöhen. Erheblich. Die Qualität von erfolgreicher Kommunikation kommt aus der Mitte. Aus welcher Haltung sende ich ab? Welchen Absender-Geist mache ich mir zu Eigen? Ein Klima von Vertrauen und Wohlwollen, eine Grundlage von Akzeptanz und Verständigung entsteht „auf Augenhöhe" der Mitte. Mit glaubwürdig menschlicher Wertschätzung, völlig egal, welche Menschen sich da begegnen. Dazu kann ich immer einen aktiven Beitrag leisten. Glaubwürdige Haltung ist wichtiger als geschliffene Formulierung.

Abb. **40**

Wir verstehen uns, aber wie?
Ich möchte ankommen, wie am besten?

- *Ich bemühe mich, immer gut in den Wald zu rufen. Immer.*
- *Ich nutze die drei Schlüssel aus meinem Rucksack.*
  So gut es geht.
- *Ich zeige menschliche Wertschätzung bei jeder persönlichen Begegnung. Bei jeder.*
- *Ich kann zuhören. Das ist Wertschätzung.*
- *Ich wende mich zu. Das ist Wertschätzung.*
- *Ich zeige Interesse für das Thema des anderen.*
  So gut es geht.
- *Ich bin ehrlich, authentisch, gradlinig. Ich bin berechenbar.*
  Immer.
- *Ich verzichte auf Vorwürfe, Angriffe. Ich muss mit Widerstand rechnen. Immer.*
- *Ich rede mit anderen, nicht über andere. Niemals schlecht.*
- *Ich verliere mich nicht in Entschuldigungen. Nur, wenn sie angebracht sind.*
- *Ich bewege mich gedanklich in der Mitte. Immer.*
- *Ich schaffe Frieden. So gut es geht.*
- *Ich komme zu Wort. Geschickt und abgewogen.*
- *Ich habe gute Worte. So gut ich kann.*
- *Ich rede kein „Blech". Niemals.*
- *Ich nehme mich auch zurück. Das kann beredsam sein.*
- *Ich kann be-geistern. Mit einem guten Geist.*
- *Ich schätze menschliche Werte. Für uns beide.*
- *Ich habe meine Zunge im Zaum. Immer. Naja, fast immer.*

Ich nehme meinen Schlüssel zur "selbstbewussten Mitte" und sage mir ...

> Ich bin mir wichtig. Das billige ich meinem Mitmenschen genauso zu. Ich lege beim Umgang mit anderen Menschen Wert auf menschliche Würde. Für mich und mein Gegenüber. Ich bewege mich möglichst im "grünen Bereich" der Mitte. Ich spreche auf Augenhöhe. Das ist immer mein Ziel.

> Ich trete fest auf, ohne anderen auf die Füße zu treten. Ich passe auf, dass mir niemand zu nahe kommt.

> Bei Störungen kann ich mich klug aus der Mitte wehren. Das fördert den Frieden bei mir und anderen.

> Ich sehe auch, was links und rechts vom Weg ist. Scheuklappen brauche ich nicht.

> Gut, dass ich nicht allein unterwegs bin. Wenn nötig kann ich mich auf ... verlassen. Das gibt mir ein gutes Gefühl.

> Ich bin als Wegbegleiter auch selbst gefordert. Ich stehe zu meinem Wort. Aus dem Geist der Partnerschaft kommen wir gemeinsam an.

Ich nehme meinen Schlüssel zur
„Selbstverantwortung" und sage mir ...

> Meine Selbstverantwortung beginnt beim Absenden. Das habe ich selbst in der Hand und auf der Zunge. Ich bemühe mich um Qualität beim Absenden.

> Ich weiß, dass ich Abgesendetes nicht wieder einfangen kann.

> Ich spreche mit meinem ganzen Körper.

> Ich bin für meinen Weg selbst verantwortlich. Für jeden einzelnen Schritt.

> Ich nehme andere mit, andere nehmen mich mit. Unsere Schritte werden so stabiler.

> Ich passe auf, dass ich auf dem Weg bleibe.

Ich nehme meinen Schlüssel zum „konstruktiven Denken" und sage mir ...

> Ich mache mit Freude und Zuversicht mein Wort.

> Ich habe gute, aufbauende Worte für mich und andere.

> Ich brauche positive, konstruktive Begriffe und Formulierungen.

> Ich traue mir zu, mich gut auszudrücken, das Richtige zu sagen.

> Ich strahle Selbstvertrauen aus. Das stützt mein Gefühl, meinen Lebensweg zu meistern, meine Ziele zu erreichen, mit Sinn unterwegs zu sein.

> Ich bin zuversichtlich, dass meine Botschaften ankommen. Ich kann daran glauben, dass ich nicht umsonst rede. Ich glaube an gute Ergebnisse, auch wenn ich sie nicht sofort erlebe.

> Ich muss nicht ein perfekter Redner sein, um erfolgreich reden zu können.

> Ich erwarte keine Perfektion. Nicht von mir und nicht von anderen.

> Ich bemühe mich um aufbauende, weiterführende Gesprächsführung in meiner Umgebung.

**Damit wachsen meine Chancen,
dass ich ankomme,
dass ich mich verstanden fühle.**

240

Was sagt die Bibel?

Miteinander unterwegs nach Emmaus
(Lk 24,14)
Die beiden Jünger laufen die zwölf Kilometer von Jerusalem nach Emmaus. „Unterwegs unterhielten sie sich über alles, was geschehen war."

(Lk 24,32)
„Sie sagten zueinander: ‚Brannte es nicht wie ein Feuer in unserem Herzen, als er unterwegs mit uns sprach und uns den Sinn der Heiligen Schriften aufschloss?'"

Ich lese daraus ...

> Menschen sind in Partnerschaften im engen und weiteren Sinne gemeinsam unterwegs. Oft über lange, sehr lange Strecken. Da gibt es eine Menge zu besprechen. Oft ist das Routine, aber gelegentlich geht es weit über den Rahmen des Alltäglichen hinaus.
> Das „Brennen der Herzen" fällt mir bei der Erzählung von Emmaus besonders auf.

Wann „brennt das Herz wie Feuer", wenn wir miteinander sprechen?

- Wenn ich an diesem Thema brennend interessiert bin, dann bin ich Feuer und Flamme.
- Wenn ich über etwas sprechen kann, das mir schon lange auf der Zunge brennt.
- Wenn ich für Anliegen, die mir auf der Seele brennen, herzliche Antworten bekomme, dann brennt mein Herz lichterloh.

Auf kleiner Flamme geht das allerdings nicht. Wenn der Funke überspringen soll, wenn ein glimmender Docht wieder angefacht werden soll, dann braucht es zündende Ideen. Und gute Bedingungen für einen anfeuernden Austausch.

Das ist Sauerstoff für ein lebendiges Feuer:

- Ins Gespräch kommen. Ins Gespräch gehen.
- Aufeinander zugehen. Sich nicht „auseinander setzen".
- Der Mut, von oberflächlichen Themen wie „Wetter" und „Sportergebnisse" auch in tiefere Gedanken einzutauchen.
- „Mitteilen" verstehen als „Mitte teilen" auf Augenhöhe.
- Kein „von oben herab", das auch den letzten Funken austreten könnte.
- Kein „von unten herauf", das eigene Glut verdeckt.
- „Geschlossen lassen" von zementierter Meinung.
- „Herein lassen" von anderer Sicht und Weise.
- „Einlassen" von frischem Wind mit gelegentlichen Böen.
- „Offen lassen", was das Gespräch bewirkt.
- „Aufschließen lassen" mit eigenen und fremden Schlüsseln
- Zu Wort kommen lassen und hören.

Mein Gespräch aus Geschichte 1 vor der Rheinbrücke hatte viel von diesem Sauerstoff. Wir sind aus der Reihe getanzt. Mit Fernwirkung bis in dieses Buch hinein.

„Als sie so miteinander sprachen und alles hin und her überlegten, kam Jesus selbst hinzu und ging mit ihnen." (Lk 24,15) Und dann „brannte das Herz". Als Dauerbrenner für lange Strecken.

Bibelzitate

Abb. 41

„Denn wo zwei oder drei in meinem Namen zusammenkommen, da bin ich selbst in ihrer Mitte."

(Mt 18,20)

Lk 8,18

„Gebt also Acht, dass ihr richtig zuhört."

Hebr. 13,3

„Denkt an die Gefangenen, als ob ihr selbst mit ihnen im Gefängnis wärt! Denkt an die Misshandelten, als ob ihr die Misshandlungen am eigenen Leib spüren würdet!"

Röm 12,15

„Freut euch mit den Fröhlichen und weint mit den Traurigen."

Joh 17,21

„... dass sie alle eins seien".

Mt 18,19

„Aber auch das versichere ich euch: Wenn zwei von euch auf der Erde gemeinsam um irgendetwas bitten, wird es ihnen von meinem Vater im Himmel gegeben werden."

3 Joh 1,2

„Mein Lieber! Ich wünsche dir, dass es dir in jeder Hinsicht gut geht und du gesund bist, so wie ich das von deinem inneren Leben weiß."

Gal 6, 2-3

„Helft einander, eure Lasten zu tragen. So erfüllt ihr das Gesetz, das Christus uns gibt. Wer sich dagegen einbildet, besser zu sein als andere, und es doch gar nicht ist, betrügt sich selbst."

2 Kor 11, 29

„Wenn irgendwo jemand schwach ist, bin ich es mit ihm. Und wenn jemand an Gott irre wird, brennt es mich wie Feuer."

Ich gehe gemeinsam

Das ist wichtig	Irgendwie sind wir immer gemeinsam unterwegs. Gemeinsamkeiten unter guten Bedingungen lassen mich besser ankommen.
Ich meine	Der persönliche Nutzen aus der bewussten Verbesserung von „gemeinsamer Atemluft" ist oft nicht bewusst. Viele Menschen könnten ihr Leben wesentlich leichter gestalten, wenn sie einfache Regeln für gutes Miteinander kennen und beachten würden.
Die Bibel sagt	Die folgende Zusage ist „merkwürdig": „Denn wo zwei oder drei in meinem Namen zusammenkommen, da bin ich selbst in ihrer Mitte." (Mt 18,20)
So geht es weiter	Nichts ist perfekt. Auf dem Weg zum Ziel kann Aushalten und Durchhalten gefordert sein. Mit Hilfen für „Durchhalten" befasst sich die zweitletzte Station.

Ich halte durch

aushalten

Treue

„trotzdem"

ein Kreuz tragen

Geschichte 1

Im Regen gegen den Wind

Wir sind auf dem Weg nach Rom. Zwischen Cecina und San Vincenzo an der ligurischen Küste. Die halbe Tagesetappe liegt hinter uns. Nach dem Plan sind es noch rund zehn Kilometer. Im schweren Sand des Strandes bedeutet das drei Stunden Fußmarsch. Für nachmittags ist Regen angesagt. Die Wolken türmen sich. Das wird nicht bei einem Schauer bleiben. Was sollen wir tun? Für heute abbrechen? Augen zu und durch? Wir entscheiden uns für Gehen.

Also laufen wir los: Die Schritte im Sand sind mühevoll. Einen anderen Weg gibt es nicht. Links das Land, rechts das Wasser. Vor uns der Wind. Wir laufen ihm entgegen. Der Kirchturm von San Vincenzo ist schon sehr früh zu sehen. Obwohl Verlaufen unmöglich ist, gibt er uns eine interessante Orientierung. Wir haben unser Ziel immer vor Augen. Es ist, wenn zunächst auch sehr klein, deutlich auszumachen. Wir laufen buchstäblich gegen den Wind, wir stemmen uns dagegen. Langsam aber sicher kommt das Ziel immer näher. Nein, wir kommen unserem Ziel immer näher. Nicht ohne Mühe, Schritt für Schritt. Inzwischen hat sich der Wetterbericht bewahrheitet: Der Querregen stürmt und peitscht, wir werden triefend nass. Unserem Frohsinn tut das keinen Abbruch. Es ist wie verrückt. Trotz der unbequemen, widrigen Umstände wird die Stimmung zunehmend gelassener: Wir lassen uns darauf ein, wir nehmen das an – damit ist der Druck weg. Später sortieren wir unsere nassen Sachen – und unsere Eindrücke aus dem Nachmittag. Wir sind uns einig: Die Entscheidung für Durchhalten war heute richtig. Bei einem Gewitter hätten wir vernünftigerweise abbrechen müssen, die Regenfront aber konnten wir durchstehen. Und: Durch unsere positive Einstellung haben wir die widrigen Umstände aus eigener Kraft gedreht. Erfolgreich gegen Wind und Wetter laufen, eine im Wortsinn „gegenläufige" Erfahrung.

Durchhalten ist eine Qualität

Ohne Frage: Durchhalten ist ein unbequemer Teil des Weges. Hier lohnt es sich, die Spreu vom Weizen zu trennen. Abzuraten ist, mit „hartem Nacken", sprich hartnäckig, und mit „starrem Sinn", sprich starrsinnig, stur auf seinem Weg zu bleiben. „Aushalten, Ausdauer, dabeibleiben, konsequent sein, treu bleiben" sind die positiven Auslegungen von „unbeugsam". Ich beuge mich klug, aber ich falle nicht. Diese gebeugte Haltung ist nicht Opferrolle, sie will vielmehr dem Wind wenig Angriffsfläche bieten. So auch die Figur „Ich halte durch": gebeugt, aber nicht niedergeschlagen, sondern konzentriert und zuversichtlich. Es geht voran, wenn auch langsam. Ich nehme die Last an, aber sie wirft mich nicht zu Boden. Ich bleibe in der selbstbewussten Mitte.

Dabei können die Lasten weiß Gott riesig sein. Solche Lebenserfahrungen können stützen:

- Ohne Ziel habe ich keine Kraft zum Weiterlaufen. Ein Ziel „zieht" mich. Dafür lohnt es sich weiterzulaufen. Für welches Ziel?
- Durchhalten hat etwas mit Akzeptieren des Unveränderbaren zu tun. Wozu will ich ja sagen?
- Auf keinen Fall schon beim ersten Widerstand alles hinwerfen. Was gilt es zu überwinden?
- Auch wiederholte Anläufe und Anstrengungen können notwendig sein. Was kann die Not wenden?
- Eine Entscheidung treffen: Ja, ich gehe weiter. Weshalb lohnt sich mein Weitergehen?
- Inneres Aufrichten steht dem äußeren Beugen gegenüber. Welches Gefühl kommt auf, wenn ich dagegenhalte?
- Den Aufwand nicht verdrängen, nicht scheuen. Weshalb stehe ich zu meinem Einsatz?
- Ich kann den Gegenwind nicht abstellen oder abbestellen. Wie kann ich – wie bei den Seglern – gegen den Wind kreuzen?

Geschichte 2

Ich laufe mit dem Kopf

Wir sind auf dem Weg nach Kevelaer. Die Sonne meint es heute gut mit uns. Besser gesagt: zu gut. Sie sticht. Es sind gefühlte 30 Grad. Wann ist die nächste Pause? Wie weit ist es noch? Der absolvierte Sechs-Stunden-Marsch steckt schon in den Knochen. Auch in den Socken. Und in den Füßen. Längst haben sich die ersten Druckstellen bemerkbar gemacht. Schaffe ich das ohne Blasen? Jetzt aufgeben, wo das Ziel näher rückt? Sich quälen oder „Es ist halt anstrengend"? Durchhalten um jeden Preis oder die tragbare Last annehmen? Der Wert der Wallfahrt wird nicht in Blasen gemessen. Je mehr Opfer, desto besser? Nein, sicher nicht. Sich selbst kasteien, die Umwege suchen? Falsch! Es reicht, das gegebene Kreuz auf sich zu nehmen. Damit sind wir in aller Regel schon ausreichend genug gefordert.

Was sage ich mir unterwegs, um mich mental aufzubauen? Ich male mir Bilder aus über das Ankommen. Und über das Abendessen – einschließlich des kühlen Bieres, das ich neben dem Teller sehe. Der noch ausstehende Teil des Weges ist zu schaffen. Es wird gehen. Spätestens jetzt laufe ich mit dem Kopf. Führen meine Gedanken mich in die Richtung von „Alles tut weh. Es wird immer schlimmer. Sicher werde ich gleich ..." oder „Ja, das ist heute ein dickes Ding. Aber ich werde das packen. Aufgeben? Bis jetzt gibt es dazu keinen Grund." Ich frage meinen Laufpartner zur Rechten inzwischen öfter: „Wie geht es dir? Wie gehst du? Was macht deine Wade?" Wir wissen voneinander und stützen uns. Vor allem mental. Mein Laufpartner berichtet von einem Ausspruch, den ihm sein Vater erzählt hat: „Du kannst so weit laufen, wie du sehen kannst." Wenn man das zu Ende denkt ...! Das erinnert mich an die Berichte meines Vaters aus dem Krieg: „Wir sind beim Rückzug in Russland tagelang gelaufen." Unter welchen Bedingungen? Mit welchem Schuhwerk? Das Reden darüber mindert die Tagestemperatur nicht um ein einziges Grad, aber es relativiert unsere Mühen. Gemeinsames Leid ist geteiltes Leid.

Jetzt ist die ersehnte Pause da. Der übliche Ablauf. Einen kräftigen Schluck nehmen. Hinsetzen, Schuhe ausziehen. Als Gegenwehr zu den Druckstellen ziehe ich Ersatzschuhe an. Sie bringen ein neues Laufgefühl. Die Zuversicht, auch den Rest der Strecke zu meistern, wächst. Mit Recht, abends zeigt sich, dass heute der Schuhwechsel geholfen hat.

Eine besondere Herausforderung: Durchhalten

Aufgeben oder auf die Zähne beißen? Zu frühes oder zu spätes Aufgeben? Falscher oder richtiger Ehrgeiz? Wo ist meine wirkliche Grenze? Wo bin ich überfordert? Wann kann ich wirklich nicht mehr? Gute Antworten können von innen kommen. Auf die innere Stimme hören: „Jetzt wird es zu viel für dich, mach Pause, suche andere Lösungen." Der Sinn von Durchhalten erschließt sich im Wesentlichen schon im „nicht Aufhören, wenn es zeitweise mühsam wird". Will ich nur bei Schönwetter laufen? Lasse ich mich schon vom ersten Windstoß umpusten? Die Bandbreite zwischen Muttersöhnchen und Verwöhntheit einerseits und Durchboxen um jeden Preis andererseits ist riesig. Wie viele Menschen müssen Schmerzen vielfältigster Art aushalten und können nicht davonlaufen? Wo ziehe ich meine Grenze? Woher hole ich meine Motive für „trotzdem"? Welche Lasten kann und will ich auf mich nehmen? Diese Entscheidungen bleiben in meiner Hand.

Welche Gedanken gehen dabei durch meinen Kopf? In welche Richtung gehen meine Vorstellungen? Welches Bild mache ich mir? Die letzten Kilometer meines ersten Halbmarathons in Leipzig habe ich gut vor Augen. Das Ziel zieht: „Jetzt sind es nur noch fünf Kilometer, das schaffst du." Ich lasse mich von den Zuschauern anfeuern. Ich denke mich ins Ziel. Zusätzliche Kräfte werden frei. Das Pferd hat seinen Stallgeruch in der Nase, die Kinder haben das versprochene Eis auf der Zunge. Auch Durchhalten beginnt im Kopf.

Geschichte 3

Im Führungskreis der Sparkasse

Nach drei Jahren intensiver Trainingsarbeit sind die Fragen nach dem Erfolg auf dem Tisch: „Was hat das alles gebracht? Was hat das Training bewirkt? Hat sich etwas bewegt? Sind wir wirklich weitergekommen?" Die Fragen sind berechtigt, sie müssen gestellt werden. Ich bin darauf eingestellt und habe mich präpariert. Ich habe ein Foto aus dem eigenen Garten in meinen Vortrag eingebaut. Gut zu erkennen ist alter und nachgesäter Rasen. Beides geht ineinander über. Ich lese das Gleichnis vom Sämann vor.

Das Gleichnis von der Aussaat
(Mt 13,3-9)
„Ein Bauer ging aufs Feld, um zu säen. Als er die Körner ausstreute, fiel ein Teil von ihnen auf den Weg. Da kamen die Vögel und pickten sie auf. Andere Körner fielen auf felsigen Grund, der nur mit einer dünnen Erdschicht bedeckt war. Sie gingen rasch auf, weil sie sich nicht in der Erde verwurzeln konnten; aber als die Sonne hochstieg, vertrockneten die jungen Pflanzen, und weil sie keine Wurzeln hatten, verdorrten sie. Wieder andere Körner fielen in Dornengestrüpp, das bald die Pflanzen überwucherte und erstickte, sodass sie keine Frucht brachten. Andere Körner schließlich fielen auf guten Boden; sie gingen auf, wuchsen und brachten Frucht. Manche brachten dreißig Körner, andere sechzig, wieder andere hundert."
Und Jesus sagte: „Wer Ohren hat, soll gut zuhören!"

Ich wähle die Geschichte, weil sie unmittelbar einleuchtet. Das versteht jeder. Ich kann mir gut vorstellen, wie Jesus seinen Zuhörern klar machen wollte: Eigentlich ist das Leben doch gar nicht so schwer zu verstehen. Beobachtet die Natur! Beachtet ihre Gesetzmäßigkeiten. Sie geben euch die Antworten. Heute kann ich den Führungskräften der Sparkasse glaubhaft machen: Auch beim besten Willen und bestem Samen kann nicht alles ankommen.

Das Vorlesen des Gleichnisses wirkt lange nach. Nach zwei weiteren Jahren erinnert sich der Direktor an die Diskussion um den Fortschritt: „Mit der Geschichte vom Sämann ist mir alles klar geworden."

Unterwegs die richtigen Entscheidungen treffen

Das kann dabei hilfreich sein:

- Geduld und Ausdauer sind Tugenden, die ich aus meinen körperlichen Bewegungen übertragen kann auf das geistige Durchhalten.
- Kluge Zwischenfragen: Bin ich noch auf dem richtigen Weg zum Ziel? Wo stehe ich jetzt? Wie weit bin ich bis jetzt gekommen? Welche Erfolge habe ich bisher? Was war unterwegs gut? Was ist verbesserungsfähig? Welche Erwartungen habe ich an die nächste Teilstrecke? Worauf will ich besonders achten?
- Die Zwischenergebnisse richtig werten. Falsche Wertungen über die bisher erreichte Teilstrecke verzerren das Gesamtbild. Nicht schönreden, nicht schlechtreden, was ist realistisch? Zum Beispiel bei Beurteilungsgesprächen. Tagesaktuelle Geschehnisse, positiv wie negativ, können die längerfristigen Beobachtungen überstrahlen.
- Nicht blind weiterlaufen, „weil es immer so war". Zielklarheit verhindert Scheuklappen und getrübte Sicht. Durchhalten hat ohne Ziel keinen eigenen Wert.
- Aktionismus ist vergeudete Kraft. Deshalb: klug durchhalten und klug weiterlaufen. Nicht fleißig sein, sondern klug fleißig sein. Gerade in kritischen Zeiten ist höchste Aufmerksamkeit erforderlich: Was sind wahrhaft kluge Antworten? Was ist wirklich Wahrheit? Was ist nur Worthülse?
- Treu bleiben, mit Ausdauer auf langen Strecken, mit langem Atem. Ich gebe dieser Treue einen besonderen Wert. Ich gebe meinem langfristigen Einsatz bei diesem Projekt einen besonderen Wert. Diese Wertschätzung verleiht besondere Kräfte zum Weitermachen und Durchhalten. Auch bei Rückschlägen und für besondere Anstrengungen. Liebe zu dem Menschen und den Menschen, Liebe zur Arbeit sind die Voraussetzungen.

Ich nehme meinen Schlüssel zur „selbstbewussten Mitte" und sage mir ...

> *Ich balanciere auch bei kritischen Phasen in der Mitte. Da behalte ich am besten einen klaren Kopf. Ich weiß, dass ich aus der Mitte die besten Lösungen finde.*

> *Ich zwinge niemandem **ein** Kreuz auf.*
> *Gegen seinen Willen.*

> *Ich zwinge niemandem **mein** Kreuz auf.*
> *Gegen seinen Willen.*

> *Ich zwinge niemandem meine Hilfe auf.*
> *Gegen seinen Willen.*

> *Wenn ich gebraucht werde, helfe ich durchzuhalten.*

> *Ich kann Hilfen annehmen, wenn ich sie brauche.*

> *Ich werde niemanden durch unnötiges Jammern von seinem Weg abhalten.*

> *Jammern kann anstecken – Selbstbewusstsein auch.*

Ich nehme meinen Schlüssel zur „Selbstverantwortung" und sage mir ...

> *Kann ich noch weiter? Will ich noch weiter? Ich kann mir bei anderen Rat holen, ich kann mich austauschen, aber entscheiden werde **ich**. In diesem Fall sage ich ja.*

> *Ich akzeptiere diese aufwendige Teilstrecke. Ich nehme die Verantwortung an. Ich werde das Beste aus dieser Situation machen.*

> *Wo ist meine Belastungsgrenze? Wann geht es wirklich nicht mehr?*

> *Bei diesem Thema will ich meine Grenzen herausfinden. Ich bin bereit, den Preis dafür zu zahlen. Ein Aufwand gehört zum Ertrag, ich werde ihn investieren.*

Ich nehme meinen Schlüssel zum „konstruktiven Denken" und sage mir ...

> *Zu jeder Wegstrecke gehören auch Durststrecken. Da gehe ich durch. Das halte ich aus. Hier und jetzt gibt es keinen anderen Weg. Mein Ziel vor Augen hilft mir.*

> *Ich suche nicht den Schmerz. In dieser Phase gehört er zu meinem Weg. Ohne Schmerzen geht es nicht. Ich kann Schmerzen aushalten.*

> *Ich gehe mit Zuversicht auch durch die Engstellen. Ich bleibe vorsichtig, aber ich gehe. Meine Vorfreude auf das Ziel unterstützt mich dabei.*

> *Beim Säen kann ich Unkraut akzeptieren. Geduld ist natürlicher Teil des Wachsens.*

> *Und übrigens: Was habe ich bisher schon alles in meinem Leben durchgemacht? Ich kann es gut vergleichen mit ... Damals war ich sehr froh, dass ich durchgehalten habe.*

Was sagt die Bibel?

Das Gleichnis von der selbstwachsenden Saat

(Mk 4,26-29)

„Mit der neuen Welt Gottes ist es wie mit dem Bauern und seiner Saat: Hat er gesät, so geht er nach Hause, legt sich nachts schlafen, steht morgens wieder auf – und das viele Tage lang. Inzwischen geht die Saat auf und wächst; der Bauer weiß nicht wie. Ganz von selbst lässt der Boden die Pflanzen wachsen und Frucht bringen. Zuerst kommen die Halme, dann bilden sich die Ähren und schließlich füllen sie sich mit Körnern. Sobald das Korn reif ist, schickt der Bauer die Schnitter, denn es ist Zeit zum Ernten."

Das Unkraut im Weizen

(Mt 13,24-30)

„Mit der neuen Welt Gottes ist es wie mit dem Mann, der guten Samen auf seinen Acker gesät hatte: Eines Nachts, als alles schlief, kam sein Feind, säte Unkraut zwischen den Weizen und verschwand. Als nun der Weizen wuchs und Ähren ansetzte, schoss auch das Unkraut auf. Da kamen die Arbeiter zum Gutsherrn und fragten: ,Herr, du hast doch guten Samen auf deinen Acker gesät, woher kommt das ganze Unkraut?' Der Gutsherr antwortete ihnen: ,Das hat einer getan, der mir schaden will.' Die Arbeiter fragten: ,Sollen wir hingehen und das Unkraut ausreißen?' ,Nein', sagte der Gutsherr, ,wenn ihr es ausreißt, könntet ihr zugleich den Weizen mit ausreißen. Lasst beides wachsen bis zur Ernte! Wenn es so weit ist, will ich den Erntearbeitern sagen: Sammelt zuerst das Unkraut ein und bündelt es, damit es verbrannt wird. Aber den Weizen schafft in meine Scheune.'"

Ich lese daraus ...

> Diese Gleichnisse aus der Natur sind an Realitätsnähe nicht zu übertreffen. Ja, so ist es. Einleuchtend! Das kann ich nachvollziehen und übersetzen in alltägliche Abläufe. Und dann habe ich Hilfen für meinen Alltag – hier für Durchhalten.

> So ist das beim Wachsen: Wenn der Bauer nicht die Geduld für die Zeit des Wachsens nach dem Säen hat und an den kleinen Pflänzchen zur Beschleunigung des Wachstums zieht, reißt er sie raus. Es liegt dann nicht an den Pflanzen, wenn es keine Ernte geben wird! Geduld hilft beim Durchhalten.
> Im Jakobusbrief klingt es ähnlich: „Seht, wie der Bauer voller Geduld auf die kostbare Frucht der Erde wartet. Er weiß, dass sie zum Wachsen den Herbstregen und den Frühjahrsregen braucht." (Jak 5,7) Immerhin kann ich auch selbst gelegentlich zur Gießkanne greifen und schon vor dem Säen den Boden gut aufbereiten.

> So ist das mit dem Unkraut: Niemand kann verhindern, dass ein Feind Unkraut zwischen den Weizen sät. „Das hat einer getan, der mir schaden will." Ja, so kommt es im Leben vor. Wer das Unkraut zu früh rausreißt, vernichtet auch die gesunden Halme. Gelassenheit im Umgang mit Widersachern hilft beim Durchhalten.

> Nicht so einfach ist es bei einer Form von Not und Bedrängnis, bei der enormes Durchhalten gefordert sein kann: bei Leiden. „Darunter leiden" kann man aus verschiedensten Gründen. Außer großen und größten körperlichen Leiden gibt es die vielen Varianten von unguten Gefühlen, die Ärger und Verzweiflung auslösen können. „Ich leide darunter, ... dass ich die Not bei ... sehe und hilflos bin." „... dass sich da und dort nichts ändert, obwohl es möglich wäre." „... dass meine Kinder nicht mehr zur Kirche stehen, obwohl wir in der Erziehung alles uns Mögliche getan haben." „... dass ich ihn ins Verderben laufen sehe und mir die Hände gebunden sind."

> Durchhalten kann zu einer hohen Anforderung, zu einem „Kreuz" heranwachsen. Wie weit ich das Durchhalten aushalten kann, verbindet sich schon bald mit der Sinnfrage. Wofür ist dieses Durchhalten gut? Wofür lohnt sich das Aufopfern und Hingeben?

Jesus das Kreuz nachtragen
(Mt 16,24-25)

„Wer mir folgen will, muss sich und seine Wünsche aufgeben, sein Kreuz auf sich nehmen und auf meinem Weg hinter mir hergehen. Denn wer sein Leben retten will, wird es verlieren. Aber wer sein Leben um meinetwillen verliert, wird es gewinnen."

> Ich möchte diese anspruchsvollen Empfehlungen nicht kleinreden. Immerhin: „Wer mir folgen will" bedeutet „freiwillig" und „Leben gewinnen" wird auch versprochen. Für mich steht fest, dass „sein Kreuz auf sich nehmen" nicht bedeutet, möglichst viele Kreuze zu suchen und zu sammeln. Kreuz kann immer nur Durchhalten auf dem Weg zum Ziel sein. Sinnlose Kreuze helfen niemandem.
> Ebenso sicher bin ich, dass bei den akzeptierten Kreuzen „über Nacht viel Weizen für eine gute Ernte reift".

Abb. 42

Bibelzitate

„Werft nur jetzt eure Zuversicht nicht weg, die doch so reich belohnt werden soll!" *(Hebr 10,35)*

Röm 12,12

„Seid fröhlich als Menschen der Hoffnung, bleibt standhaft in aller Bedrängnis, lasst nicht nach im Gebet."

Lk 21,19

„Haltet durch, dann werdet ihr das wahre Leben gewinnen!"

Hebr 12,1 und 2

„Darum lasst uns durchhalten in dem Wettlauf, zu dem wir angetreten sind, und alles ablegen, was uns dabei hindert ... Wir wollen den Blick auf Jesus richten, der uns auf dem Weg vertrauenden Glaubens vorangegangen ist und uns auch ans Ziel bringt."

Apg 27,7

„Viele Tage lang machten wir nur wenig Fahrt."

Jes 28,16

„Wer dem Herrn vertraut, wird ... standhalten."

Hebr 6,11

„Ich wünsche nur sehnlichst, dass jeder und jede von euch genau denselben Eifer auch an den Tag legt, wenn es darum geht, die Hoffnung auf das, was Gott uns versprochen hat, mit voller Kraft bis zum Ende durchzuhalten."

Röm 5,3-4

„Denn wir wissen: Durch Leiden lernen wir Geduld, durch Geduld kommt es zur Bewährung, durch Bewährung festigt sich die Hoffnung."

Gal 6,9

„Wir wollen nicht müde werden zu tun, was gut und recht ist. Denn wenn die Zeit da ist, werden wir auch die Ernte einbringen; wir dürfen nur nicht aufgeben."

Ich halte durch

Das ist wichtig

Weitermachen oder aufgeben? Auf langen Strecken kann es Durststrecken geben. Da sind Treue und Ausdauer gefragt. Ein Leiden durchzuhalten kann bedeuten, ein Kreuz zu tragen. Gut gelingt das nur mit Sinn. Wer Geduld an der richtigen Stelle einsetzt, wird für Aus- und Durchhalten belohnt.

Ich meine

Gutes Durchhalten verdient mehr Beachtung und Anerkennung. Ich ziehe den Hut vor Menschen mit sinnvoller Durchhaltekraft.

Die Bibel sagt

Die Bibel weiß um die Herausforderungen und tröstet: „Werft nur jetzt eure Zuversicht nicht weg, die doch so reich belohnt werden soll!" (Hebr 10,35)

So geht es weiter

Durchhalten wird erleichtert durch den Blick auf das Ziel. Um das Ankommen geht es in der letzten Station.

Ich komme an

ein Ziel vor Augen

Frucht

Ernte

erfolgreich

Siege feiern

genießen

Geschichte 1

Mit dem Fahrrad von Flensburg zum Bodensee

Die Gruppe ist klein, das Ziel ist groß, vor allem weit. Eine Mischung von sportlichem Anspruch, einer Portion Abenteuerlust und viel Vorfreude auf Neues und Natur. Auf Bewegung sowieso. Das wär doch was: Deutschland mit dem Fahrrad von Nord bis Süd. Die Idee ist da und die Beteiligten auch. Mit sechs Personen geht es auf Tour. Im ersten Jahr eine Woche von Flensburg nach Lübeck. Im nächsten Jahr beginnen wir in Lübeck, und nach insgesamt fünf Jahresetappen stehen wir am Bodensee. Wir werden nicht enttäuscht. Es gibt viel zu sehen und zu erleben: Natur in Hülle und Fülle. Unterschiedlichste Landschaften, vielfältige Fauna und Flora. Interessante menschliche Begegnungen. Deutschland ist schön. Wir erleben es zum Riechen und zum Anfassen. Nach Nord-Süd folgt West-Ost mit dem Zwischenziel Rügen. Die Fahrt geht weiter, inzwischen sind wir bis Görlitz gekommen.
Das Ziel ist Rad fahren und Gemeinschaft, Erlebnis und Bewegung. Miteinander unterwegs sein. Auf etwas zugehen. Etwas vorhaben. Hinter jeder Ecke Unbekanntes sehen. Aktiv sein, improvisieren können, Unterschiede bei Mensch und Landschaften entdecken, da gewesen sein, mitreden können. Alles ist gut vorbereitet und geplant.

Mit Freude außergewöhnliche Ideen umsetzen. Nicht „Man müsste mal", sondern „Jetzt packe ich das an." Ziele ziehen an. Ziele lösen Bewegung aus. Mit zigtausend bewegenden Umdrehungen: Touren mit dem Fahrrad sind spielerische Übungen für zielgerichtetes Unterwegssein.

Ziele machen Sinn

Wo will ich hin? Welche Visionen habe ich? Wie klar sind mir meine Ziele? Sind es überhaupt „meine" Ziele? Wenn ich nicht weiß, wohin ich will, kann ich auch nirgendwo ankommen. Saint-Exupéry sagt: „Wer den Hafen nicht kennt, in den er segeln will, für den ist jeder Wind schlecht." Ziele sind zu Recht in aller Munde. Ziele sind der Motor für Aktivitäten. Einen Endpunkt oder Zwischenpunkt festzulegen, sich ein möglichst deutliches Bild vom „Da möchte ich hin" zu machen, das ist die Aufgabe einer Zielsetzung. Ohne sie gibt es keine Eigenverantwortung und Selbststeuerung. Die zentrale Frage „Was will ich eigentlich?" klingt schlicht, aber sie hat es in sich. Die Antworten darauf liefern Orientierung, Klarheit und die Energie für die Umsetzung. Ziele geben dem Leben Sinn.

Ziele finden, Ziele haben, im Ziel ankommen. Alle Aspekte haben für die Bewegung große Bedeutung. Erst wenn ich weiß, was ich will, kann ich meine Kraft in die richtige Richtung lenken. Aktion ohne Ziel ist wie Rudern im Kreis. Das gilt für jede Art von Bewegung: ob Bergwanderung oder Tageswanderung, ob Tagesetappe oder Lebenslauf. Fest steht: Ohne Ziel gehe ich keinen einzigen Schritt.

Ziele sind Wegweiser und Geländer, sie schaffen Orientierung und Haltepunkte. Als „meine" Ziele stützen sie meine Selbstständigkeit und vermeiden „Bewusstlosigkeit". Sie erfüllen das Handeln und verwandeln Chaos in Ordnung, sie helfen Prioritäten zu setzen und sind so originelle Quelle für Selbstmotivation. Ohne jede Frage: Der Mensch braucht Ziele. Und: Wir haben sie auch. Oft aber nicht bewusst, vielfach verschwommen, nicht selten als heillos unsortiertes Gemenge von Wünschen und Bedürfnissen, von Utopien und Träumereien, von Visionen und Zukunftsvorstellungen. Ein Stück Klarheit und Präzision kann da weiterhelfen.

Wenn ich erst den Nutzen für mich erkannt habe, wenn ich erfahren habe, welche Kraft für mich hinter meinen Zielen steckt, dann lassen sie mich nicht mehr los. Dann bringen sie Anschub in mein Leben. Aus dem Ankommen erwächst Freude und Zufriedenheit. Die größte Motivation ist das Erleben des eigenen Erfolges. Ziele motivieren.

Meine beruflichen Erfahrungen

Beruflich hatte ich aus unterschiedlichsten Gründen sehr intensiv mit Zielen zu tun. Es gibt kaum ein Thema, dass so bunt, so spannungsgeladen ist, aber auch so vielversprechende Aspekte vereinigt wie die Beschäftigung mit Zielen. In einem meiner Seminare behandele ich seit vielen Jahren regelmäßig das Thema Ziele als eigenständigen Baustein. Durch Gruppenarbeit und Diskussion wird allen Teilnehmern klar, dass Ziele unerlässlich sind. Sie sind hilfreich, motivierend, bringen Orientierung und noch viel mehr Positives. Für jeden steht außer Frage: Jeder Mensch braucht Ziele. Dann folgt eine interessante, immer wiederkehrende Erfahrung. Ich gebe den Teilnehmern ein Arbeitsblatt, auf dem jeder – aufgeteilt in *privat* und *beruflich* und jeweils in *kurz-, mittel- und langfristig* – seine aktuellen Ziele aufschreibt. Ich frage nicht nach den Einzelergebnissen, aber nach dem, was es auslöst, direkt auf die eigenen Ziele gestoßen zu werden. Manche sagen „Ja, ich konnte sofort schreiben", andere zögern und überlegen, einige sind geschockt: „So habe ich noch nie über mich nachgedacht." Die Frage nach den eigenen Zielen löst bei allen einen kreativen Denkprozess aus. Hier zeigt sich eine wunderbare Chance, Worthülsen aufzuknacken. Hier kann ich den entscheidenden Schritt von der Selbstverständlichkeit ins wirkliche Tun realisieren.

Geschichte 2

Mein erster Halbmarathon in Leipzig am 8. September 2001

Ich hatte den 15-Kilometer-Silvesterlauf von Werl nach Soest im Jahr 2000 mit Erfolg absolviert. Zusammen mit mehr als 4.000 Läuferinnen und Läufern. Für meine Verhältnisse eine ordentliche Leistung. Ich wollte ankommen, die Zeit war mir nicht wichtig. Ich hatte es geschafft und freute mich riesig. Das war für mich eine persönliche Höchstleistung. Und der Anreiz für eine Steigerung: Warum nicht auch die 21,2 Kilometer vom Halbmarathon? Wer 15 Kilometer meistert, ist auch fit für mehr. Das Ziel ist gesetzt. Im nächsten Herbst ist der Sparkassenlauf in Leipzig. Ich will dabei sein, also rechtzeitig anmelden! Gesagt, getan. Das wäre absoluter Rekord. Für mich. Nicht für die gleichzeitig laufenden Marathonläufer. Mein Ziel ist *mein* Ziel. Ich laufe für mich. Nervös und unruhig vor dem Start sind wir alle. Der Blick in die Wolken ist nicht verheißungsvoll. Und so kommt es auch: Auf den letzten Kilometern schüttet es wie aus Kübeln. Ich komme durchnässt an, aber ich komme an. Die Zeit bewegt sich – auf mein Alter bezogen – im grünen Bereich. Sie ist für mich unwichtig, die Urkunde auch. Aber meinen persönlichen Erfolg kann mir niemand nehmen. Der „Leipziger Lauf" war *mein* Sportabzeichen. Ich weiß, dass ein kompletter Marathonlauf für mich eine Nummer zu groß ist. Mein Ehrgeiz bleibt in vernünftigen Grenzen. Die Freude an Bewegung ist grenzenlos.

Es geht um mich und meine Ziele

Was nehme *ich* mir vor? Was will *ich* aus *mir* machen? Wie kann *ich* meine Talente nutzen? Das sind alles höchstpersönliche Fragen. Ich darf meine Ziele nicht an anderen Menschen orientieren. Also: Ich brauche Ziele für mich, und die muss ich finden und die Wege für die Realisierung dazu. Erfolg ist relativ. Der Siegerlorbeer passt nur mir. Eine gute Hilfe für die Zielgedanken ist die Gedankenbrücke zum Sport. Alle Merkmale für Zielfindung und Realisierung lassen sich mühelos verwerten. Hier wie dort gelten die gleichen Zielgesetzmäßigkeiten.

Wichtiges rund um die Ziele

Herausfordernde Ziele

> Die motivierende Wirkung der Ziele erhöht sich, je mehr sie eine wirkliche Herausforderung darstellen. Harmlose Ziele bieten zu wenig Anreiz, also keine Aussicht auf die persönliche Belohnung für das Selbstwertgefühl. Es gilt: Fördern ist Fordern. Fordern ist Fördern. Herausforderungen fördern.

Alles überragende Ziele

> Persönliche Leitideen und Oberziele wirken wie übergeordnete Handlungsmaßstäbe. „Danach will ich mich orientieren, das ist mir über alles heilig." Beispiele: „Meine Familie geht vor", „Mehr Gerechtigkeit in der Welt ist mir ein Hauptanliegen", „Meine religiösen Überzeugungen haben bei mir einen hohen Stellenwert."

> „Das habe ich mir in den Kopf gesetzt." „Das ist meine Überzeugung." Die Wirkung im Unbewussten ist umso größer, je tiefer ich mich mit meinen Grundzielen identifiziere. An Weggabelungen, bei Entscheidungen im Leben springen mir so meine Ziele automatisch vor Augen. So werden sie zum Maßstab für mein Handeln. Deshalb haben meine großen Ziele eine große Bedeutung für mein Leben. Umso mehr lohnt es sich, diese Ziele sorgfältig zu bedenken. Es ist wie bei der Bahn: Wenn die Weichen zu einem falschen Zielbahnhof gesetzt werden, ist auch jeder Unterwegs-Bahnhof falsch.

Realistische Ziele

> Wie hoch lege ich die Messlatte? Was traue ich mir zu? Es ist unmittelbar einleuchtend: Zu hohe Ziele frustrieren. Aber Vorsicht: Auch das Gegenteil hilft nicht. Wer die Ziele zu niedrig setzt, vergibt sich Chancen. Vielleicht ist es die Angst vor Überforderung, mutige Ziele zu benennen. Ein sorgfältiges Bedenken der Ausgangssituation kann helfen, anspornende, realistische Ziele zu finden. Maßstab dafür bin ich selbst. Nur Mut, in vernünftigem Rahmen darf ich auch an meine Grenzen gehen. Wie sollte ich sonst herausfinden, was für mich als Ziel realistisch ist? Und: Ziele können wachsen.

> So gesehen brauche ich auch Ideale und Visionen, die „sehr hoch gehängt sind". Das sind Ziele, die nie erreicht werden, schon gar nicht in Vollkommenheit oder Perfektion. Aber sie haben eine Sogwirkung, sie können eine Richtung stabilisieren. Schon Laotse hat das beschrieben: „Es kommt nicht darauf an, dass du ankommst, sondern, dass du auf etwas zugehst, denn der Weg ist das Ziel." Große Lebensziele werden nur selten vollkommen erreicht. „Du kommst nirgendwo an, außer im Tod." (Antoine de Saint-Exupéry)

Konkret werden

> Eine Unterscheidung ist wichtig: das Ziel und die Maßnahmen zur Erreichung dieses Zieles. Nicht das Rasenschneiden ist das Ziel, sondern der kurze Rasen. Bei Kopfschmerzen heißt das Ziel: einen klaren Kopf bekommen, nicht Tabletten nehmen. Die Ziele sollen möglichst präzise sein. „Lauf so schnell und so weit wie du kannst!" sagt alles und nichts. Die Zielerreichung muss messbar sein. Wenn ich mir dann noch gute Maßnahmen überlege, wird alles sehr griffig. Hier liegt der Prüfstein für die Ernsthaftigkeit von Zielformulierungen.

> „Ich möchte immer schon mal ... Es wäre doch schön, wenn ich auch ...", das klingt gut, hat aber noch nicht viel mit einem Ziel zu tun. Weiterführen kann nur ein beherztes: „Ja, ich will." Ein gutes Ziel zu finden, ist nicht leicht. Es gibt so viele Vermischungen mit Wünschen, Halbwünschen, Vorstellungen, Idealen, Utopien, Visionen. Hinzu kommt die Fristigkeit: Wann will ich mein Ziel erreichen, heute, morgen oder übermorgen? Macht es überhaupt Sinn, sich etwas vorzunehmen, wenn doch wieder was dazwischenkommt? Einfach nur in den

Tag hineinleben, ist das auch ein Ziel? Deshalb ist bereits die Zielfindung ein spannender Prozess. Sie kann mich fordern, denn ernsthafte Ziele sind mit Entscheidungen verbunden, und Zielkonflikte gibt es zuhauf.

> Längst dürfte klar sein: Zielesetzen kostet Kraft. Ebenso sicher ist, dass sich der Aufwand dafür lohnt. In die Zielfindung investieren bedeutet zunächst, sich überhaupt dem Thema zu nähern. Das heißt, die Gedanken spielen lassen, reifen lassen, üben, mit Zielen umzugehen, über das Beispiel Sport selbst erkennen, dass das Wissen um Ziele und ihre Wirkungen übertragbar ist. Aber nicht auf die Zielsetzung verzichten, weil die richtige Höhe der Messlatte schwer zu finden ist. Ohne perfekt sein zu wollen, kann ich locker mit Eckzielen und Grobzielen beginnen, es bleibt ja immer viel Spielraum für Flexibilität. Je genauer ich weiß, was ich will, desto eher kann ich ankommen.

Zwei Beispiele:
> Anstatt: „Ich will mehr Sport machen" besser: „Ab jetzt werde ich einmal in der Woche Bewegungssport machen. Ich fange diese Woche an. Am Ende des Jahres möchte fit sein für einen 5.000-Meter-Lauf."

> Anstatt: „Ich will mehr auf meine Figur achten" besser: „Ich werde meine Essensgewohnheiten überprüfen. Ich kaufe mir ein Buch über Ernährungsempfehlungen. In der Familie werden wir darüber sprechen. Bis Ende dieses Monats pack ich das an."

Abb. **43**

Auf dem Weg zu meinen Zielen

Checkliste mit praktischen Fragen für den Umgang mit Zielen

- *Was beschäftigt mich dauernd?*
- *Bei welchen Themen will ich Ziele setzen?*
- *Ist mein Ziel ein wirkliches Ziel oder nur ein halbherziger Wunsch?*
- *Was verspreche ich mir von der Zielerreichung?*
- *Ist mein Ziel für mich attraktiv, herausfordernd?*
- *Wie kann ich das Ziel möglichst präzise definieren?*
- *Ist mein Ziel realistisch? Woran kann ich das messen?*
- *Welche Zusätze, z.B. „Das erkenne ich daran, dass ich …", helfen mir, auf den Punkt zu kommen?*
- *In welchem Zeitraum, bis wann, will ich das Ziel erreicht haben?*
- *Wird mein Ziel ein Handeln bei mir auslösen?*
- *Wie kann ich meine Ziele als positiven Auftrag an mich selbst definieren?*
- *Mit wem will ich meine Ziele diskutieren?*
- *Mit wem muss ich meine Ziele abstimmen?*
- *Welche Schwerpunkte und Prioritäten setze ich bei meinen Zielen?*
- *Gibt es übergeordnete Ziele, die ich berücksichtigen muss?*
- *Mit welchen Maßnahmen werde ich mein Ziel erreichen?*
- *Wie werde ich meine Fortschritte bei der Zielerreichung kontrollieren und messen?*

Geschichte 3

In Kevelaer, in Bocholt ankommen

Die letzten Stufen zur Basilika in Kevelaer haben es in sich. Ich spüre jede Faser meiner Beinmuskeln. Heute früh um halb sieben Uhr sind wir in Bocholt losgelaufen. Dazwischen liegen fünfzig Kilometer, drei Regenschauer und viel Singen, Beten und Lachen. Der linke Fuß schmerzt. Vermutlich habe ich mir auf den letzten Kilometern doch noch eine Blase geholt. Das wird sich später zeigen. Auf jeden Fall wartet nach der Dusche ein leckeres Abendessen. Und das Bier dazu wird ganz sicher auch schmecken.

„Prima, dass wir endlich da sind", das ist untertrieben. Nein, ich bin heilfroh. Mein Körper sagt mir: „Es reicht!" Das Tagesziel ist geschafft, und ich bin es auch. Aber nur körperlich. Mental bin ich obenauf. Toll, ich habe das heute gemeistert, ich bin bei allem Auf und Ab Sieger geblieben. Es ist ein innerer Sieg. Müde, aber zufrieden, abgekämpft, aber Gewinner. Eine gehörige Portion körperliche Anstrengung, aber ein sehr gutes Gefühl. Mit gutem Recht klopfe ich mir auf die eigene Schulter.

Am Montagabend in Bocholt beim Einzug in die St.-Georg-Kirche das gleiche Bild. Geschätzte tausend Bocholter belohnen die „Kevelaersen", indem sie an den Straßenrändern stehen und die Pilger begrüßen. So, wie ich es als Kind schon mit Bewunderung getan habe. Unser Klatschen nach dem Schlusssegen ist ein kräftiges Zeichen für den Jubel über ein gelungenes Ankommen. Und dann schmettern noch alle „Großer Gott wir loben dich ..." Das passt. Und wenn die unvermeidlichen Blasen ausgeheilt sind, freue ich mich auf nächstes Jahr.

Wie ist das mit der Belohnung? Jeder nimmt etwas mit, ganz persönlich. Für mich ist es ein ganzes Erfolgspaket. Es ist wie verrückt, das gute Gefühl ist da. Woher es kommt, kann ich nicht definieren. Es ist immer da, auch nach 30-mal Kevelaer. Mit immer anderen Erfahrungen von Wind und Wetter, von Blasen und Schmerzen. Es vermischen sich die Erlebnisse aus Loslegen, Unterwegssein und Ankommen, aus lockerer Gemeinschaft und ernsthaften Gesprächen. Wir waren gemeinsam auf einem spannenden Weg in die gleiche Richtung, jeder mit seinen eigenen Erwartungen, Begegnungen, Gesprächen, Zweifeln, Hoffnungen, Bestätigungen, mit körperlichem Sportbeweis, mit Stolz auf die eigene Leistung, nicht sitzen geblieben zu sein. Ich treffe viele alte Bekannte – und nicht zu vergessen: Die „Dönekes" im „Bocholter Platt" tun der münsterländischen Seele gut. Die Erfahrung Wallfahren ist für mich ein unverkrampfter Weg zu Gott und seinen „frohen Botschaften".

Das Ankommen feiern

Das Ziel ist erreicht. Eine lange Wegstrecke liegt hinter mir. Ich schaue auf den ganzen Weg. Ich bin aufgestanden, ich habe mich aufgerafft, bin ins Laufen gekommen, habe manche Hürde genommen, gespürt, wie gut Gemeinschaft tut. Ich habe durchgehalten, und nun bin ich angekommen. Ich habe eine Menge Kraft investiert, hier und da auch Federn gelassen. Aber alles Mühen hat sich gelohnt. So ist es billig und recht, dieses Ankommen zu genießen und zu feiern. Aus der Freude des Siegens erwächst ungeahnte neue Kraft. Erfolg schafft Erfolg. Wer die Belohnung unterdrückt, schießt Eigentore. Wer es verlernt hat, sich selbst auf die „innere Schulter" zu klopfen, möge es wieder lernen. Genießen können ist eine Lebensqualität.

Der Blick zurück auf bisher Erreichtes liefert neue Energie. „Bis hierher bin ich schon gekommen, so kann ich weitergehen." Immer bleibt die Bedingung stehen: Ohne Ziele gibt es keine Maßstäbe. Ohne Maßstäbe kein Ankommen und keine Erfolgserlebnisse. Hier schließt sich der Kreis vom Sitzen. Was hat mich dort zum Aufbruch bewegt? Die Aussicht auf schöne Aussichten. Das will ich jetzt erfüllt wissen. Das kommt in meinen Erfolgsspeicher. Das wird mich für meinen nächsten Weg stärken. Diese Erfahrung bereichert mich für neue Abenteuer.

So sind Ziele Anhaltspunkte im doppelten Sinne. Sie sind Orientierung für das Anlegen des Kompasses und damit Wegweiser. Sie sind aber auch Punkte zum Anhalten für den genüsslichen Blick zurück und den zuversichtlichen, herausfordernden Blick nach vorn.

Ich nehme meinen Schlüssel zur „selbstbewussten Mitte" und sage mir ...

> Meine Ziele sind **meine** Ziele. Oft gehören sie nicht mir allein. Ich stimme mich ab mit meinen Mitläufern und Begleitern.

> Ich habe das Recht, andere Ziele zu haben als meine Mitmenschen. Ich habe nicht das Recht, nur an meine Ziele zu denken. Ich habe auch den Blick für die Ziele meiner Mitmenschen und für übergeordnete Ziele des Gemeinwesens.

> Ich bleibe bei meinen Zielen ausdauernd am Ball.

Und wenn ich angekommen bin ...

> Ich feiere meine Erfolge. Meinen Erfolg darf ich mir selbst zuschreiben. Ich klopfe mir selbst auf meine Schultern.

> Ich werte meinen Anteil am Erfolg nicht ab, indem ich ihn den anderen oder dem Zufall zurechne.

> Ich schmücke mich nicht mit fremden Federn.

Ich nehme meinen Schlüssel zur „Selbstverantwortung" und sage mir ...

> *Letztlich bin nur ich selbst für meine persönlichen Ziele verantwortlich.*

> *„Was will ich in meinem Leben erreichen? Was nehme ich mir vor? Was ist mir wichtig?" Die Antworten dazu kenne nur ich.*

> *Ich kenne meine Ziele. Ich kann mich gut damit identifizieren. Ich weiß, was ich will.*

> *Das macht mich stark.*

Und wenn ich angekommen bin ...

> *Toll, ich bin angekommen. Ich freue mich riesig. Vor allem über mich selbst. Ich genieße den Augenblick. Ich bin mir selbst dankbar. Ein bisschen stolz bin ich auf mich. Ich posaune das nicht heraus, aber für mich genieße ich meinen Sieg. Ich glaube, ich bin ein Stück selbstbewusster geworden, ich bin gewachsen.*

> *Habe ich meinen inneren Schweinehund besiegt? Da habe ich einen doppelten Grund zum Feiern.*

> *Ich schaue zurück: Einfach war es nicht. Die paar Hautabschürfungen übersehe ich. Vielleicht kommt ja gerade daher das gute Gefühl. Weshalb habe ich mich beim Aufstehen so schwer getan? Hätte ich das gewusst!*

> *Welche Erfahrungen nehme ich mit auf meinen weiteren Weg? Auf jeden Fall packe ich Mut und Zuversicht in meinen Rucksack. Und jetzt ist mir klar: Wenn ich ein Ziel habe, kann ich es auch erreichen. Die neue Sicht der Dinge tut gut.*

Ich nehme meinen Schlüssel zum „konstruktiven Denken" und sage mir ...

> *Ich finde für mich Ziele. Auch wenn das nicht immer leicht ist. Zielkonflikte sind normal. Mit Vernunft finde ich Lösungen.*

> *Ich habe realistische Ziele. Ich weiß, dass sich auf dem Weg Änderungen ergeben können. Bei neuen Bedingungen muss ich vielleicht meine Ziele ändern. Ich laufe nicht blind meinen Zielen hinterher.*

> *Ich weiß, wohin ich will. Über diese Zielklarheit freue ich mich. Ich sehe meine Ziele vor meinen Augen. Auch unterwegs. Daraus hole ich mir immer neue Kraft.*

Und wenn ich angekommen bin ...

> *Ich verwerte alle Ergebnisse konstruktiv. Ich werte meine Ergebnisse ehrlich und gerecht. Was gut ist, ist gut. Was ich nicht oder noch nicht erreicht habe, benenne ich auch so. Unabhängig vom Ergebnis: Gelernt habe ich immer, Erfahrungen sind immer dabei.*

**Meine Bewegung hat sich gelohnt.
Bewegung tut gut.**

Was sagt die Bibel?

Das Gleichnis von der Aussaat
(Mt 13,8-9)

„Andere Körner schließlich fielen auf guten Boden und brachten Frucht. Manche brachten hundert Körner, andere sechzig und wieder andere dreißig. Und Jesus sagte: ‚Wer Ohren hat, soll gut zuhören.'"

Ich lese daraus ...

> *Wer* soll gut zuhören? Ohren hat doch jeder! Abgesehen von dem Sinn dieses Gleichnisses ist die Aufforderung „gut zuhören" interessant. Offenbar war es schon vor 2.000 Jahren so: Was eigentlich selbstverständlich ist, wird nicht immer so wahrgenommen. Eine solche Selbstverständlichkeit ist – wie in diesem Gleichnis – die Tatsache, dass es in der Bibel letztlich immer um Erfolg geht. Es geht immer um Ernte, Ertrag und Scheune, um Frucht und Fruchtbarkeit, Essen und Wein, um besseren Fischfang, um Lohn. (Vergleiche z.B. Mt 13,8; Mk 4,29; Mt 13,30; Lk 5,6.) In diesem Sinne kommen Belohnungen in den Texten häufig vor. Sie werden nicht ausdrücklich als Ziele benannt, sind aber Ziele.

„Wer pflanzt einen Weinberg, ohne von seinen Trauben zu essen?"
(1 Kor 9,7)

> Winzer und Bauern möchten möglichst viel Wein und Weizen „einfahren". Zu Recht. Wozu sonst das ganze „Ackern" einschließlich pflügen, säen, geduldig warten, mit Unkraut umgehen, mit Blitz und Hagel rechnen? Anstrengen – ohne jede Hoffnung auf Erfolg? Es geht um eine gute Ernte – immer. So selbstverständlich wie es klingt, ist es auch. Mensch und Natur sind auf Erfolg und Fortschritt, auf Lohn und Ergebnis ausgerichtet und angewiesen: Die Bibel ist kein Selbstzweck. Auch sie ist erfolgsorientiert. Kein Aufwand um seiner selbst willen. Ziele machen Sinn, nur Ziele lösen Bewegung aus.

> Die Bibel kümmert sich vor allem um den nächsten praktischen Schritt: Was ist der optimale Weg zum Ziel? Welches Verhalten ist am besten, um gut am Ziel anzukommen? Alle bisherigen Stationen vom Sitzen bis zum Durchhalten haben sich mit diesem Entwicklungsprozess zum Ziel befasst. Die beim „Durchhalten" ausgewählten Gleichnisse von der selbstwachsenden Saat (Mk 4,26-29) und vom Unkraut im Weizen (Mt 13,24-30) sind solche „Entwicklungshilfen" für gutes Wachstum.

Ziele, Maßnahmen und Ergebnis gehören zusammen

(Sir 6,19)
„Wenn es dir um Weisheit geht, musst du dich anstrengen wie ein Bauer, der seinen Acker pflügt und besät; dann kannst du auch eine reiche Ernte erwarten. Es kostet einige Mühe, Weisheit zu erwerben; aber schon bald wirst du ihre Früchte genießen."

> Wer Ziele und Verhaltensempfehlungen in der Bibel sucht, findet zahlreiche Angebote. Sie bietet diese Angebote immer in Freiheit an. „Das ganze Land hier steht dir offen; du kannst gehen, wohin du willst." (Jer 40,4) oder: „Ich habe euch heute Segen und Fluch, Leben und Tod vor Augen gestellt. Wählt das Leben, damit ihr am Leben bleibt!" (Dtn 30,19). Freiheit ist ein erkennbar hohes Gut. Niemand wird gezwungen, selbst auf die Gefahr hin, in die falsche Richtung zu laufen.

> Oft sind Ziele und Empfehlungen miteinander verknüpft. Sinngemäß klingt das so: „**Wenn** ihr das wollt, **dann** empfehle ich euch ..." Dazu Beispiele:

- „**Wenn** es dir um Weisheit geht ..." (Sir 6,19), siehe oben.

- „**Wer** nach dem wahren Leben verlangt und glückliche Tage sehen will, **der** nehme seine Zunge gut in Acht, dass er nichts Schlechtes und Hinterhältiges sagt. Er kehre sich vom Bösen ab und tue das Gute. Er mühe sich mit ganzer Kraft darum, mit allen Menschen in Frieden zu leben." (1 Petr 3,10-11)

- „**Wer** diese meine Worte hört und sich nach ihnen richtet, (**der**) wird am Ende dastehen wie ein kluger Mann, der sein Haus auf felsigen Grund baute." (Mt 7,24)

- „**Wenn** du mit anderen teilst, (**dann**) wirst du selbst beschenkt; **wenn** du den Durst anderer stillst, (**dann**) lässt man dich auch nicht verdursten." (Spr 11,25)

- „**Wenn** du anderen Güte und Liebe erweist, (**dann**) findest du Gegenliebe, Ansehen und ein erfülltes Leben." (Spr 21,21)

- „Hüte meine Anweisungen wie einen Schatz! **Wenn** du leben willst, **dann** gib auf sie Acht wie auf dein eigenes Auge." (Spr 7,1-2)

- Die Seligpreisungen der Bergpredigt lassen sich auch aus der Sicht von „wenn-dann" lesen, zum Beispiel: „Freuen dürfen sich alle, die danach hungern und dürsten, dass sich auf der Erde Gottes gerechter Wille durchsetzt – Gott wird ihren Hunger stillen." (Mt 5,6) **Wenn** ich mich freuen möchte, **dann** ...

- „**Wenn** du so handelst, **dann** wirst du leben." (vergl. Lk 10,26) Nur wenig abgewandelt, wird die Erfolgsorientierung noch deutlicher: „Wenn du so handelst, dann wirst du ernten." Reichlich. Und dann hast du reichlich Grund zum Feiern. „Wir wollen ein Fest feiern und uns freuen!" (Lk 15,23)

Hier schließt sich der Kreis vom Sitzen zum Ankommen.
Auf das Ankommen kommt es an.
Die Bibel ist ein Weg für erfolgreiches Ankommen.

Abb. **44**

So geht Leben:

Ich sitze
(Mk 1,15)
*„Ändert euer Leben und glaubt
dieser guten Nachricht!"*

Ich stehe auf
(Joh 14,31)
*„Und nun steht auf!
Wir wollen gehen!"*

Ich gehe
(Gleichnis von den Brautjungfern, Mt 25,2)
*„Fünf von ihnen handelten klug,
die anderen fünf gedankenlos."*

Ich springe
(Röm 12,21)
*„Lass dich nicht vom Bösen
besiegen, sondern überwinde
es durch das Gute!"*

Ich raste
(Mk 6,31)
*„Wir suchen einen ruhigen
Platz, damit ihr euch ausru-
hen könnt."*

Abb. **44**

Ich suche Schutz
(Ps 23,4)

„Du schützt mich und du führst mich, das macht mir Mut."

Ich gehe gemeinsam
(Mt 18,20)

„Denn wo zwei oder drei in meinem Namen zusammenkommen, da bin ich selbst in ihrer Mitte."

Ich halte durch
(Hebr 10,35)

„Werft nur jetzt eure Zuversicht nicht weg, die doch so reich belohnt werden soll!"

Ich komme an
(Lk 15,23)

„Wir wollen ein Fest feiern und uns freuen!"

Abb. **45**

Bibelzitate

„Der Bauer, der sich müht und plagt, hat auch als Erster das Anrecht, vom Ertrag des Feldes zu essen." *(2 Tim 2,6)*

1 Kor 10,23

„'Alles ist erlaubt!' Mag sein, aber nicht alles ist deshalb auch schon gut."

Hes 1,12

„Sie konnten sich in alle vier Richtungen bewegen, ohne sich umzuwenden. Sie gingen, wohin der Geist Gottes sie trieb."

Dtn 16,20

„Gerechtigkeit muss euer oberstes Ziel sein. Dann werdet ihr für immer in dem Land leben können, das der Herr, euer Gott, euch geben wird."

1 Kor 9,24

„Ihr wisst doch, dass an einem Wettlauf viele teilnehmen; aber nur einer bekommt den Preis, den Siegeskranz. Darum lauft so, dass ihr den Kranz gewinnt!"

Phil 3,14

„Ich halte geradewegs auf das Ziel zu, um den Siegespreis zu gewinnen."

2 Tim 2,5

„Ein Sportler, der an einem Wettkampf teilnimmt, kann den Preis nur gewinnen, wenn er sich streng den Regeln unterwirft."

2 Tim 4,8

„Nun wartet auf mich der Siegeskranz."

Mt 11,29-30

„Ich versichere euch: Niemand bleibt unbelohnt, der irgendetwas aufgibt, um die Gute Nachricht verkünden zu können."

Eph 6,8

„Der Herr wird jeden für seine guten Taten belohnen."

Ich komme an

Das ist wichtig	Darauf kommt es an: Ich möchte ankommen. Dabei hilft Zielklarheit: „Was will ich eigentlich?"
Ich meine	Die persönlichen Zielvorstellungen bleiben zu oft nebulös. Wer vor dem vielschichtigen Thema „Ziele" nicht davonläuft, erhöht seine Zieleinläufe deutlich. Dazu braucht es mehr Bewusstsein als Perfektion. Und: Niemand möge vergessen, seine Zielankünfte zu feiern.
Die Bibel sagt	Für die Bibel ist Erfolgsorientierung selbstverständlich. Das Neue Testament macht gute Angebote für die Zielerreichung: „Ich bin der Weg, denn ich bin die Wahrheit und das Leben." (Joh 14,6) Und zum guten Schluss heißt es: „Wir wollen ein Fest feiern und uns freuen!" (Lk 15,23)
So geht es weiter	Der Kreis schließt sich. Losgehen ohne ankommen zu wollen, ist sinnlos. Ankommen wollen, setzt Starten voraus. Die Reihenfolge ist frei. Nachdenken über beides tut gut. Unterwegs hilft kluges Vor- und Nachdenken.

Die „Frohe Botschaft" – ein Erfolgsmodell?

Den ganzen Weg mit Abstand sehen

Die letzte Station ist erreicht. Ich bin angekommen. Ich schaue mit einem Blick auf die gesamte Strecke. Mit einer gehörigen Portion Abstand kann ich mich aus der Vogelperspektive „abgehoben" fragen: Bei welcher Station bin ich stehen geblieben? Was hat mich besonders angesprochen? Vielleicht sogar gefesselt? Was ist mir klar geworden? Wo hatte ich ein gutes

Gefühl? Wo habe ich noch Fragen? Was konnte ich aus meinem Rucksack verwenden? Wenn ich durch diese Fragen auf interessante Punkte stoße, hat sich das Stöbern gelohnt. Vielleicht regen mich die Fragen und Antworten an, meine Gedanken zu ordnen. Vielleicht entdecke ich darin Anstöße für neue Ideen und Anläufe.

Die Figuren vom Sitzen zum Ankommen bewegen

Menschen denken in Bildern. Die Figuren sind erprobte Bewegungs-Bilder. Zur Verdeutlichung der Prozessschritte, so wie hier im Buch beschrieben, habe ich sie x-fach in Teilen oder im Ganzen verwandt. In manchen Seminaren waren sie Aufhänger interessanter Gespräche. Oft habe ich sie zunächst ohne Kommentar vorgestellt: Was könnten die Figuren bedeuten? Was sagen sie mir? Die Kernideen der Bewegungen werden meist spontan erkannt. Richtig spannend, kreativ, oft virtuos, manchmal brillant sind dann die Interpretationen und ausgelösten Gedankengänge. So ist es von mir gewollt: mit Fantasie den eigenen Weg bedenken. Mit viel Raum für Spiele der Gedanken. Teilnehmer aller Altersschichten sagen „ja" zu solchen eher ungewöhnlichen Spielereien: „Das ist sehr anregend. Die schlichten Figuren haben Tiefgang. Sie lassen die Ideen sprudeln."

Ist das Leben eine Wanderschaft?

Auch wenn kein Weg dem anderen gleicht – alle beschriebenen Stationen kommen vor. Immer wieder. In großen und kleinen Etappen des Lebens. Zwar geht jeder Mensch seinen eigenen Weg, und jeder kann Ziel und Weg vom Starten zum Ankommen nur höchstpersönlich gestalten, laufen und auch verwerten. Und dennoch: Lässt sich aus der Summe der Stationen ein Grundmuster für ein persönliches Lebenskonzept ablesen? Sind wir Menschen generell so unterwegs? Ist das der Gang der Dinge? Geht so Leben? Ist meine persönliche Wanderung durch dieses Leben so aufgebaut? Kann ich mein Leben als einen Bewegungsprozess verstehen? Als einen Entwicklungsprozess, einen Prozess zum Entwickeln?
„Ent-wickeln", also buchstäblich zum Kern kommen. Das Wesentliche „ent-decken", buchstäblich die Decke wegnehmen. Zu meinen Talenten vorstoßen. Mit den richtigen Schlüsseln im Rucksack.

Für mich liegt es auf der Hand und auf dem Fuß: Ja, so ist das Leben: ein Weg vom Sitzen zum Ankommen. Für mich ist das „Lebenslauf". Langlauf – ein Leben lang.

Was sagt das Neue Testament?

Viele Hilfen aus der Bibel habe ich bei den Einzelstationen zitiert. In der Summe sind die Empfehlungen für mich ein schlüssiges Denk- und Handlungsmuster für den gesamten Weg durch mein Leben. Ein Angebot für eine spannende, ausgefüllte Lebenszeit. Beim Evangelisten Johannes ist es für mich auf den Punkt gebracht: „Ich bin der Weg, denn ich bin die Wahrheit und das Leben. Einen anderen Weg zum Vater gibt es nicht." (Joh 14,6)

So etwa höre ich Jesus sagen:

„**So geht Leben**: Seht euer Leben als einen Weg. Seht ihn ganzheitlich. Ich bin euer Konzept für den gesamten Lebensweg. Ich lege euch einen Wegweiser für Gelingen von Leben vor. Macht euer Denken und Handeln an meinen Empfehlungen fest, dann habt ihr ein tragfähiges Modell. Achtet unterwegs auf euch und eure Mitmenschen. Habt euch selbst gern, dann könnt ihr auch andere lieben. Denkt und handelt aus eurer Mitte. Macht was aus eurem Leben. Entdeckt eure Talente. Entwickelt das Wesentliche in euch. Setzt euch sinnvolle Ziele. Macht euch kluge Pläne. Habt Mut, traut euch etwas zu. Ihr könnt mehr als ihr glaubt. Hört auf eure innere Stimme. Lasst euch unterwegs nicht beirren. Achtet meinen Vater im Himmel. Ich zwinge euch zu nichts, ihr habt immer die Freiheit für eigene Entscheidungen. Handelt nach meinen Tipps, dann werdet ihr leben! Macht euch auf die Socken. Geht doch! Ich gehe mit euch."

Meine persönlichen Erfahrungen

Der größte Teil meiner Lebenswanderung liegt hinter mir. Mein Lebenslauf ist mein Lauf mit mir und den anderen Menschen. Ich habe mir die drei Schlüssel zu Eigen gemacht. So gut es geht, hole ich sie aus meinem Rucksack. Niemals idealtypisch, aber immer wieder mit viel Reflexion und Wachheit. Mein Beruf hat diese Wachheit ständig eingefordert. Jede Empfehlung an andere Menschen springt automatisch auf mich zurück: Wie machst du das selbst? Das Ergebnis im Ganzen empfinde ich als positiv: Ich erlebte und erlebe viele Belohnungen und Erfolge, Fortschritte und

Ankommen. Trotzdem und selbstredend: Enttäuschungen gehören auch zu meinem Weg, Hindernisse gibt es reichlich, Umwege sind immer dabei, Verlaufen ist kein Beinbruch, Stürzen und Aufstehen sind feste Bestandteile. Es geht nicht um Vollkommenheit, sondern um die Kernfragen: „Öffnen die Schlüssel?" und „Ist das Neue Testament unterwegs nützlich?" Der Blick auf meine bisher zurückgelegte Strecke sagt uneingeschränkt: „Ja".

Mein privater Lebens-Lauf

Prüffelder für die Inhalte meines Rucksackes habe ich jeden Tag. Immer, hundertfach. Ebenso oft erlebe ich „Ja, es stimmt". Die Schlüssel „erschließen". Sie geben Richtung und Orientierung. In allen Beziehungen zu anderen Menschen. Zuallererst in der eigenen Familie, im engen und im weiteren Sinne. Zu Freunden und Bekannten. Und Nachbarn. Und Busfahrern. Und Kassiererinnen. Und Ärzten. Es sind immer die gleichen Zusammenhänge. Immer geht es darum: meine Ziele – deine Ziele, meine Gefühle – deine Gefühle. Wie kommen wir am besten weiter? Was ist für uns beide gut? Was ist nachhaltig? Wie nähern wir uns unseren Zielen und Idealen? Wie geht es am besten, ohne den Anspruch auf Vollkommenheit? Was ist nützlich, ohne nur auf Alles oder Nichts zu setzen?

Die Hilfen aus dem Rucksack geben mir Sicherheit im Umgang mit den Menschen. Sie helfen bei kritischen Situationen, in Konflikten, an Weggabelungen, bei wichtigen Entscheidungen, beim Planen und Realisieren. Sie helfen mir, mit Unvollkommenheit und Ungerechtigkeiten besser umzugehen. Ich finde eher Antworten bei besonderen Herausforderungen. Gelungenes Leben ist für mich sinnvolles Leben. Die Schlüssel und das Neue Testament liefern mir Sinn. Sie lassen mich laufen und ankommen. „Handle so, dann wirst du leben" ist für mich durch und durch griffig. Ich lebe.

Meine persönlichen Erfahrungen in der Summe

Ja, die biblische Botschaft ist ein Erfolgsmodell. Für mich ist es stimmig, schlüssig, lebenstragend, belastungsfähig, praxisnah, alltagstauglich. Für Menschen und Unternehmen. Auf diese Art Wanderschaften, Bewegungen und Prozesse mit Lebensgeist zu untermauern, löst Vertrauen und Hoffnung aus, schafft Sicherheit und bringt Früchte. Es ist der Weg zum guten Gefühl. Ich kenne kein besseres Konzept für Lebenskunde.

Diese Erfahrungen stärken meinen Glauben

Ich möchte – nicht nur, aber auch – mit Kopf und Verstand den Botschaften des Neuen Testamentes folgen können. Dazu brauche ich vernünftige Argumente. Dabei helfen mir sachliche Beweise. Vor mir liegen zwei Beweisfelder: Leben und Berufsleben.

Für mich ist die sachliche Schlüssigkeit der Frohen Botschaft eine Art Gottesbeweis. Ähnlich wie die Wunder der Natur. Wenn die Fernsehbilder immer klarer, präziser wunderbare Details zeigen, steigert das für mich die Beweiskraft für die Schönheit, Klugheit und Ausdauer der Natur. Meine Folgerung: Das kann nicht von selbst kommen. Für mich ist es „gesteuerte Evolution". So ähnlich sehe ich es mit dem Verhalten: Wenn die Gesetze der Liebe angewandt werden, führen sie zum Erfolg. Jesus hat Recht, seine „Frohe Botschaft" ist eine „not-wendige" Botschaft. Ich glaube ihm. Damit kann ich mich identifizieren. Dem kann ich folgen.

Ein verständlicher Einwurf

„Das alles glauben Humanisten auch. Dazu braucht man keine Bibel, kein Neues Testament und keinen Jesus. Um das alles zu unterschreiben, braucht man kein Christ zu sein." Richtig.
Einen Alleinstellungsanspruch kann ich bei Jesus nicht erkennen. Im Gegenteil: Er hat jeden eingeladen, seinen Weg mitzugehen. Es ging ihm um die Menschen. Um ihre Würde. Seine Botschaften sind Verhaltensempfehlungen. Mit dem Versprechen auf Frucht und Belohnung. Er hat diese Empfehlungen selbst gelebt. Persönlich, durchgängig, glaubwürdig, mit Macht, mit Vollmacht. Und konsequent. Das ist seine alles überstrahlende Leistung: im absoluten Vertrauen zum Vater konsequent bis in den Tod. Unumstößlich, auch bei allem Kreuz und Leid. Ich glaube, dass seine buchstäblich unendliche Liebe zu den Menschen von seinem Vater belohnt wurde. Unterm Strich hat er gewonnen. So kann ich auch an seine

Auferstehung glauben. Sie begründet für mich Hoffnung auf ewiges Leben. Diese Überzeugungen kann ich an der Person Jesu festmachen. An seiner Botschaft. An seiner Kirche.

Im ersten Paulusbrief an die Korinther finde ich den Kern aufgeschrieben: „gestorben, begraben, auferstanden, erschienen". (1. Kor 15, 3-5) Über seine persönliche Zielsetzung lese ich beim Evangelisten Lukas: „Der Menschensohn ist gekommen, um die Verlorenen zu suchen und zu retten." (Lk 19, 10) Ausgeführt durch glaubwürdiges Auftreten. Vorbildlich.

Christsein ist eine moderne Lebenshaltung

Zum Nachmachen, Kopieren und Weiterempfehlen bestens geeignet! Damit es keine frommen Sprüche bleiben:
- Es wird noch viel „gutes Salz" gebraucht.
- Es ist noch manches „Licht in der Finsternis" anzuzünden.
- Es sind noch manche Augen zu öffnen.
- Es ist noch reichlich „Be-Geisterung" erforderlich.
- Es ist noch viel Platz im Weinberg.

Ich folge Jesus. Gehen Sie mit?

Die „Frohe Botschaft" – ein Erfolgsmodell?

Das ist wichtig	Die Bibel ist nützlich. Für mich ist das belegt und erfahren.
Ich meine	Viele Menschen sehen das heute nicht so. Ihre Suche nach Antworten für das Leben ist ungebrochen. Für zu viele Menschen steht die Bibel in falschem Licht. Christen können sie mehr ins rechte Licht rücken.
Die Bibel sagt	„Handle so, dann wirst du leben." (Lk 4,28) Es stimmt.
So geht es weiter	Andere Menschen überzeugen geht nur über „Sinn und Nutzen". Das gilt für Absender und Empfänger. Im letzten Kapitel „Ich bin dabei – ich mache mit" gebe ich Anregungen und Hilfen für die Weitergabe von Glaubensüberzeugungen.

Ich bin dabei – ich mache mit

Ich bin hin- und hergerissen

Ich mache mir so meine Gedanken. Wie geht es mit unserer Kirche weiter? Gehen unsere Werte immer mehr verloren? Manchmal bin ich wütend und traurig zugleich. Eigentlich müsste man dagegenhalten. Aber lohnt sich das überhaupt? Ist nicht alles viel zu spät? Was kann ich schon ausrichten? Ich überlass das mal lieber den anderen. Aber das ungute Gefühl bleibt. Wie soll ich jemanden für meine Überzeugungen gewinnen? Bei uns in der Gruppe haben schon so viele hingeschmissen. Von den jungen Leuten will niemand weitermachen. Der Zug ist doch längst abgefahren. Andererseits: Wie ist es mir persönlich im Leben ergangen? Eigentlich bin ich mit meinem Glauben gut gefahren. Ich glaube an ein Leben nach dem Tod. Ich glaube an ein Leben vor dem Tod. Ja, ich bin überzeugter Christ. Aber die eigenen Kinder? Die Enkel? Unser Nachwuchs? Ich kann die Spirale nicht aufhalten oder gar umdrehen. Aber einfach aufgeben? Das passt gar nicht zu mir. Es wirbelt so vieles durcheinander. Wie bekomme ich Ordnung in meine Gedanken? Ich weiß nicht, was ich tun soll. Ich bin hin und hergerissen.

Ich treffe eine Entscheidung

Damit ich meinen inneren Frieden finden kann, brauche ich eine Entscheidung für meinen persönlichen Weg. Zwei Fragen führen dahin: Was will ich tun? Vorab: Will ich überhaupt etwas tun?

- Wenn ich überzeugt bin, dass die „Frohe Botschaft" trägt und hält,
- wenn ich erkenne, dass die Botschaft an sich stimmig ist,
- wenn ich mich mit dem christlichen Glauben identifiziere,
- wenn ich dahinterstehe und innerlich dabei bin,
- wenn es mich drängt, das weiterzusagen,
- wenn ich diesen Weg grundsätzlich mitgehen will,
- wenn ich einen Sinn darin sehe, „etwas zu tun",
- wenn ich „begeistert" bin, ...

... dann kann ich die Entscheidung treffen: Ich setze mich für meinen Glauben ein. So gut es geht. Ich tue, was ich kann. Aktiv.

Wenn ich aus einer vielleicht passiven Unzufriedenheit in eine aktive Denkrichtung umschwenke, dann hilft es nicht nur der Sache, sondern vor allem mir selbst. Es geht mir besser. Ich habe ein Ziel, eine Aufgabe. Ab jetzt macht es für mich Sinn, dabei zu sein. Weil jeder Schritt ein Schritt auf *meinem* Weg, zu *meinem* Ziel ist.

Aber bei allem guten Willen: Ich kann durch persönliche Lebensbedingungen gebremst sein. „Ich möchte ja wohl, aber in meinem Alter? In den nächsten Jahren muss ich mich auf ... konzentrieren. Zurzeit bin ich eingeschränkt, weil ...“
Welche Rolle, welche Aufgabe, welchen Beitrag will ich, kann ich übernehmen?
Dazu gibt es je nach den persönlichen Bedingungen zwei Mitmach-Stufen:

Mitmach-Stufe 1: Ich bezeuge und überzeuge

Mitmach-Stufe 2: Ich will mehr tun

Die Stufe 1 ist der Sockel. Stufe 2 setzt noch etwas drauf: Ich übernehme konkrete Aufgaben, ein Amt, ein Ehrenamt. Ich arbeite in der Gemeinschaft, Gruppe, Gemeinde ... aktiv mit.
Womöglich ist meine Berufung mein Beruf. Bevor ich für die Stufe 2 Hilfen und Anregungen anbiete, zunächst einige grundsätzliche Ideen und Anmerkungen, die für jede Form des Mitmachens wichtig sind.

Mitmach-Stufe 1: Ich bezeuge und überzeuge

Ja, ich mache nach Kräften mit.
Nach *meinen* Kräften.
Nach *meinen* Möglichkeiten.
Mit *meinen* Talenten.
Ich tue, was ich kann. Was *ich* kann.

Das ist mir möglich:
- nach christlichen Maßstäben leben,
- gutes Vorbild sein,
- offen und mutig über Glauben reden,
- sich zu meinen Überzeugungen bekennen,
- an richtiger Stelle und bei guter Gelegenheit mein Wort machen,
- für „unsere Sache" die Fahnen hochhalten,
- im eigenen Wirkungskreis bewusst wirken,
- „Licht der Welt" und „Salz der Erde" sein,
- überzeugen, bezeugen, begeistern, ausstrahlen.

Wie kann das alles gut und vielleicht besser gelingen?

Hier sind drei Überzeugungshelfer:

- **Ich nutze die drei Schlüssel aus meinem Rucksack.**
- **Ich achte auf die Qualität meines „Absendens".**
- **Ich habe gute Argumente.**

■ Ich nutze die Schlüssel aus meinem Rucksack

Wer die drei Schlüssel bewusst einsetzt, macht seine Weitergabe-Bemühungen erfolgreicher. Erheblich!

Der Schlüssel „selbstbewusste Mitte"

> Ich starte alle meine Mitmach-Überlegungen aus der Mitte. Aus der starken Mitte.
> Ich vermeide alles Meckern und Motzen über „die anderen ..." Es bewegt nichts. Nichts!
> Ich schreibe FREIHEIT und FREIWILLIGKEIT groß.
> Ich werde die „Frohe Botschaft" niemandem überstülpen oder aufzwingen.
> Ich werde mich nicht nur brav zurückhalten.
> Ich gehe den aufrechten Gang. Ich fühle mich mit anderen auf Augenhöhe.
> Ich habe eine feste Meinung. Ich bin nicht starrsinnig.
> Ich habe Geduld und Nachsicht. Immer wieder.
> Ich habe einen langen Atem. Einen sehr langen.

Der Schlüssel „Selbstverantwortung"

> Ich nutze meine eigenen Kräfte. Ich selbst. Bewusst.
> Ich bedenke, welchen Beitrag ich aus Mitverantwortung leisten kann und will.
> Ich setze meine besondere Kraft, mein spezielles Wissen ein.
> Ich lote aus, wo und wie ich mich im Einzelfall einmischen kann.
> Ich warte nicht ab, ich bin aktiv. Ich selbst. Bewusst.
> Ich bin für mein glaubwürdiges Auftreten selbst verantwortlich.
> Ich suche mir Mitmach-Spielräume. Aktiv.

> Ich trage ein Stück Mitverantwortung in der Kirche.
> Ich selbst. Bewusst.
> Ich werde gebraucht. Gerade jetzt.
> Ich fang bei mir an. Ich selbst. Bewusst.

Der Schlüssel „konstruktives Denken"

> Ich habe eine zuversichtliche Grundhaltung.
> Ich habe realistische Erwartungen.
> Ich finde etwas für mich, das der Sache dient, ohne den Anspruch von „großen Veränderungen" zu haben.
> Ich bewerte meine Wirkungskraft realistisch. Nicht zu hoch, nicht zu niedrig.
> Ich suche aktiv die positive Seite der Medaille.
> Ich bin aktiver Mitarbeiter in einer unvollkommenen Kirche. Bewusst.
> Ich suche nach neuen Gedanken und Wegen. Immer wieder.
> Ich betrachte die „Frohe Botschaft" lebensnah. Ehrlich. Real.
> Ich sehe die aktuellen Herausforderungen. Davon lasse ich mich nicht aufhalten.
> Ich sehe den Prozess. Ich sehe seine Schritte. Ich sehe die Teilerfolge.
> Ich denke in Lösungen. Immer.

◼ Ich achte auf die Qualität meines „Absendens"

Wer wesentliche Gesetzmäßigkeiten von Kommunikation kennt und beachtet, macht seine Weitergabe-Bemühungen wirksamer. Maßgeblich!

Bei der Wegestation „Ich gehe gemeinsam" habe ich das Thema ausführlicher behandelt. Einerseits: Das Hin und Her zwischen Absender und Empfänger ist ein durch und durch anspruchsvoller Prozess. Nichts ist berechenbar. Niemand kann erzwingen, verstanden zu werden. Niemand kann alle Störsender abschalten. Andere überzeugen zu wollen, bleibt immer ein Angebot mit offenem Ausgang. Andererseits: Es gibt sehr viele Möglichkeiten, seine Absende-Qualitäten gut und besser zu gestalten. Hier sind einige Beispiele:

Das ist mehr als man glaubt

- Wer sich zu seinem Glauben glaubwürdig äußert, darf darauf hoffen, dass ein Stück Begeisterung erfolgt. Nicht selten gegen den Anschein.
- Wer „mit Profil" unterwegs ist, hinterlässt „Eindrücke".
- Wer als überzeugendes Vorbild auftritt, ermuntert andere, sich etwas von diesem „vorgelegten Bild" abzumalen.
- Wer gute Spuren hinterlässt, lädt zum Nachlaufen ein.
- Wer überzeugend sendet, darf damit rechnen, nicht überhört zu werden.
- Wer bei vielen Mitläufern gegen die Richtung geht, erzeugt Respekt.
- Wer Reden mit Taten untermauert, überzeugt nachhaltig.
- Wer zunächst „bei sich" ist, bevor er bei anderen ankommen will, erreicht andere leichter.
- Wer Kluges beiträgt, macht hellhörig.
- Wer infiziert ist, steckt an.
- Wer für Lebensfragen Antworten hat, ist gesucht.
- Wer Bibel und Alltag wie selbstverständlich verknüpft, vermittelt Lebenskunde. Die ist gefragt.
- Wer für den Durst der Menschen passende Getränke anbieten kann, ist herzlich willkommen.
- Wer alte Türen neu öffnet, macht neugierig.
- Wer anderen nicht nach dem Mund redet, verdient sich Aufmerksamkeit.
- Wer Antworten für Lebensfragen anbieten kann, kann „Lebensretter" werden.
- Wer bei Unbedächtigen bedächtig auftritt, fällt aus der Rolle. Positiv.
- Wer Sonne in sich hat, strahlt Wärme ab.
- Wer sich einfach ausdrückt, wird einfach verstanden.

Einfach gut über Glauben reden.
Das ist mehr als man glaubt.

■ Ich habe gute Argumente

Wer treffende Argumente kennt und nutzt, macht seine Weitergabe-Bemühungen erfolgreicher. Erheblich!

„Ich weiß, wovon ich rede. Ich habe meine Argumente. Ob es auch deine werden können, weiß ich noch nicht. Wenn du sie hören willst, ich sage sie dir." Gutes Argumentieren ist eine Kunst. Aber auch: Gutes Argumentieren ist keine Kunst. Worauf kommt es an?

Wie hat Jesus argumentiert und seine Botschaft verbreitet?

Die Menschen sind Jesus freiwillig gefolgt. Wem folgt man ohne Zwang, ohne Kommandos, ohne Druck? Die Zauberwörter sind „Vertrauen", „Sicherheit" und „Nutzen". Ich vertraue dir, dass ich mit dir weiterkomme. Ich hoffe und glaube, dass du Lösungen für meine Probleme hast. Ich bin sicher, dass du es gut mit mir meinst.

Zwei Beispiele vom Wandern: Wenn jemand nach einer Pause den Rucksack aufsetzt, tun es andere auch. Wenn der Weg unklar ist, folgen wir der Person, die Sicherheit vermittelt. Instinktiv. Diese Person muss glaubwürdig sein.

Jesus ist auf die Menschen zugegangen. Er hat sie bei ihren Sorgen und Nöten abgeholt. Er hatte Lösungen dabei. Damit hat er persönlichen Nutzen gestiftet: „Ja, das hilft mir." Er hat die Menschen ernst genommen, ihnen ihre Ängste genommen, ihnen Mut gemacht. Das war für viele wunderbar. Jesus hat die Menschen direkt angesprochen: Du bist gemeint. Nicht mittelbar über Gesetzeslehrer oder Vermittler. Unmittelbar. Die meisten Menschen konnten nicht lesen und schreiben. Jesus war verständlich, einfach, prägnant. Sein Auftreten war glaubwürdig und ehrlich. Zunächst hat er „getan" und dann – meist auf Befragen – „erklärt". Mit supereinfachen Vergleichen und Gleichnissen. An Klarheit und Plausibilität nicht zu überbieten. Merkwürdig.

Worauf kommt es an?

Gutes Argumentieren für eine Sache oder Überzeugung geht immer mit Nutzen einher. „Die Zitrone ist gesund" ist noch kein Argument, sondern eine Behauptung. Erst mit dem Zusatz „..., weil sie viel Vitamin C enthält" wird die Aussage „nützlich".

Das ist bei dem Argumentieren für Bibel und Glauben nicht anders.

Nicht: „Die Bibel hat Recht", sondern: „Die Bibel ist für mich hilfreich, weil ich darin gute Hilfen für mein Leben finde."

Zweites Beispiel. Nicht: „Die 10 Gebote schreiben das vor", sondern: „Ich empfinde sie als kluge Empfehlungen für gutes menschliches Miteinander."

Zur Verhaltensempfehlung kommt das Nutzen- und Heilversprechen: „Handle so, dann wirst du leben." Ohne den Nachsatz „dann wirst du leben" wirkt es wie Druck oder Vorschrift, wie „aufgesetzt".

Drohungen, Gebote, Mahnungen und Vorschriften sind keine Argumente. Sie überzeugen niemanden, der auf freie Entscheidung setzt. Dabei nennt das Neue Testament immer nur Empfehlungen, keine Vorschriften. Immer habe ich die Freiheit, immer liegt es an mir, ob ich „ja" oder „nein" sage. Wer die biblischen Empfehlungen von der Strenge und Drohgebärde ablöst und als eine Auflistung von hilfreichen Tipps für ein gelungenes Leben einstuft, gibt mit diesem Blick auf die Bibel die Einordnung, die sie für mich verdient: ein Buch über Lebenskunde. Je mehr es gelingt, aus dem Evangelium das noch sehr verbreitete „Du-musst-Bild" zurückzudrängen, desto eher öffnet sich die Sichtweise „Lebenshilfe". „Gottesfurcht" oder „Leben in Fülle"? „Für mich nützlich" ist gefragt.

Ich bin nicht auf den Mund gefallen

Die Menschen haben Durst. Wir haben die Getränke. Was hält uns zurück, aus der überzeugten Mitte, nicht nur „kleinlaut", unser Wort zu machen? Mit Druck und Macht, geht es – wie gesagt – nicht. Aber auch nicht mit falscher Bescheidenheit. Ich denke: Wir Christen sind in diesem Sinne zu bescheiden. In meinen Ohren klingt das zur Redensart gewordene Zitat vom „Licht unter dem Scheffel" im Originalton etwa so: „Ihr habt eine tolle Botschaft, die ihr weitersagen könnt. Aber seid doch nicht so dumm, dass ihr euch selbst im Wege steht! Ihr seid doch keine „kleinen Lichter"! Macht euch bemerkbar. Euer Licht wird gebraucht. Dringend."

Abb. **46**

Bibelzitate

Dt 6, 20

„Wenn eure Kinder später fragen, wozu all die Weisungen, Gebote und Rechtsbestimmungen gut sind ..."

Mt 12, 34

„Denn wovon das Herz voll ist, davon redet der Mund."

Mt 5, 15

„Auch zündet niemand eine Lampe an, um sie dann unter einen Topf zu stellen. Im Gegenteil, man stellt sie auf den Lampenständer, damit sie allen im Haus Licht gibt."

Abb. **47**

Was lässt mich glauben?

Das sind denkbare Gründe:

Mein Glauben bedeutet mir viel ...

- weil ich etwas habe, woran ich mich festhalten kann,
- weil ich in der schwierigen Zeit ... erfahren habe, dass ...
- weil er meinem Leben einen Sinn gibt,
- weil ich in der Bibel Antworten für meine Entscheidungen finde,
- weil ich damit besser mit Leid und Tod umgehen kann,
- weil er meine Hoffnung stärkt, dass mit diesem Leben
  nicht alles zu Ende ist,
- weil er mich gelassener sein lässt,
- weil ich mich damit aktiv und modern fühlen kann,
- weil er mir ein gutes Gefühl der Zuversicht und Sicherheit gibt,
- weil er sich als praktische Lebenserfahrung 1000-mal bewährt hat,
- weil ich damit in unserer komplizierten Welt den Durchblick
  behalten kann,
- weil mir christliches Verhalten hilfreich war, zum Beispiel bei
  Konflikten,
- weil er mir Anhaltspunkte für Wegweisung und Orientierung liefert,
- weil ich damit einen zuverlässigen Lieferanten für Freude und Erfolg
  habe.

Ich habe meine Argumente.
Wer möchte sie hören? Ich spreche darüber.

Glaube ist nicht beweisbar, nur erlebbar! Jeder der glaubt, hat dafür seine Gründe, seine Erlebnisse. Er kennt seine Quellen, seine Beweggründe. Sie können für andere Menschen nützlich sein. Solche Fragen können auf die Spur der eigenen Erfahrungen führen:

- Was hat mein Leben getragen?
- Woran mache ich meinen Glauben fest?
- Welche Argumente habe ich auf dem „Weg vom Sitzen zum Ankommen" entdeckt?
- Welche Argumente habe ich aus den „drei Schlüsseln" mitgenommen?
- Welche Gedankengänge im Buch sprechen mich besonders an?

Bei allem Berichten und Argumentieren, bei allen Darstellungen und Erklärungen: Niemals kommt es auf das einzelne Wort an, niemals muss alles geschliffen formuliert sein. Eine akademische theologische Vorbildung kann helfen oder hindern. Entscheidend ist: Ich wirke lebendig, ehrlich, authentisch, direkt, ungefiltert, glaubwürdig. Das Beste: „Mit dem Geist begeistern". Eben, „denn wovon das Herz voll ist ..." Die Empfänger haben eingebaute „Herz-Sensoren".

Ich setze meine Hebel in Bewegung

Ich tue, was ich kann. In Abbildung 48 sind fünf Hebel beschrieben, die eine hohe Hebelkraft haben. Jeden dieser Hebel kann ich persönlich nutzen.

Abb. 48

Hebel 1

Ich setze meine Hebel in Bewegung

Ich habe den Mut, anders zu denken

Wenn ich die alten christlichen Wahrheiten als richtig empfinde, **dann** brauche ich den Mut, diese Wahrheiten zeitgemäß weiterzugeben.

Wenn ich erkenne, dass die Methode „Druck" aus alten Zeiten nicht greifen kann, **dann** brauche ich den gezielten Blick für Alternativen.

Wenn Freiheit Freiwilligkeit bedeutet, **dann** kann ich „Frohe Botschaft" nur mit „überzeugen, gewinnen und umwerben" erfolgreich an die Menschen heranbringen.

Wenn der Mensch frei wählen kann, **dann** entscheidet er sich für das Angebot, von dem er sich den größten Nutzen verspricht.

Abb. **48**

Hebel **2**

Ich setze meine Hebel in Bewegung

Mir ist bewusst, dass die Frohe Botschaft für mein Leben nützlich ist

Wenn ich „das Nützliche" aus meinem Glauben weitergeben will, **dann** muss ich es zuerst für mich selbst verstanden haben.

Wenn ich vom Sinn und Nutzen meines Glaubens überzeugt bin, **dann** kann ich andere überzeugen.

Wenn ich als Christ glaube, dass die Bibel lebenstragende Antworten hat, **dann** kann ich mithelfen, dass sie nicht in den Schubladen verschwinden.

Wenn die Menschen nicht mehr zur Kirche kommen, **dann** muss die Kirche zu den Menschen gehen.

Wenn Suchende zu Umworbenen werden sollen, **dann** müssen wir uns aktiv auf unsere „Kunden" einstellen.

Wenn die Bibel reale Antworten für das Leben der Menschen liefern kann, **dann** hat sie ein besseres Image verdient.

Abb. 48

Hebel 3

Ich setze meine Hebel in Bewegung

Ich bin ein wichtiger Botschafter

Wenn die Anbieter von „Müll" und „Verführung" immer lauter werden, **dann** dürfen die „Qualitätsanbieter" nicht schweigen.

Wenn Menschen gewonnen werden wollen und sollen, **dann** braucht es gewinnende Menschen mit gewinnenden Ideen.

Wenn es immer weniger Kontakte zur Kirche gibt, **dann** schlagen die wenigen Kontakte in ihrer Wirkung immer stärker zu Buche.

Wenn immer weniger Hauptamtliche an immer mehr Aufgaben gefesselt sind, **dann** wird die Wirkung der Laien immer gewichtiger.

Wenn Menschen denken, dass Bibel „rückwärtsgewandtes Omageschwätz, süßliches Herz-Jesulein-Denken" und nur etwas „für die Frommen" ist, **dann** bin ich als Christ mit gefordert, Bodennähe und Alltagsbezug, handfeste Lebensnähe und konkrete Lebenshilfe herzustellen.

Abb. **48**

Hebel **4**

Ich setze meine Hebel in Bewegung

Ich stärke mich als Botschafter

Wenn künftig die Laien noch mehr zu Hauptträgern für die Weitergabe von „Froher Botschaft" sein werden, **dann** sollten sie sich für diese Aufgabe rüsten und stark machen.

Wenn sich Christen als Botschafter nicht stark genug fühlen, **dann** ist es gut zu wissen, dass erfolgreiches Weitergeben keineswegs nur von Bildung und Ausbildung abhängt.

Wenn viele Menschen auf eine sinnvolle Betätigung warten, **dann** haben wir Christen dafür ein riesiges Potenzial.

Abb. 48

Hebel 5

Ich setze meine Hebel in Bewegung

Ich bin glaubwürdig

Wenn die Kirche so viel an Glaubwürdigkeit verloren hat, **dann** kann sich jeder Christ fragen, welchen Beitrag er leisten kann, um Boden wieder gut zu machen.

Wenn es erhebliche Bindungsängste zu Vereinen und Kirche gibt, **dann** brauchen wir Botschafter, die vertrauensbildende, anziehende Brücken bauen können.

Wenn Menschen Vorbilder suchen, **dann** ist es gut zu wissen, dass jeder Mensch mit seinem Reden und Tun automatisch Vorbild ist. Gibt er glaubwürdig ein gutes Bild ab, wächst die Chance, dass der Suchende sich ein gutes Stück von ihm abmalt.

Wenn ich wissen möchte, ob ich glaubwürdig auftrete, **dann** brauche ich Rückmeldungen von außen.

Abb. 48

Fazit

Ich setze meine Hebel in Bewegung

Sicher ist ...

Wenn ich glaube, dass sich mein Einsatz lohnt,
dann bin ich motiviert.

Jeder kann etwas tun.
Jeder etwas.
Ich auch.
Das macht mir Mut.
Deshalb engagiere ich mich.

Ich setze meine Hebel in Bewegung.

Die Mitmach-Stufe 2: Ich will mehr tun

Ich gehe über Mitmach-Stufe 1 hinaus und möchte mehr tun. Ich möchte ganz konkret mit anpacken. Ich möchte kräftig mit in die Speichen greifen. Was, wie, wo ... kann ich mehr tun?
Wenn gute Vorsätze und Ideen keine Absichtserklärungen bleiben sollen, gehören sie auf stabile Füße. Das meint nicht einen Koloss von Konzept, sondern das Bedenken eines persönlichen Weges, der Freude macht, der Wirkung zeigen kann, der „sinnvoll" ist.

Wenn ich für mich die Entscheidung getroffen habe: „Ja, ich will mehr tun", habe ich schon die beste Motivation. Da sind schon eine Menge Antriebskräfte freigelegt. Aber guter Wille allein reicht nicht. Wenn ich im Gestrüpp von Anspruch und Realität, von Fülle und Machbarkeit nicht zu schnell enttäuscht sein will, macht es Sinn, die eigenen Gedanken ein Stück zu ordnen. Blinder Aktionismus ohne Sinn und Verstand führt sehr schnell zu Frust und Resignation. Diese Vorüberlegungen für eine persönliche Vorgehensweise führen auf eine gute Fährte:

- **Ich verwerte die Mitmach-Stufe 1 als Grundlage**
- **Ich frage mich: Was habe ich davon?**
- **Ich bedenke meinen Weg vom Sitzen zum Ankommen**

Ich verwerte die Mitmach-Stufe 1 als Grundlage

Feste, stabile Überzeugungen sind nützliche Helfer für jeden Weg. Wenn diese Überzeugungen „löchrig" sind, ist das kein Beinbruch. Zweifel sind erlaubt, Perfektion kann hinderlich sein. So oder so gilt: ernsthaft suchen. Wer sucht, der findet.

Was ist aus der Mitmach-Stufe 1 „merk-würdig" für mich? Es macht meine Mitmach-Stufe 2 stabiler.

■ Ich frage mich: Was habe ich davon?

„Was habe ich davon, wenn ich mich für Kirche und Glauben engagiere?"
Diese Frage kommt immer. Ist sie zulässig? Eindeutig ja. Die Frage nach
dem „Lohn" ist nicht nur zulässig, sondern notwendig. Wie soll ich mit
Begeisterung anpacken, wenn ich es letztlich nur für die anderen tue oder
mit „Es macht ja sonst niemand" begründe. Solche Selbstmotivation steht
auf sehr schwachen Füßen und bricht über kurz oder lang in sich zusammen. Meine Beobachtung sagt mir: Viele Christen müssen lernen, den
Doppelnutzen richtig einzuordnen. Ich tue es für „unsere Sache" *und* für
mich. Jede Einseitigkeit „nur für mich" oder „nur für den lieben Gott" ist
nicht zielführend. Es geht nicht um Aufrechnen oder billiges Belohnen,
sondern um eine tragfähige Mitmachmotivation. Deshalb: Ein kräftiges
„Vergelt's Gott" ist natürlich richtig, aber nur die halbe Wahrheit. Ein „Ich
kann gar nicht anders als helfen" mündet letztlich auch in dem guten Gefühl, sinnvoll mit anzupacken. Bitte nicht die Belohnung künstlich weg-
drücken: „Ach, was ich tue, ist doch nur selbstverständlich." Umgekehrt
auch nicht kalkulieren: „Wenn ich das tue, dann habe ich den Vorteil ...,
damit kann ich glänzen." Es ist gut, wenn ich mich frage: „Was habe ich
davon?" Ich brauche eine saubere Grundmotivation von innen. Wenn ich
die „Sinnfrage" überspringe, könnte schnell der Motivations-Boden unter
meinen Füßen wegrutschen.

„Ich versichere euch: Niemand bleibt unbelohnt, der irgendetwas aufgibt,
um die Gute Nachricht verkünden zu können." (Lk 18, 29)

Das macht für mich Sinn

- Ich kenne meine persönliche Motivation. Ich tue etwas für *meine*
  Ziele.
- Mir geht es besser, ich gebe meinen Beitrag. Das bin ich mir selbst
  schuldig, letztlich bin ich gerne dabei.
- Ich habe ein gutes Gefühl, wenn ich alles Menschenmögliche getan
  habe.
- Es tut mir gut, wenn ich für meine Überzeugungen eintrete.

- Ich diene unserer Sache. Das ist auch mein Ziel. Damit kann ich mich identifizieren.
- Ich bin mit Herz und Seele dabei. Das macht mir Freude. Das erfüllt mich. Darin sehe ich Sinn für mich. Ich tue, was ich kann.
- Ich habe allen Grund, dankbar zu sein. Hier kann ich das festmachen.
- Je mehr ich mich engagiere, desto mehr schwindet bei mir das Gefühl von Ohnmächtigkeit.
- Ich habe Kontakte in meinem persönlichen Umfeld. Ich bin nicht allein.
- Ich kann meine Erfahrungen und meine Talente einbringen. Indem ich das tue, habe ich ein gutes Gefühl.
- Ich helfe mit, dass für die nachfolgenden Generationen unsere Werte und unser Gedankengut erhalten bleiben.
- Ich habe Freude am Mitanpacken. Ich arbeite an der guten Sache mit.
- Ich will mehr als Zuschauer sein. Hier kann ich es. Das tut mir gut.
- Ich freue mich, wenn ich andere anstecken kann.
- Manches kommt zurück. Das freut mich.
- **Ich bin nützlich. Für mich und andere.**

■ **Ich bedenke meinen Weg vom Sitzen zum Ankommen**

Für „unterwegs" brauche ich eine „Wanderkarte", einen Laufplan, an dem ich mich orientieren kann. Beispielhafte Fragen aus Abbildung 49 auf den folgenden Seiten, festgemacht an den neun Stationen vom Sitzen zum Ankommen, können helfen, dafür die Ideen sprudeln zu lassen und Einzelschritte zu erdenken, zu erarbeiten und zu ordnen.

Abb. 49

Mein Weg in der Kirche
vom Sitzen zum Ankommen

9 Stationen für ein persönliches Mitmach-Konzept

Vorab

Was hat mich bei der Behandlung der neun Stationen
im Buch besonders angesprochen?

Was entnehme ich daraus für meinen Weg in der Kirche?

Abb. **49**

Ich sitze

Wie sitze ich?
Was ist mir jetzt klar?
Was drängt mich?
Was reizt mich?
Was bewegt mich?
Was macht mir Freude?
Was macht für mich Sinn?
Welche besonderen Talente, welche besonderen Stärken habe ich?
Wo können meine Stärken in der Kirche nützlich und bereichernd sein?
Wobei gewinnen „die anderen" *und* ich?
Wo ist mein Spielraum?
Wo habe ich Einfluss?
Was kann ich aus meiner Kraft bewirken?
Was kann ich aus Mitverantwortung anpacken?
Was ist in meiner Macht?
Wo sitze ich zurzeit zwischen den Stühlen?
Was ärgert mich?
Wie gehe ich mit diesem Ärger um?
Will ich die Probleme aussitzen?
Was sagen mir meine drei Schlüssel?

Abb. **49**

Was löst bei mir Bewegung aus?
Bin ich vielleicht schon längst aufgestanden?
Was will ich? Will ich aufstehen?
Kann ich mich entscheiden?
Worauf warte ich?
Welche persönlichen Ziele und Visionen
will ich verwirklichen?
Wie konkret kann ich das sagen?
Wer hilft mir beim Finden meiner Ziele?
In welche Richtung möchte ich mitgehen?
Was ist realistisch machbar?

Wo will ich ankommen?
Ab wann, bis wann, wobei ... will ich anpacken?
Was muss ich dafür zurückfahren?

**Die Antworten aus dem „Sitzen" können zur Grundlage
für die Ziele zum „Ankommen" werden.**

Zwischen Aufstehen und Ankommen liegt mein Weg:

Abb. **49**

Ich stehe auf

Was könnte ein konkreter erster Schritt für meine Bewegung sein?
Wie kann ich in die Gänge kommen?
Was zieht mich hoch?
Woran kann ich „Anstoß" nehmen? Womit kann ich „anstoßen"?
Was hält mich eigentlich immer wieder zurück?
Gebe ich zu früh auf?
Wie fühle ich mich nach den ersten Schritten?

Ich gehe

Laufe ich mit? Laufe ich „nur" mit?
Was hilft mir sicherer zu laufen?
Bin ich auf einem Trampelpfad, im Trott?
Welche Wege nutze ich für mich?
Welche Entdeckungen mache ich auf dem Weg?

Abb. 49

Ich springe

Mit welchen Hürden und Hindernissen muss ich rechnen? Welche Antworten habe ich dafür? Wie stelle ich mich darauf ein?
Wie löse ich besondere Herausforderungen? Welche Lösungshilfen kann ich mir, zum Beispiel bei Konflikten, aus den Anmerkungen der Station „Springen" zunutze machen?
Sind mir die Hände gebunden? Was lässt sie lösen?

Ich raste

Brauche ich eine Pause? Wo lege ich einen Zwischenhalt ein?
Brauche ich eine Denkpause: eine Pause vom Denken – zum mehr Handeln? Eine Pause zum Denken – zum weniger Handeln?
Was baut mich unterwegs auf?
Woher hole ich mir neue Kräfte? Wo, wann, womit, durch wen kann ich durchatmen?
Wieweit bin ich bis jetzt gekommen?
Welche Erfahrungen nehme ich von den ersten Etappen mit?

Abb. 49

Ich suche Schutz

Wo kann ich mir eine Stütze holen?
Wer oder was kann mir behilflich sein?
Woran kann ich mich wenden, wenn ...?
Wo kann ich mich unterstellen?
Mit welcher Art Schutz habe ich gute
Erfahrungen?
Welchen Notausgang habe ich?

Ich gehe gemeinsam

Wer geht mit mir? Wer hilft mir?
Wen kann ich mitnehmen? Wer kann mich
mitnehmen?
Wen kann ich stärken, begleiten?
Mit wem kann ich mich kurzschließen?
Mit wem kann ich mich unterwegs austauschen?
Wen will ich für meine neuen Ideen zunächst ins
Boot holen?

Abb. **49**

Ich halte durch

Wie viel Ausdauer brauche ich?
Wo gibt es Gegenwind? Wo ist er sehr stark?
Wo will ich mich gegen den Wind stemmen?
Kann ich gegen den Wind kreuzen?
Was will ich aushalten?
Mute ich mir zu viel zu?

Ich komme an

Wann will ich anhalten und über meine
neuen Schritte nachdenken?
Dabei kann ich mich fragen:
Wie weit bin ich gekommen?
Habe ich meinen Sinn erkannt?
Welche Erfahrungen habe ich unterwegs gemacht?
Hat sich mein Ziel durch den Weg verändert?
Habe ich den Blick für die Erfolge,
auch für Teilerfolge?
Wie gehe ich mit den Fortschritten um?
Können sie Grundlage für ein Weitermachen sein?
Was schreibe ich mir auf meine Fahnen?

**In der Summe wird aus den Antworten zu diesen Fragen ein
Konzept. Fast automatisch.**

Aus dem Ich ein Wir machen

„Bei uns in der Gruppe, Gemeinde, Gemeinschaft ... haben wir die gleichen Probleme." Die Fragen nach dem Nachwuchs, das Suchen nach engagierten Mitarbeitern – alles das hat höchste Aktualität. Guter Wille ist da, häufig in Mengen, manchmal zu viel. Denn „gut gemeint" ist nicht automatisch „gut". Und fleißig sein ist noch nicht „klug fleißig" sein. Auch für uns gilt: Reiner Aktionismus ohne Ziel und Konzept, einfach nur in die Hände spucken und loslegen, ist meistens zum Scheitern verurteilt. Da verwandelt sich das ehrliche Wollen zu schnell in Frustration: „Jetzt haben wir schon alles versucht, aber es geht einfach nicht."

Wenn wir in unserer Gruppe, Gemeinde ... mehr tun wollen, helfen die gleichen Gedanken wie beim beschriebenen persönlichen Weg.

> Wir sitzen.
> Wir stehen auf.
> Wir gehen.
> Wir springen.
> Wir rasten.
> Wir suchen Schutz.
> Wir gehen gemeinsam.
> Wir halten durch.
> Wir kommen an.

Die Fragen zum Ich sind auch sinnvolle Lösungsansätze zum Wir. Durch einen Austausch vom „Ich" zum „Wir" wird es „*Unser* Weg vom Sitzen zum Ankommen".

Zum Beispiel

- Wie und wo sitzen wir? Wo wollen wir eigentlich hin?
- Können und wollen wir aufstehen? Was hält uns auf?

Solche Zusatzfragen machen ein Konzept konkreter:

- Was bedeuten die einzelnen Fragen für uns?
- Was könnten wir für uns daraus verwenden?
- Wie passt das in unsere bisherigen Überlegungen, Pläne, Ideen?
- Gibt es „Druckstellen" in unseren Konzepten? Wie können wir sie entfernen?
- Wie können wir alle zur Beantwortung dieser Fragen gewinnen?
- Was sagen uns die „drei Schlüssel" für unsere Situation, unsere Ziele, unsere Konzepte?
- Wie groß ist bei uns die Neigung zu Aktionismus? Was investieren wir in Ziele und Konzepte? Werden sie von der großen Mehrheit getragen?
- Wie groß ist die Gefahr von Resignation?
- Haben wir einen „Wegeplan", an den wir uns halten?
- Haben wir einen aktiven Prozess in Gang gebracht? Wie viel Ausdauer haben wir dabei?
- Welche Argumente haben wir? Wem können wir „nützen"? Was haben wir anzubieten? Welche „Getränke" haben wir für welchen „Durst"?

In der Summe wird aus den Antworten ein Konzept. Fast automatisch.

Ich wünsche Ihnen und mir, dass die Frohe Botschaft für unser Leben Wegweiser, Motivation, Hilfestellung, Aufrichtung, Weiterkommen, Begleitung, Heilung, Nutzen, eben ein lebenstragendes Erfolgsmodell ist.

Ich bin dabei – ich mache mit

Das ist wichtig	„Dabei sein und mitgehen" ist gut möglich. Es macht viel Sinn und ist bereichernd für alle Beteiligten.
Ich meine	Zu viele Christen unterschätzen ihre Möglichkeiten, überzeugend auf andere Menschen wirken zu können. Christen sollten sich gegenseitig mehr stärken und ermutigen, ihren Glauben weiterzugeben.
Die Bibel sagt	„Ihr seid das Salz für die Welt. ... Ihr seid das Licht für die Welt." (Mt 5,13 u. 14). Die Menschen suchen dringend „Salz und Licht".
So geht es weiter	Wie geht es bei Ihnen weiter?

Kurzschluss

Das bewegt mich:
Ich möchte leben.
Wie geht's?

So geht Leben:
Um Gottes Willen:
Ab durch die Mitte.
Kein Wunder.
Nur Mut.
Geht doch. „Ich bin bei Euch."
Geistesgegenwärtig.
Gott sei Dank.

Ich gehe.
Ich gehe mit.
So gut es geht.
So gut.
Es geht.

Abb. **51**

Gebet*

Du Gott des Aufbruchs,
segne uns,
wenn wir dein Rufen vernehmen,
wenn deine Stimme lockt,
wenn dein Geist uns bewegt
zum Aufbrechen und Weitergehen.

Du Gott des Aufbruchs,
begleite und behüte uns,
wenn wir aus Abhängigkeiten entfliehen,
wenn wir uns von Gewohnheiten verabschieden,
wenn wir festgetretene Wege verlassen,
wenn wir dankbar zurückschauen
und doch neue Wege wagen.

Du Gott des Aufbruchs,
wende uns dein Angesicht zu,
wenn wir Irrwege nicht erkennen,
wenn uns Angst befällt,
wenn Umwege uns ermüden,
wenn wir Orientierung suchen
in den Stürmen der Unsicherheit.

Du Gott des Aufbruchs,
sei mit uns unterwegs zu uns selbst,
zu den Menschen, zu dir.
So segne uns mit deiner Güte,
und zeige uns dein freundliches Angesicht.
Begegne uns mit deinem Erbarmen,
und leuchte uns mit dem Licht deines Friedens
auf allen unseren Wegen.

* Michael Kessler (*1944) Aus: Gotteslob, Katholisches Gebet- und Gesangbuch
(Seite 69, Nr. 13, Abschnitt 5)